本书为教育部人文社科青年基金项目"刑事疑难案件处理的社会效果考察——从程序完善的视角"（13YJCZH023）的最终研究成果。

崔 凯 / 著

刑事案件
促进公众认同的
程序选择

THE CHOICE OF PROCEDURE
TO PROMOTE PUBLIC ACCEPTANCE
IN CRIMINAL CASES

社会科学文献出版社
SOCIAL SCIENCES ACADEMIC PRESS (CHINA)

目　录

序 言

2012 年 3 月 14 日，我国对《刑事诉讼法》再次进行了修订，此次修正案条文多达 110 条，修改幅度不可谓不大。即便如此，业界对刑事诉讼法法典仍然有着更多的期许。早在 2015 年，陈光中先生就提出《刑事诉讼法》有必要再做修改，主要是因为党的十八届三中全会和十八届四中全会推出一系列司法改革新措施，其中的重要内容必须通过制定新法或修改原有的法律来保证做到于法有据。① 从立法科学化和规范化的角度来讲，进行《刑事诉讼法》第三次修订，属于"箭在弦上，不得不发"。其实在当前的社会背景下，除了法律意义之外，《刑事诉讼法》的第三次修订可能还应该附加更多的社会意义。

我国从来不回避改革和发展中出现的各种日益严重的社会矛盾，习近平总书记明确指出："全面建成小康社会进入决定性阶段，改革进入攻坚期和深水区，国际形势复杂多变，我们党面对的改革发展稳定任务之重前所未有、矛盾风险挑战之多前所未有，依法治国在党和国家工作全局中的地位更加突出、作用更加重大。"② 诉讼程序能够吸收社会不满的制度功能虽然早已得到了公认，但是在"空气干燥"的大环境下，仍然需要进一步发掘程序在提升司法公信力、化解社会矛盾等方面的独特作用。③

---

① 刘金林：《刑事诉讼法有必要再作修改》，《检察日报》2015 年 11 月 30 日。

② 《中共中央关于全面推进依法治国若干重大问题的决定》。

③ 笔者在拙作《社会稳定视角下的刑事疑难案件处理方式研究》（湖北人民出版社，2014）的序言中曾专门论及程序在吸纳社会不满，以及在提高整个社会公信力方面的积极价值。

当前，社会矛盾不断催生出一些新的社会问题，与此同时，人民群众不再是被动地接受改革，而是主动地关注改革、参与改革，在某种程度上甚至是决定改革。在"双管齐下"的压力下，我国刑事案件的追诉程序承担了比以往更大的责任。以《中共中央关于全面推进依法治国若干重大问题的决定》为点，以公、检、法等机关全面深化司法体制改革的意见类文件为线，以众多具体的司法改革举措为面，这一波司法改革的路线图和时间表已经较为清晰地展现在我们面前。在刑事司法领域，有关诉讼制度的调整粗略估算可能多达百项，这一方面体现了中央进行改革的决心，另一方面反向说明了我国刑事诉讼程序仍存在不少问题。更为重要的是，改革进入了深水区，当下正在进行的很多制度性改革和我国其他领域的改革类似，大多存在一定的争议，道路选择难度较大。我们发现，改革的不少阻塞点在于无法打破公众的固有观念，群众不能很快地接受新兴事物。譬如，2016年9月3日，我国通过了《全国人大常委会关于授权最高人民法院、最高人民检察院在部分地区开展刑事案件认罪认罚从宽制度试点工作的决定》，这标志着被部分媒体标识为"花钱买刑"的被告人认罪认罚从宽制度正式落地，成为刑事审判工作的一个组成内容。该制度在我国历经多年讨论，反对者的一个重要论据就是我国缺乏此类量刑交易的民意基础。

基于这种思路，笔者在继续研究程序保障实体的诸项措施之余，将研究诉讼程序改革的另一个立足点放置于如何能够更加有效地促成民意认同，本书即是这种探索的部分成果。本书开篇对目前常见的刑事疑难案件进行了分类和总结，通过对各种问题的解决对策进行分析比较后得出，促进社会公众对程序的认同可能是当下解决各种司法难题迫不得已的"次优选择"。在具体的诉讼程序中，近年来检察机关试图通过加强对侦查环节的引导来实现控诉的精确性，从本书的主题视角来看，这样做能够在形式上对侦查环节的肆意行为进行一定的限制，可以部分满足公众对侦查权进行有效控制的要求。无论改革结果如何，至少占据社会效果的大义。当然，由于涉及复杂的检警关系内容，原本细微的调整也容易引起权力争夺的误解，需要慎重对待。在审判环节，以刑事案件合并与分离审理为切入点，可以看出我国的审判程序越来越精细化，让程序在公正性上更加经得起当事人的推敲，更加经得起历史的检验。鉴定意见和特别程序是以往社会公众关注较少的内容，但放大审视之后，特别是鉴定意见，不仅在法律价值上可被称为新时期的"证据之王"，而且由于其科学性和权威性，在社会价值上也有成为"证据之王"的潜力。在人与人之间的信任度并不高的社会环境下，科学技术可以成为也应当成为一根保障和提升司法公信力的有力拉索，故而，我们应当尽可能地修正其制度上的缺陷，充分彰显其社会价值。

对社会公众认同案件处理方式的研究不能局限于刑事司法领域，刑事司法乃至于其他法律手段并非当下解决社会纠纷的唯一手段，其他纠纷解决方式的经验和教训都弥足珍贵。本书在第四章专门选择了涉法涉诉信访、行政复议、行政处罚、社会治理等几种我国常见的社会矛盾解决方式，并以此作为选题，用实证方法进行了多角度分析，以期为刑事案件处理程序的完善提供另一角度的参考。马克斯·韦伯认为，缺乏专业法学教育与专业法律人阶层是中华法系长期不能进步，维持着"教权政治式福利司法特色"的一个重要原因。① 同时基于笔者身为高校教师的一些"私心"，本书最后对省属普通高校如何培养高质量法学本科人才进行了分析。之所以选择这一群体，是因为普通高校的培养环境和学生质量均非最优，但培养数量最为庞大，这些本科生在不久的某一天会成为我国基层（特别是中西部经济欠发达地区）法律职业共同体的主力。如何帮助他们树立正确的纠纷解决思维，如何让法学专业的学生能够了解民众需求，避免成为"恐龙法官"，是法学教育工作者必须思考的问题。

从 2013 年起，在教育部人文社科研究青年基金项目的资助下，笔者围绕刑事疑难案件处理程序的社会效果考察这一主题进行了较广范围的研

---

① 林端：《韦伯论中国传统法律——韦伯比较社会学的批判》，台湾：三民书局，2003，第32～33页。

究。这一选题是如此有趣，以至于笔者 2015 年的国家社科基金青年项目也深受其影响。在武汉大学进行博士后研究期间，良好的工作氛围极大促进了本书的成稿，不少成果得益于众多师长、专家和同好的启发，在此基础上，笔者厘清了一些问题的头绪，总结形成了本书。身处时代发展的洪流中，社会日新月异，改革成果层出不穷，本书主要集中研究的是 2012 年《刑事诉讼法》修正后至 2016 年成书期间的问题，局限于研究时间、范围和笔者个人能力，这本专著是一个课题研究的终点，但只代表着笔者对司法改革大势研究中的一个阶段的总结，新的工作已经在路上，更多未尽的课题还需要深入研究。

第一章 "次优选择"

——促进公众认同作为疑难案件处理方式的基本思路

第一节 疑难刑事案件处理的实体困境

由于受西方法律解释学的影响，我国大部分学者偏好于研究某些事实清楚，但在"法官造法""法官释法""法与道德"等法律适用方面出现疑难的案件。[①] 实际上，就刑事司法的特点而言，在罪刑法定原则下，法律适用的难题并不是常见现象，相反，"实践当中如果有一千个事实问题，那么真正的法律问题还不到事实问题的千分之一"。[②] 在学理和立法上，"犯罪事实应依证据认定之，无证据不得推定其犯罪事实"成为共识。[③] 学界围绕着无罪推定原则、证据裁判原则等事实认定的方法和手段进行过大量论述，证明责任、证明标准等大量有关事实认定的前沿理论也一直被我们所研讨。

但在实践中，刑事案件中事实认定方面仍然是出现争议最多的领域。有研究者全面调查了中部某省 1657 份某一阶段的刑事二审终审判决书，其

---

① 代表论文有韩新华：《试析德沃金的疑难案件理论》，《东方论坛》2003 年第 1 期；李启成：《常识与中国州县司法——从一个疑难案件（新会田坦案）展开的思考》，《政法论坛》2007 年第 1 期；梁迎修：《寻求一种温和的司法能动主义——论疑难案件中法官的司法哲学》，《河北法学》2008 年第 2 期。

② 〔德〕伯恩·魏德士：《法理学》，丁小春、吴越译，法律出版社，2003，第 208 页。

③ 蔡墩铭：《刑事诉讼法概要》，台湾：三民书局，2005，第 117 页。

中以"事实不清"等事实认定存在争议作为上诉理由的案件为 1640 件。二审法院改判的案件为 309 件，发回重审的案件为 94 件。① 事实认定存在争议并不一定代表着案件属于错案，但事实认定争议案件在整体上诉案件中的占比如此之高，不能不引起我们的思考。

事实上，学界知道事实认定对刑事案件正确定罪量刑的重要性。从早期对"疑罪从无"原则的讨论，到后来的证明标准"客观真实"和"法律真实"的论战，再到现在如何避免刑事冤假错案的种种讨论，都可以看出学者们在事实认定问题上的种种努力。甚至可以认为，我国证据法在理论上的每一个前进的脚印中，都镶嵌着学者们对事实认定的执着。但案件事实认定结果为何屡屡出现争议，预设的"疑罪从无"等事实认定争议处理方式为何长期被架空，初步分析，这是因为我们对事实认定问题讨论的广度不够。有学者进行数据统计后认为，我国法学理论界对事实认定方面的研究文章或者专著仍然偏少，长期以来形成的"重法律规范、轻事实认定"的理论研究局面仍然没有得到根本改变。②

刑事案件中，对事实认定争议等本体论问题的讨论还远远不够，学界研究的着力点和实务中需要解决的问题点不能有效对接。笔者认为，在某种意义上，事实认定问题是一个连接实体和程序的纽带，坚持实体真实主义的论者可以执着于事实认定，部分满足自己追求绝对真相的较高要求，坚持法律真实（程序正义）的论者亦可以因为案件事实认定属于程序法研究的传统范畴，而为自己寻找的程序化解决纠纷的道路搭建制度支撑。对事实认定争议案件的具体类型等本体论问题进行细分研究，会发现对不同类型事实认定争议案件的处理方式失灵存在不同的原因。总体而言，程序设置在发现案件真相方面的改良空间已经不大，成本也较高；相较而言，诉讼程序可以在吸收不满、促进公众认同方面大有作为。这种改革也顺应我国当前让群众在个案中感受到公平正义的司法改革思路，具有政策的可行性。

---

① 方金刚：《案件事实认定论》，博士学位论文，中国政法大学，2004，第 2 页。
② 陈增宝、李安：《裁判的形成——法官断案的心理机制》，法律出版社，2007，第 29 页。

第二节　基于案件新分类方式的启示

在众多刑事案件中，罪与非罪事实认定不清的案件虽然数量较少，但影响往往较大，事实认定更容易产生争议，所以是本书论证的侧重点。学界在研究事实认定争议案件时没有重视事实认定争议的产生原因，基本上是笼统论述之。笔者认为，根据事实认定争议的产生原因，实务中事实认定争议的案件可以划分为两大类，其处理方式和面临的问题也相差很大。

一　主动型事实认定争议案件

第一类可以称为主动型事实认定争议案件。这一类型的事实认定争议是诉讼主体出于某种非正常的诉讼需要而产生的。最为典型的就是湖北佘祥林案和云南杜培武案等诸多知名的刑事错案。

此类案件主要表现为侦查机关出于破案的压力，实施刑讯逼供等非正常侦查手段，获取有利于定罪的非法证据。依据非法证据认定的案件事实自然不能服众，时常会引起很大争议。此类案件中，出于结案等目的的考虑，公诉机关没有履行正常的监督职能或者审判机关在审判过程中没有坚持"案件事实清楚，证据确实充分"的证明标准，导致最终在程序上或者证据上对明显存在瑕疵的被告人做出了有罪判决。总而言之，这种背离了诉讼目的，明显达不到证明标准的案件是经不起推敲的，无论是当事人还是社会公众都能轻易地发现此类案件属于"疑案"，提出强烈的质疑，甚至即便是做出判决的审判机关也知道此类案件的事实认定存在缺陷，有时不得不为自己的定罪行为"留条后路"。

案例一：2005 年 HN 省杨××强奸杀人案。2005 年，HN 省一名 5 岁的幼女真真（化名）遭人强奸后又被残忍地踩死。公安人员在行为作风一贯不好的杨××家中查出捆扎用的棕色碎布条、床上遗留的小孩吃剩的棒棒糖棍等与犯罪现场相吻合的物品。侦查过程中，杨××供认犯罪事实：2005年5月24日下午4时，他见真真单独一人在玩耍，顿起淫心，便将其带至自家的屋内。随后，他将真真抱到床上，用手捂住她的嘴巴，卡住她的脖子将其强奸。法院最后认定杨××残忍踩死5岁幼女的罪名成立，但仅判处其无期徒刑，而且只用了"凶手能认罪伏法"来作为减轻刑罚的判决理由，遭到被害人家属和群众的强烈质疑。

针对案件做出的"无期徒刑"这种明显量刑偏轻的判决，一位参与审理的法官解释，该案确有证据上的瑕疵，缺少直接证据如指纹等，尸体上无精斑，现场缺少直接目击证人等。被告人出于不可知的动机替他人顶罪的可能性无法排除，可能会导致错杀。法官还说，之所以给被告人暂留下一命是相对审慎和负责的，也为以后其他可能的出现留下了挽回错误的余地。①

二 被动型事实认定争议案件

第二类称为被动型事实认定争议案件。这一类案件的事实认定争议比较隐蔽，表现为在没有非正常诉讼目的误导的情况下，诉讼主体或者社会公众对案件中用于做出有罪判决的证据是否达到"确实充分"的现行标准存在争议，即有的主体认为案件事实已经清楚，证据确实充分，不构成疑罪，应当按照法律规定定罪量刑，但同时有的主体坚决认为案件的现有证据并没有达到证明标准，应当"疑罪从无"。

这种事实认定争议可能发生在多个场合，如合议庭成员之间、检察官和法官之间、当事人和法官之间、社会公众和法官之间等。虽然国家不断强调诉讼要"辨法析理，输赢皆服"，但是出于诉讼利益或者认识差异，

---

① 江小鱼：《凶手强奸五岁女童后将其踩死获轻判》，《民主与法制时报》2007年2月11日。

不同主体对案件事实认定有不同看法是无法避免的。这种类型的事实认定争议比较隐蔽，产生原因是诉讼规律和现有的制度存在缺陷，并不是诉讼主体出于非法目的而为之，所以笔者将其称为被动型事实认定争议案件。此类案件在现实中也并不少见。

案例二：2003 年武汉王氏两兄弟杀妻骗保案。王洪学、王洪武两兄弟涉嫌杀害王洪武的妻子桂永红，骗取高额保险费，王氏兄弟及其辩护律师一直做无罪辩护。2003 年 10 月 9 日，武汉市中级人民法院判处王氏兄弟犯有故意杀人罪与保险诈骗罪，数罪并罚判处死刑，缓期两年执行。一审后，王氏兄弟提起上诉，武汉市人民检察院也提起抗诉，认为如此恶劣的行为，法院应做出死刑立即执行的判决。2004 年 6 月 4 日，湖北省高级人民法院做出刑事裁定，认为事实不清，证据不足，发回武汉市中级人民法院重审。2004 年 11 月 8 日，武汉市中级人民法院判处王氏兄弟无期徒刑。王氏兄弟再次上诉。

2005 年 6 月 8 日，湖北省高级人民法院以证据不足、指控的犯罪不能成立为由，做出无罪判决。他们认为案件存在三大疑点。武汉市人民检察院经过认真研究后认为，大量证据证实了王氏兄弟自产生骗保动机后，四次谋杀王洪武之妻桂永红，并最终致桂永红死亡，故应依刑法有关规定追究王洪学、王洪武故意杀人罪和保险诈骗罪（未遂）的刑事责任。而湖北省高级人民法院的判决没有对此案的直接证据——王氏兄弟的供述做任何表述和分析，只对间接证据进行孤立、单一分析，并将证据割裂开来，判决时片面采信了该部分证据。经武汉市人民检察院检察委员会讨论，认为终审判决确有错误，遂决定依照审判监督程序，建议湖北省人民检察院提请最高人民检察院对此案进行抗诉。①

① 佚名：《武汉"杀妻骗保"案一波三折　王氏兄弟死缓改无罪》，《南国都市报》2005 年 6 月 10 日；许晓梅等：《武汉王氏兄弟杀妻骗保案续：建议提请最高检抗诉》，《法制日报》2005 年 7 月 15 日。

第三节　事实认定争议案件已有处理程序的局限

案件事实认定的争议问题一直存在，已经有着成体系的制度性处理方式，但现有方案在处理事实认定争议案件时常力有不逮，正是这种制度的不完善导致现在刑事案件事实认定方面出现大量问题。

一　主动型事实认定争议案件处理方式评析

（一）人权保障——制度设计的底线

主动型事实认定争议案件由于明显和人权保障观念相悖，因此被各国普遍抛弃。事实上，现代刑事证据制度中很多内容是为了避免案件出现主动型事实认定争议而设立。例如，如果关注涉及证据能力的非法证据排除规则的发展历程，"证据能力问题并不是伴随着诉讼证据与生俱来的，它经历了一个从无到有、从简单到复杂的过程"。[①] 非法证据排除规则是诉讼文明的产物，我国台湾学者林辉煌详细阐述了该规则产生的原因，"因侦查实务迭生执法人员不法搜集犯罪事证之事例，甚至恶化演变称侦查惯行，严重侵害人权，为扼阻此种违法乱纪之侦查乱象，审判实务乃以司法裁判自行创设证据排除法则，将执法人员使用不正方法取得之证据予以排除使用，作为吓阻违法搜查之手段，以资道正"。[②]

我国 2012 年《刑事诉讼法》对主动型事实认定争议案件从两个方面进行了规制，一方面，通过第 12 条、第 195 条规定了刑事证明标准，并且实质上确立了"疑罪从无"为事实认定不清类案件的处理方式。通过这些规定我们可以发现，"疑罪从挂""疑罪从轻""疑罪从赎"等历史上和现

---

① 汪建成：《理想与现实——刑事证据理论的新探索》，北京大学出版社，2006，第 9 页。
② 林辉煌：《论证据排除——美国法之理论与实务》，北京大学出版社，2006，第 7 页。

在存在的各种对罪与非罪的认定存有明显疑问的案件处理方式都违反了现行法律规定。另一方面，第54条及有关司法解释否定了通过刑讯逼供等行为获取的证据的可采性，从侧面封杀了案件中产生主动型事实认定争议的原因。

综上可知，主动型事实认定争议案件的处理方式是没有争议的，坚持保障人权、坚持"疑罪从无"是罪与非罪事实认定不清案件的唯一合法处理方式。

（二）利益纠结——运行之实然状态

尽管法律规定十分明确，但"疑罪从无"在我国的贯彻和落实并不十分得力。案例一中，法官出于"相对审慎和负责"的考虑，将"疑罪从无"转化为"疑罪从轻"。法官做出明显疑罪从轻的判决，甚至还少见地给出了本来只是心照不宣的理由——"留下了挽回错误的余地"。法官的解释和法院的判决都显示该判决是一个典型的有所保留的"疑罪从轻"判决。这种罪与非罪事实认定不清案的处理方式正是学者们十余年来一直所抨击的对象，但实际上"疑罪从轻"和"疑罪从挂"一直屡禁不止。2007年1～2月，李玉华教授针对某省三级法院的法官就刑事证明标准问题进行了大规模的问卷调查。其中一题为"对于证据达不到'案件事实清楚，证据确实充分'的重大案件如何裁判？A. 做出有罪判决，但是在量刑上从轻；B. 做出无罪判决；C. 如果您有其他答案请填写在这里"。调查结果显示，总体参加调研中做出B选项的仅为39人，占总人数的51.32%，有近半法官并不支持疑罪从无。还值得特别注意的是，法官级别越高，选择做出无罪判决的人数越少。[①] 这种情况和在我国得到不少认同的"法官级别越高，法律素养越高"的观点是相悖的。另外一个针对基层法院法官的调研结论与此大致相同，对于"一个人因涉嫌故意杀人被捕后，如果既不能

[①] 李玉华、姜阅、张贵军：《关于刑事证明标准的调查与分析》，载陈光中主编《刑事司法论坛》（第一辑），中国人民公安大学出版社，2007，第256页。

证明他有罪也不能证明他无罪，应当宣判其无罪并立即释放"，仅有77.8%的法官表示赞同[①]。

（三）重在落实——未来发展之路

理想模式中的刑事诉讼程序应当是所有诉讼主体协同努力，一同致力于发现案件真相。主动型事实认定争议案件并不符合司法规律，是司法程序不正常运作的产物。刑事诉讼的本质是一种社会冲突，虽然国家提供了诉讼这一公正的平台，但是出于各种目的考虑，诉讼主体很有可能会突破公平、公正的心理界限，混淆案件的真相，促成案件事实认定的争议，以期获得一定的诉讼利益。

案例一中体现出的法官妥协判决就是我国事实认定争议案件的典型表现。其实这种情况比较极端，有很多主动型事实认定争议案件表现得更加隐蔽。例如，证人做伪证并非大多数人认为的错案成因中，排在前几位的因素。在何家弘教授主持的一个错案问卷调查中，有一题为"您认为，哪一种证据形式最容易导致刑事错案？"出人意料的是，在所有的证据类型中，"证人证言"选项出现的频率最高，占所有参与调研人数的35.3%。在对"由证人证言引发的刑事错案最主要的表现形式是什么？"的回答中，49.6%的被调研对象选择了"证人故意做伪证"，远远超过"取证方式不合法"（15.1%）、"证人自身认识发生偏差"（12.9%）等选项。[②]

主动型事实认定争议案件在西方国家也存在，譬如，聘请专家证人原本是为了更好地发现案件真相，但在很多时候，专家证人却成为自己雇主诉讼利益的代言人，丧失了自己中立的立场。至于辩护律师运用辩护技巧误导陪审团，这更是西方对抗制诉讼制度中的一种常见现象。

对于主动型事实认定争议案件，各国都持否定态度，并采用了各种手段来避免这种情况的出现。非法证据排除规则、交叉询问等证据规则都是

[①] 宋云涛：《疑罪从无问题研究》，硕士学位论文，西南政法大学，2007年，第4页。
[②] 张丽云主编《刑事证据与七种错案》，中国法制出版社，2009，第31、88页。

最常见的手段。当然，基于不同的法律传统和司法理念，各国的做法并不统一，如对"毒树之果"的取舍就很不一致。

我们可以通过严格的准入制度和各种司法惩戒措施来减少主动型事实认定争议案件的出现，如有西方法官认为，对法官的任命首先考虑的并不是法律，"实际上我只要找到一个品德良好的绅士就可以了，当然，如果他正好懂得法律就更好了"。① 但要注意的是，出于对诉讼利益的追求，主动型事实认定争议案件在实践中不可能被杜绝（特别是从当事人角度），有时候甚至试图让主动型事实认定争议案件减少的制度本身的合理性就很值得质疑。真理越辩越明，但德国学者赫尔曼发现加强大陆法系国家庭审的对抗性与减少案件争议、发现真相之间可能存在矛盾，"当对抗式审判的双方多多少少在能力上相当时（大多数案件），好辩就能够增强辩方展示事实真相和保护无辜的能力。与此同时，但是可能只是很小程度上，它还增强了辩方庇护——通过混淆视听——罪犯的能力"。② 达玛斯卡教授更是直言两大法系在事实认定制度上的改革是非常困难的，此类改革应当谨慎。如果是对外国法律的模仿，"无论是在大陆法系还是英美法系，与其原有的纯粹本土化制度相比，这些事实认定制度的实践效果总是不尽如人意"。③

二 被动型事实认定争议案件处理方式评析

（一）无法避免——制度的必然尴尬

相比于主动型事实认定争议主要由诉讼主体主动引发，被动型事实认定争议案件的产生与制度设计有着更加直接的关系。这本质上是诉讼程序的天

---

① 怀效锋主编《法院与法官》，法律出版社，2006，序言第 5 页。
② 〔美〕弗洛伊德·菲尼、〔德〕约阿希姆·赫尔曼、岳礼玲：《一个案例 两种制度——美德刑事司法比较》，郭志媛译，中国法制出版社，2006，第 383 页。
③ 〔美〕米尔建·R. 达马斯卡：《比较视野中的证据法制度》，吴宏耀、魏晓娜等译，中国人民公安大学出版社，2006，第 246 页。

然缺陷。罗尔斯教授给出了此类事实认定争议案件产生的一个原因，"不正义并非来自于人的过错，而是因为某些情况的偶然组合挫败了法律规范的目的。不完善的程序正义的基本标志是：当有一种标准判断正确结果的独立标准时，却没有可以保证达到它的程序"。① 制度的完美和程序的无瑕疵只是我们追求的目标，但是真正实现"纯粹正义"的道路是非常艰难的，至少当前的刑事诉讼程序远不能避免被动型事实认定争议案件的形成。

被动型事实认定争议案件产生的本质原因是诉讼主体对证明标准的理解不同。在刑事证明标准的认定问题上，整体上经历了从法定证据到自由心证的发展过程。自由心证并非完全的自由，"心证系指合理的心证、科学的心证，即裁判官应本其健全之理性而为合理之判断，并非许裁判官任意擅断，亦非纯粹的自由裁量"。②

法官的"裁断"和"擅断"之间的界限也许并不清晰，不同主体对同一案件事实的认定有着不同的看法更是属于事实认定制度设计无法避免的尴尬。大陆法系国家的"内心确信"和英美法系国家的"排除合理怀疑"的共同特点是主观色彩浓厚，没有具体操作标准，当罪与非罪的事实认定出现争议时，最终还是落脚于法官的主观判定。

法国《刑事诉讼法》历经多次修改，对证明标准过程都没有实质性的变更。"在重罪法庭休庭前，审判长应责令宣读下列训示，并将内容大字书写成布告，张贴在评议室最显眼处：法律并不考虑法官通过何种途径达成内心确信；法律并不要求他们必须追求充分和足够的证据；法律只要求他们心平气和、精神集中，凭自己的诚实和良心，依靠自己的理智，根据有罪证据和辩护理由，形成印象，作出判断。法律只向他们提出一个问题：你是否已形成内心确信？这是他们的全部职责所在。"③ 这个长久不变

---

① 〔美〕约翰·罗尔斯：《正义论》，何怀宏等译，中国社会科学出版社，1988，第86页。
② 陈朴生：《刑事诉讼法实务》，1980年自印第四版，第239页。
③ 《法国刑事诉讼法典》，余叔通、谢朝华译，中国政法大学出版社，1997，第131～132页。罗结珍先生翻译的《法国刑事诉讼法典》（中国法制出版社，2006）对此条的翻译同样具有韵味，参见该书第248～249页。

的规定甚至可以追溯到 1795 年法兰西国民议会制定的"罪行法典"第 372 条。[1] 内心确信在大陆法系可能会有其他的辅助约束，但最终只能靠法官的主观和自律来完成。

英美法系国家更不可能对"排除合理怀疑"给出明确的界定，由于程序正义观念的作用，立法更多的是注重对人权的基本保护，留给国家公权力机关的自由裁量权较大。譬如在侦查羁押中，美国联邦最高法院在 1983 年的"盖茨案"中就认为搜查的"合理根据"是"一个流动的概念，很难简化成数学公式，而且那样也不实用"，"灵活的、实用的标准会比 Aguilar and Spinelli 案中衍生的规则更好地符合第四修正案中对公众和个人利益保护的要求"。[2] 在决定是否起诉时同样如此，"只要检察官相信一个人实施了联邦犯罪并且有定罪的可能，那么检察官就要提出指控"，检察官手册等训令虽然对起诉标准有一定的规定，但也仅仅"只是突出了而不是限制了这种情况"。[3]

"排除合理怀疑"是一个认识上注定要模糊的概念，因为"在各个不同时期各个不同年代，法官对法律的适用不但要完成惩罚犯罪的目的，而且还要考虑到其他的社会价值因素"。[4] 总的来看，西方国家早就认识到司法对事实认定不能苛刻。"在实证领域，不可能达到绝对的确定性，在这一领域所能达到的最高程度的确定性，传统上称之为'道德上的确定性'，一种没有理由怀疑的确定性。"[5]

诉讼证明中能否改变自由心证这种主观的事实认定方式？这个问题至少在当前没有明确的答案，因为学者研究的重点并不在此。王敏远教授认为，我们现有的制度讨论（如非法证据排除规则等）"都是为了'否定

---

① 锁正杰：《刑事程序的法哲学原理》，中国人民公安大学出版社，2002，第 154 页。
② Illinois v. Gates, 462 U. S. 213 (1983).
③ 〔美〕约书亚·德雷斯勒、艾伦·C. 迈克尔斯：《美国刑事诉讼法精解》（第二卷），魏晓娜译，北京大学出版社，2009，第 117 页。
④ 孙维萍：《中意刑事诉讼证明制度比较》，上海交通大学出版社，2007，第 71 页。
⑤ 〔美〕巴巴拉·J. 夏皮罗：《对英美"排除合理怀疑"主义之历史透视》，熊秋红译，载王敏远主编《公法》（第四卷），法律出版社，2003，第 49 页。

性'的证明规则提供正当性基础，而不是为（具有肯定性的）证明标准提供正当性的基础"。① 理论上我们确实很难在事实不清时，对罪与非罪做出一个相对明晰的划分。张卫平教授更加直接地表明，由于法官的认识不可以捉摸，证明标准的量化和客观化只能是"乌托邦式"的设想。② 可以说，和西方一样，我国对刑事案件到底是不是疑罪的认定在相当长时间内仍然需要法官的主观认定。

（二）危害明显——亟待规制

主观色彩浓厚的证明标准规定是否给犯罪事实认定带来了困扰？答案是肯定的。譬如，美国每年 20 多万起刑事重案审判中，有 5% ~ 20% 出现了"悬而未决的陪审团"。③ 英国 MORI 机构 2003 年的调研报告显示，"确保有罪的人被宣告有罪，无罪的人被宣告无罪"被 80% 的民众认为应当是法院的首要功能，但同时，只有 65% 的公众非常信任或者比较信任法院能够实现这一点。④ 美国联邦上诉法院法官弗兰克直接愤慨地表述："初审法院认定事实部分是司法任务中最困难的内容。那里的工作最难令人满意，那里发生了大量的司法不公正，那里最需要改革。"⑤

这种被动型事实认定争议案件的危害性在我国还没有引起学者们的重视，但司法部门的同志已经认识到情况的严峻性。刑事案件二审法院的发回重审率、二审改判率、检察院抗诉率都能在一定程度上说明被动型事实争议案件的存在情况。据长沙、广州等地法院的统计，在经济犯罪中，如诈骗类（包括诈骗、合同诈骗、票据诈骗、贷款诈骗以及信用卡诈骗）、贪污贿赂类（包括贪污、受贿、行贿、挪用公款）和抢劫盗窃类犯罪中，

---

① 王敏远主编《一个谬误、两句废话、三种学说》，载王敏远《公法》（第四卷），法律出版社，2003，第 233 页。
② 张卫平：《证明标准构建的乌托邦》，《法学研究》2003 年第 4 期。
③ 李学军主编《美国刑事诉讼规则》，中国检察出版社，2003，第 444 页。
④ 〔英〕朱利安·罗伯茨、麦克·豪夫：《解读社会公众对刑事司法的态度》，李明琪等译，中国人民公安大学出版社，2009，第 87 页。
⑤ Jerome Frank, *Courts on Trial Myth and Reality in American Justice* (Princeton University Press, 1970), p. 4.

二审发回重审率相对较高。此类案件主要是在罪与非罪的认定问题上，检察院和法院之间、上级法院和下级法院之间意见差异较大，以至于不少法院和检察院的同志不得不设计种种制度来协调相互之间的意见。"对有些重大案件，或检法两家的意见有重大分歧的案件，检察机关要依法派员出席二审法院的审判委员会，并在会上充分阐述检察机关对案件事实、证据及定性处理的意见，供审判委员会参考。"① 在有些地区，下级法院在审理难以定性的案件之前，会向上级法院提前请示汇报，这种"先定后审"而且影响司法独立的做法虽然错误，但并不少见。

除了上述的国家机关之间的被动型事实认定争议案件之外，由于我国审判程序公开性较差、对律师辩护意见的采纳有限、法院判决说理性不足等诸多因素的共同影响，诉讼当事人甚至社会公众对案件事实认定的被动型争议也大量存在，庞大的涉诉上访人群背后就存在着公众对案件事实认定的种种不满和争议（自然包括被动型事实认定争议）。近年来出现的诸多社会影响巨大的司法案件中，社会舆论在许多时候甚至完全站到司法机关的对立面，这种情况在某种程度上可以认为是矛盾爆发的集中表现。

被动型事实争议案件的不利影响是隐蔽且多方面的。被动型案件事实认定争议在理论上会一直存在，但并不说明我们可以对其置之不理。大量的被动型事实认定争议案件除了对司法独立和司法效率有着重大的影响之外，更重要的是，如果案件中被动型事实认定争议出现过多，还会极大地影响司法公信力。前文案例二中，公诉机关和审判机关本着"打击犯罪，保障人权"的共同诉讼目的，对同一案件事实却做出了截然相反的结论，我们可以认为公诉机关和审判机关都认真履行了各自的职责，但是如果此类案件久拖不决、反复重审，其负面影响是多样而深远的。

---

① 刘慧、马曼辉：《关于办理刑事二审案件情况的调查分析》，人民法治网，http：//www. c - protector. com. cn/showinfo. aspx？id = 8987；钟海燕、余波：《广州中院刑二庭刑事二审案件改判、发回重审情况分析》，广州法院网，http：//www. gzcourt. org. cn/magazine/mag-azine_ detail. jsp？lsh = 512&m_ serial = 25&m_ page = ；阮思军、吴如玉：《刑事二审案件改判和发回重审情况的调研分析》，内蒙古律师网，http：//www. nmglawyer. com/Article/488. html。

无论如何，刑事案件中的事实认定争议案件不是司法中的正常现象。当前，学者们对如何避免主动型事实认定争议案件已经有了诸多研究成果。所以本书将在后文对策性措施论证部分重点讨论被动型事实认定争议案件的相关问题，实际上，笔者认为，这一问题的研究相较于前者，更加具有理论创新意义。

第四节　促进公众认同思路下的应对策略

一　基本方式——构建合理的诉讼体系

现代社会，西方公众对司法判决的认可程度并不高。英国 MORI 2003 年的调研结果显示，只有 43% 的被调查者信任审判者能够做出正确判决，在 MORI 2000 年的调研结果中，公众对法官这一职业持满意或者比较满意态度的总共有 57%，远低于对护士、医生、教师等职业的满意度（均在 80% 以上），甚至还落后于警察（65%）[1]。

对程序和制度的严格设计可以避免社会公众对案件事实认定的被动型争议。在理念上，案件事实认定过程被人为地赋予了公正的色彩，如陈朴生教授所言，"自由心证主义之真正意义，指承认其合理性"。[2] 在制度设计上，各国大多采用多种配套制度来保证自由心证的合理性和权威性，其中有一些是共性的做法，如独立的司法体系、法官中立、对法官职业的精英化要求等。还有一些是具有特色的措施，如大陆法系国家的鉴定结论制度、英美的专家证人、法院之友制度等。西方国家在长期的法制建设中已经建立了完善的司法体系，该体制内的各项制度能够相互支撑，共同促成

---

① 〔英〕朱利安·罗伯茨、麦克·豪夫：《解读社会公众对刑事司法的态度》，李明琪译，中国人民公安大学出版社，2009，第 86~89 页。
② 陈朴生：《刑事诉讼法》，台湾：三民书局，1979，第 560 页。

公众对疑罪判决结果的高度认可。尽管证明的具体表现形式可能有差异，证明的过程充满了对裁判者主观认知的"偏好"，但是"英美法系和大陆法系似乎都赞成——至少在原则上或者说表面上看起来是这样——将这种偏好作为组织其技术性裁判制度的基本框架"。① 我国的做法和西方国家没有本质区别，只是在具体制度的完善上更加符合中国国情。

此外，社会对刑事法律作用的认识在不断改变。在英国，以下一些观点基本得到了官方的认同，"有任何证据表明通过刑罚惩罚的方式对于遏制不断攀升的犯罪率有任何显著的效果，可以说，人们的注意力开始发生变化，即从对犯罪人个体的矫正转向对犯罪行为所产生的直接环境的改善"。② 在社会治理思想已经从打击犯罪真正转向预防犯罪的状态下，司法改革已经被纳入整个社会改革的范围，公众自然更不会纠缠于疑罪判决的合理性问题。可以认为，法治国家对司法判决的尊重不在于案件本身处理的公正，而在于对司法制度的高度认同，正是良好的制度设计吸纳了公众的质疑和法院的判决风险。

二 特别方式——陪审团制度的启示

在用制度吸纳罪与非罪事实不清案件处理的社会风险方面，值得专门强调的是陪审团制度所起的作用。法律只要不以民情为基础，就总会处于不稳定的状态。民情是一个民族唯一的坚强耐久的力量。③ 故而陪审团制度在不少国家有着特殊的意义，已经超越了法律的层面。在英美法系国家，陪审团至少在形式上垄断了重罪案件的事实认定。在现代社会，陪审团制度体现出的公民参与司法的民主意义是极其重要的。④

---

① 〔美〕米尔建·R. 达马斯卡：《比较法视野中的证据制度》，吴宏耀、魏晓娜等译，中国人民公安大学出版社，2006，第218页。
② 〔英〕戈登·休斯：《解读犯罪预防：社会控制、风险与后现代》，刘晓梅、刘志松译，中国人民公安大学出版社，2009，第77~78页。
③ 〔法〕托克维尔：《论美国的民主》（上卷），董果良译，商务印书馆，1988，第315页。
④ 张泽涛：《论陪审制度的功能》，《河南大学学报》（社会科学版）2002年第5期。

其实，陪审团在追诉犯罪中是否能够发挥比职业法官更好的作用，这一点很值得怀疑。在刑事案件的事实认定方面，布莱恩·福斯特教授认为陪审团是司法错误产生的主要原因之一，他质疑"陪审团是否有能力针对复杂的案件做出裁决"，有实证证明，"有关司法错误问题的相关证据已经显示出，陪审团容易犯错误。20世纪70年代中期以来，大约100起死刑案件的定罪裁决被法院撤销，几乎所有上述案件都涉及陪审团的裁决"，[①]"面对陪审团制造的如此多的惨败，很难为这一制度进行辩护"。[②]

在疑罪认定方面，陪审团面对罪与非罪事实不清的案件时并没有完全做到审慎考虑被告人是否有罪，他们在人权保障思想的驱动下时常会习惯性地放纵犯罪，多名美国教授证实了同样的统计数据，在陪审团审判的情况下，只有5%被逮捕的重罪被告人被陪审团判决承担刑事责任。[③]芝加哥大学所做的针对3576个刑事案件的调研报告也显示，法官和陪审团对定罪或判决无罪在75%的案件中意见一致，但是在剩下的不能达成共识的案件中，有19%的案件陪审团比法官宽容，3%的案件比法官不宽容。[④]笔者不敢妄言这种处理疑案的手法（一味判为无罪）过于简单，但陪审团的过分宽容是否也造成了社会正义的丧失？

虽然陪审团制度实施时间并不长，但在国家机关实际主导定罪的辩诉交易制度中，已经有大量的评论去抨击检察官的行为是基于利己目的而让无罪的人认罪。可以推想，如果将陪审团的定罪任务转移至法官，那么对司法的打击将是摧毁性的。综合考虑，陪审团制度即便不是最好的制度，也是较好的事实认定制度，肯定不是最差的制度。正是因为有陪审团制度，英美法系国家的法官才能从容地放弃事实认定这一难题，不仅保持了

---

① 〔美〕布莱恩·福斯特：《司法错误论——性质、来源和救济》，刘静坤译，中国人民公安大学出版社，2007，第188~191页。

② 〔美〕亨利·J.亚伯拉罕：《司法的过程：美国、英国和法国法院评介》，泮伟江等译，北京大学出版社，2009，第153页。

③ 〔美〕布莱恩·福斯特：《司法错误论——性质、来源和救济》，刘静坤译，中国人民公安大学出版社，2007，第18页。

④ Michael Zander, *Cases and Materials on the English Legal System* (UK: LexisNexis, 2003), p. 496.

良好的、公正的形象，而且将更多的精力放在法律适用上，形成了一个良性循环。

俄罗斯在 20 世纪 90 年代的《刑事诉讼法》修改中恢复了陪审法庭，日本从 2009 年 5 月 21 日开始恢复实施陪审制度，被称为二战后日本最大的司法改革。[①] 不同国家强调陪审制度的原因并不相同，但在实施效果上，陪审制度既让社会公众参与司法，又卸下了事实认定这个"大包袱"，维护了国家的司法公信力，这对司法机关而言毫无疑问是一举多得的好事情。笔者于 2016 年上半年在我国台湾地区进行访学，在此期间对台湾地区推行的观审制改革做了一定的了解，台湾地区推行相应改革亦有上述因素的考量。

综上，西方国家利用完善的诉讼制度特别是陪审团制度支撑起了公民对司法的信任，在这种体制下，法官要么根本不承担罪与非罪事实认定的实际责任，要么即使做出了错误判决也会被认为是不可避免的，不会遭到非议。故而司法体系内的执业者可以从容地根据自己对案情的认定做出判决而不用担心受到外来责难。正是这些诉讼制度对疑罪从无规则进行了补强，保证了西方疑罪从无规则的顺利实施。

三 制度出路——民意认同与事实认定

从西方经验来看，罪与非罪事实不清案件处理的最核心问题并非判决的绝对正确与否（事实上这一目标也过分虚幻），而在于公众对判决的接受态度。在西方，无论是历史悠久的陪审团制度还是完善的证明体系，本身都不可能杜绝疑罪处理决策中的错误。但在其他各种诉讼制度的补强下，当事人和公众对司法审判结果的接受认可度较高。因为他们明知，也许制度不能给出一个正确的结果，但至少能给出最合理的结果。"我们很难说判决是对的还是错的，只要判决是依法作出的就是对的，即使你们对

---

① 佚名：《日本实施陪审制度系战后最大司法改革》，《南方日报》2009 年 5 月 22 日。

法律感到遗憾，也不能说它是错误的。法律的一个重要功能是在很难判明是非时作出判断。"①

为了相对合理地处理各种类型的疑案问题，我们以往的研究过多地将注意力放在对证明标准规范化的研究上，试图通过提高司法的准确性将案件判决结果向客观真实靠拢，却忽视了证明标准本身无法更改的模糊性特点。我们不能妄自菲薄地认为西方刑事司法中的事实认定制度就一定更加合理，即便是在现有制度下，也没有数据能够说明我国的刑事错案率明显高于其他法治国家。② 西方法院判决的司法公信力高于我国，很多时候并不是因为我国判决过程不合法，判决结果不正确，而是公众对判决的不认可。当前之所以倡导"司法为民""人民利益至上"，就是为了让司法公正和人民满意度实现对接，这应当是任何司法制度改革的指导思想。

罪与非罪事实不清的疑案之所以使法官难以"疑罪从无"，表面上看是来自系统内部上下级的压力、错案追究制的压力、放纵犯罪的顾虑等原因，但分析深层次内容，担心公众对判决的接受程度是影响疑罪从无判决适用的一个更本源的原因。以两起杀妻案为例，在佘祥林案件中，当 HB 省高级人民法院发现该案的诸多疑点而裁定重审时，被害方亲属多次上访，并且有 220 名群众联名上书，声称"民愤极大"，要求对杀人犯佘祥林从速处决。③ 而在案例二的王氏兄弟杀妻案中，被害人父母拿出 2 万元退休金聘请律师为被告人辩护，坚持认为女婿是无罪的，并无数次地对别人进行解释。④ 两起案件前者适用了"疑罪从轻"，后者适用了"疑罪从无"。在追求"案结事了"的司法目标下，被害人家属和民众的态度对法

---

① 〔美〕劳伦斯·M. 弗里德曼：《法治、现代化和司法制度》，载宋冰《程序、正义与现代化》，中国政法大学出版社，1998，第 153 页。

② 例如从《美国证明无罪报告（1989～2003）》中揭示的令人瞠目的错案数据来看，至少在死刑和强奸案件方面，美国的司法在发现案件真实方面是非常欠缺的。Samuel R. Gross, Kristen Jacoby, Daniel J. Matheson, Nicholas Montgomery, Sujata Patil, "Exonerations in the United States 1989 through 2003," *Criminal Law and Criminology*, Vol. 95, No. 2, (2005): pp. 523 – 553.

③ 于一夫：《佘祥林冤案检讨》，《南方周末》2005 年 4 月 14 日。

④ 傅剑锋：《武汉杀妻骗保 嫌犯从死刑到无罪》，《南方周末》2006 年 3 月 23 日。

院的判决很难说没有影响。

如果能够"案结事了",法院领导意见和责任追究等体制内压力的改变只是技术层面的问题,任何人都不会拒绝既符合法理又顺乎民意的"疑罪从无"判决。至于法院的判决如何顺应民意,这则是重大的司法课题。司法判决吸纳民意的方式有很多,当前,一审、二审和重审之间的时间差实际上给了法院很多考虑和吸收民意的机会,"如果这一模块成立(尽管还是雏形),那么它会有助于促成中国政治制度和政治法律文化的转变"。①实际上,法官处理个案时进行司法平衡在我国古代就非常普遍,"在法律与情理存在矛盾的情形下,承审法官会在再三权衡之后,另辟蹊径,作出情罪允协的判决"。②

当然,司法判决吸收民意也存在很大的司法风险,有可能触及司法独立的底线。有最高人民法院的法官认为,刑事诉讼作为一个专业性很强且有独特运行规律(系统论称之为"自组织性")的系统,任何外在的"干扰"只能破坏系统的正常运作,最终影响公正的实现。③ 如果在二审和再审判决中吸收民意,只能是个案解决的处理手段,对判决中应当吸收什么样的民意、吸收后的法律效果等很难形成一个相对明确的制度。

笔者认为,司法判决顺应民意并不代表法官在个案审判中必须吸收具体的民意。司法中的民意只能是一种间接的民意,试图让法官在审判阶段吸收民意的做法是不合适的。在法学理论上,在司法中直接体现民意,将"议行合一"中民主的原则、民主的程序套用到司法权运行中来,存在着一定的理论缺陷,违背了司法的本质特征。④ 在公共政策理论上,间接民主论者不认为公众是理性、资讯充分、积极参政的。公众"在资讯不充分且未经仔细思索下,为了给答案而表达意见所展现的民意,可

① 苏力:《法条主义、民意与难办案件》,《中外法学》2009 年第 1 期;游伟:《司法裁决与公众民意之互动》,《人民法院报》2009 年 3 月 16 日。
② 张从容:《疑案·存案·结案——从春阿氏看清代疑案了结技术》,《法制与社会发展》2006 年第 4 期。
③ 蔡金芳:《死刑裁判考虑社情民意不仅必要而且必须》,《光明日报》2009 年 2 月 5 日。
④ 张泽涛:《"议行合一"对司法权的负面影响》,《法学》2003 年第 10 期。

能会产生另一种结果，那就是在轻率表意后对其意见有升高承诺、坚持下去的倾向……在这种情况下所形成或表现出来的民意，往往是坚持固执，却肤浅谬误的"。① 民意是自发的、易变的，甚至可以是不负责任的个人情感的宣泄，法官在审判时吸纳民意将会是一个艰难选择的过程，而且极易被歪曲的民意所误导。大陆法系强调集中审理，英美法系的封闭式陪审团是为了保证裁判者的审判不受外来的影响。即便司法迫切需要体现民意，也至多是用"法院之友"类型的制度间接去影响审判，而且还必须经过法庭的质证。②

---

① 余致力：《民意与公共政策——理论探讨与实证研究》，台湾：五南图书出版公司，2002，第 67 页。
② 张泽涛：《美国法院之友制度研究》，《中国法学》2004 年第 1 期。

第二章 检察环节促进公众认同的具体实践

第一节 程序定位的细微调整

2016 年《最高人民检察院工作报告》提出了检察机关"充分发挥审前主导和过滤作用",这是"审前主导"第一次出现在官方正式文件中,它与"全面贯彻证据裁判规则"、"健全听取辩护律师意见机制"和"防止带病'起诉'"并列,构成检察机关推进以审判为中心的诉讼制度改革的主要措施体系。和其他三项措施相比,"充分发挥审前主导和过滤作用"属于检察理论中的新提法,研究成果较少,特别是"审前主导"这一概念的诞生时间较短,理论准备很不充分。[①] 我国侦查阶段一向较为封闭,社会公众对检察机关为何审前主导、如何审前主导有着强烈的兴趣,同时对审前主导能否提高起诉证据质量密切关注。从某种意义上来讲,这一改革是提升司法公信力的一个探索,有必要进行专门研究。

一 审前主导问题概述

(一)审前主导的发展脉络

"审前主导"概念的完善有一个清晰的发展过程,党的十八届四中全

[①] "过滤作用"可以理解为检察机关应当充分发挥起诉裁量作用,研究成果较多,故而不作为本书的研究重点。但关于审前主导的研究成果较少,在中国知网上用"审前主导"作为"篇名"关键词进行搜索,尚没有专门成果。

会是其从学理论证上升到官方力推的主要时间节点。

在党的十八届四中全会之前，"审前主导"只是当时各界在研讨检警关系时的一种提法，[①] 在侦查权强势的时代背景下，这种观点和司法实践偏离较远、影响力较弱，并没有得到太多的呼应。但在此期间，湖北佘祥林、云南杜培武等重大冤假错案陆续曝光，在新兴媒体的发酵下，公众开始对我国强职权主义下的刑事追诉模式进行反思，侦查环节应当输入程序正义的理念逐渐得到社会公众的认同，检察机关需要给予侦查机关更加有效的制约已经成为共识。

党的十八届四中全会正式提出坚持以审判为中心，这是我国当前及今后相当长时期内刑事诉讼改革的基本指导方针。为了满足这一要求，确保侦查、起诉的案件事实清楚、证据确实充分，经得起法律和历史的检验，检察机关需要对控诉证据的质量提出更高要求，因此水到渠成地提出"审前主导"这一重要措施。2014 年 12 月 25 日，曹建明检察长强调要认真研究强化检察机关在审前程序中的主导作用，强化引导取证，严把起诉标准，保证公诉案件的质量和效果。[②] 这一提法得到了主流学者的认同和支持，樊崇义教授认为，"（在落实以审判为中心时）检察机关是审前程序的主导者，要考虑如何建构一个完备的审前程序，如何建立一个检察机关主导的'大控诉'格局"。[③] 2016 年 3 月，《最高人民检察院工作报告》中正式提出，"推进以审判为中心的诉讼制度改革，全面贯彻证据裁判规则，充分发挥审前主导和过滤作用，健全听取辩护律师意见机制，防止案件'带病'起诉，确保侦查、起诉的案件事实清楚、证据确实充分，经得起法律和历史的检验"。至此，"审前主导"成为我国官方正式认可的概念。

（二）审前主导的内涵理解

按照字面理解，审前主导的基本内涵是检察机关应当在审前程序中发

---

① 朱亚滨：《发挥在审前程序的主导作用》，《检察日报》2009 年 9 月 7 日。
② 王治国、戴佳：《积极适应以审判为中心诉讼制度改革要求，提升司法能力强化检察监督保证公正司法》，《检察日报》2014 年 12 月 26 日。
③ 陈光中等：《以审判为中心与检察工作改革》，《国家检察官学院学报》2016 年第 1 期。

挥主导性作用。目前学术界对这一概念还没有更加详尽的解释，笔者拟结合理论研究成果及检察工作实际，对审前主导的实施主体、对象、范围和内容等重点问题进行初步解读。

1. 实施主体。办理具体案件的各级检察机关应当是执行审前主导的当然主体。为了明确责任，实施主体还应当落实到检察机关内设具体部门。我们认为，最高人民检察院要求发挥"审前主导和过滤作用"，并且要求"防止'带病'起诉"，这应当属于公诉部门的工作范畴，审前主导的实施主体应当是负责具体案件起诉工作的公诉部门。至于负责审查批捕的侦检部门，性质上属于诉讼监督，与审前主导的工作内容有明显区别，故而不宜在审前主导工作中占有过于重要的地位。

2. 实施对象和实施范围。这两点相对而言争议较小。实施对象是检察机关负责起诉的具体案件。在审前主导过程中，检察机关将会不可避免地与侦查机关、当事人发生各种诉讼法律关系，共同推进案件的处理进程。审前主导的时间范围理应是整个审前程序，虽然审前程序这一概念本身是舶来品，在我国法典中并没有列明，但基本默认审前程序泛指刑事诉讼过程中立案至审判之前的阶段，主要覆盖立案、侦查和起诉三个诉讼阶段。

3. 实施内容。2015年，最高人民检察院司法体制改革领导小组办公室王光辉主任提出："推进建立新型侦诉审工作机制，强化检察机关在审前程序中的主导作用。"① 检察机关的审前主导要想真正推进，重点和难点均是如何妥善处理与侦查机关之间的关系，这一点当无异议，但在检察机关如何"主导"的内容安排上，目前仍处在理论探索阶段。笔者认为，审前主导并没有彻底颠覆我国审前程序诉讼阶段论的传统规定，它只是以证据为抓手，对侦查机关的侦查行为进行技术补强，不应过多解读审前主导背后的理论支撑，它在根源上仅仅是试图对已经存在的检察机关和侦查机关案件沟通、合作机制等方面进行系统化和规范化。我们认为，从这个角度

---

① 王光辉：《推进司法改革和检察改革，在关键之年取得新的更大进展》，《人民检察》2015年第3期。

理解审前主导较为保守，但符合国情，能够较容易推进这一措施，达到预设的改革目的。

值得专门提出的是，审前主导实施内容的界定并不简单。我国理论界十多年前就对检警关系有过激烈的论战，研究成果至今仍有借鉴价值。[①] 笔者将会在后文对审前主导可能遭遇的各种障碍进行分析，附带解释对审前主导的内涵界定较为保守的原因。

二 审前主导实施障碍评析

审前主导是我国确立以审判为中心进行诉讼制度改革之后的一个具有里程碑式的改革提法，是检察机关主动作为、打破部门壁垒、敢于担责，也是保障检察机关真正高质量地服务于现代司法审判的大手笔力作。改革大多会遭遇各种阻力，由于审前程序牵涉到太多的关系协调，审前主导的构建将会面临众多的挑战，这一点需要我们有充分认识，具体分析如下。

（一）理论纠缠——权力关系难以明晰

审前程序的制度构建虽然并非哥德巴赫猜想级别的难题，但是历来也是学说流派争论的焦点领域。在诉讼原理层面，审前程序中的检警关系是审前主导无法回避的问题，在我国，对这一问题的争论尤为激烈。

我国宪法明确规定检察机关是国家的法律监督机关，这为检察机关的权力属性是司法权、行政权、检察权还是复合型权力的论战埋下了伏笔，当前达成共识的是，我国检察机关的权力属性存在争议，并且与一般大陆法系国家和英美法系国家的定位均存在较为明显的差异。与此密切相关，形成了具有中国特色的审前阶段的检警关系。根据《宪法》第 135 条和《刑事诉讼法》第 7 条的规定，检察机关和公安机关在审前阶段并无隶属关系，两者分工明确，互相配合，互相制约。为了消除审前程序中出现的

---

① 刘计划：《检警一体化模式再解读》，《法学研究》2013 年第 6 期。

侦查权过大、容易侵犯人权的弊端，过去的 20 年，各界贤达立足国情，通过检警一体化、司法审查制度等各种形式的主题对我国检警关系进行了非常多的讨论。① 所提出的解决方案不仅借鉴了域外主流的检警关系模式，而且经常有创新之举。② 不过肯定的是，学界的讨论远没有形成通说，也没有深入影响立法领域，时至今日，法典还是采用传统的警察主导侦查模式，"无论侦查人员的程序意识、人权意识、证据意识，还是侦查取证的规范性、全面性、时效性，都存在突出问题，侦查业务素养难以适应检察机关的需要"。③ 由此可见，检察权和侦查权的关系并没有厘清，两者当前处于一种微妙的非健康平衡的状态，审前主导要想突破原有的检警关系的范围而有所作为，必然面临诉讼原理层面的众多质疑。

（二）制度惯性——侦查强势积重难返

侦查行为侧重于追求效率，在程序发动上带有显著的主动性，侦查权是一种带有扩展性和攻击性的权力，因此带有明显倾向性的追诉是侦查权的本质特征。"虽然按现代刑事诉讼无罪推定原则的要求，侦查机关在法律上不得将被追诉者作为有罪的人看待，但在事实层面上，由于侦查机关是在认定被追诉人有罪的前提下才对其展开立案侦查的，因而在发现有一项证据证明被追诉者有罪时，侦查机关往往还会认为有其他证据证明被追诉者有罪；在证明被追诉者犯有此罪时，往往还会认为被追诉者可能犯有与此罪紧密相关的彼罪；在证明此人犯有被指控的罪行时，往往还会认为

---

① 陈卫东、郝银钟两位学者在《侦、检一体化模式研究——简论我国刑事司法体制改革的必要性》一文中，较早地提出了检警分工合作模式存在资源浪费严重、侦查程序失控等弊端，建议推行检警一体化改革，该文载于《法学研究》1999 年第 1 期。同时期，几乎国内所有主流学者都就这一问题发表过自己的意见，众说纷纭。如陈兴良：《检警一体：诉讼结构的重塑与司法体制的改革》，《中国律师》1998 年第 11 期；龙宗智：《评检警一体化兼论我国的检警关系》，《法学研究》2000 年第 2 期。
② 譬如，叶青教授在其博士学位论文中提出通过设立中国式听证制度来实现审前程序的诉讼化，借以协调检警关系。参见叶青《刑事审前程序诉讼化问题研究》，博士学位论文，中国政法大学，2008。
③ 刘计划：《检警一体化模式再解读》，《法学研究》2013 年第 6 期。

与此人有某种关系的彼人可能也犯有被指控的罪行。"① 正是因为这种倾向性，各国都设立了对侦查权的制约机制，审前主导也是制约方式之一。

这里有两个问题值得关注。一方面，从本质上，各国侦查权天生都会排斥外来约束。在法国，2000 年设立自由与羁押法官一职，旨在强化对一般案件审前羁押措施的审查。"立法者的初衷当然是希望设立中立的司法权力机构以抑制侦查权力的滥用，但颇具冲突色彩甚至有些别扭的称谓已预示着这一制度设计仅仅是调和的产物，不可能有效运作。乌特罗案件正是对这一制度的极大讽刺。"②

另一方面，即便是检察机关直接介入侦查，由于侦查机关在侦查这一细分领域具有天然优势，检察机关很有可能会主动放弃对侦查机关的实质主导。在日本，审前阶段不断贯彻当事人主义，该国早已采取较为严格的令状主义，同时实施检察官指导侦查制度，精密司法得到了广泛的赞誉，但仍然出现了检察官不认真审查案件、庭审过分依赖侦查文书、开庭审理形式化等不正常现象。平野龙一教授很早就提出，这种实际上以侦查为中心的审判并不正义，"日本的刑事审判是令人相当绝望的"。③ 扭转这种局面并不容易，时间已经过了 30 余年，加强检察官对审前程序的实质影响仍然是热议的课题之一。

在我国，侦查机关是维护社会稳定的第一责任人，检察机关审前主导或多或少会影响侦查机关打击犯罪的效率。在当前针对侦查机关的考核机制以及社会公众期待没有实质改变的背景下，原有制度的生存土壤并没有改变，新设置的审前主导如果过分影响侦查机关的工作开展，很有可能会被制度的惯性所碾压，无法达到预设的立法目的。

（三）技术阻碍——相关法律基础薄弱

抛去上述第一小点中审前主导构建时的各种复杂理论障碍，立法技术

---

① 陈永生：《论侦查权的性质与特征》，《法制与社会发展》2003 年第 2 期。
② 施鹏鹏：《法国审前程序的改革及评价》，《中国刑事法杂志》2008 年第 3 期。
③ 〔日〕平野龙一：《现行刑事诉讼的诊断》，载《团藤重光博士古稀祝贺论文集第 4 卷》，有斐阁，1985，第 423 页。

方面的难题也不容小觑。在我国，有关审前主导的法律基础几近空白，甚至与审前主导工作内容较为近似的检察机关提前介入侦查、检察机关引导侦查等工作机制，均没有形成全国性的高级别法律文件。① 从立法技术的角度来看，确立审前主导的工作机制还存在不少立法技术障碍。

一方面，基本法律的修改难度较大。我国现有宪法和刑事诉讼法对审前程序中牵涉到的国家机关之间的关系都有明确规定。我国《立法法》第8条规定："下列事项只能制定法律……（二）各级人民代表大会、人民政府、人民法院和人民检察院的产生、组织和职权……（五）对公民政治权利的剥夺、限制人身自由的强制措施和处罚……（十）诉讼和仲裁制度。"基于上述三项中的任何一项要求，审前主导相关机制的建立如果要大规模地调整检警关系，都需要进行法律级别的立法调整，而根据我国的修法惯例，无论是修改《宪法》还是仅仅修改《刑事诉讼法》，均是牵一发而动全身的重大工程，难以仓促进行。

另一方面，制度性立法难度较大。审前程序涵盖的诉讼行为众多，检察机关要想实现有序主导，口号式的立法显然不够，范围、时间、方式、步骤、后果、责任承担、突发事件应对等细节问题均需要制度化和规范化，这些工作几近"无中生有"，各地实践经验也并不充分。特别是审前主导的制度构建还需要考虑将其放置于整个刑事司法体系中之后的协调性，由此可见，这并不是一项在短期内就可以轻易完成的立法工程。

（四）运转困境——检察工作压力剧增

检察机关作为重要的司法机关，法律赋予其众多的诉讼职能，在过去的10余年间，检察机关不断采用各种方式提升司法公正性：2007年，参与死刑二审开庭；2010年，配合法院全面推行量刑规范化改革；2011年，实施职务犯罪案件审查逮捕程序上提一级改革。在2012年《刑事诉讼法》

---

① 2002年，《最高人民检察院工作报告》中提到，要"建立和规范适时介入侦查、引导侦查取证、强化侦查监督的工作机制"，最高人民检察院也曾经做过制度化尝试，但最终并没有形成规范性文件。

修改之后，更是新增了羁押必要性审查、未成年人暂缓起诉、简易程序出庭等多项新业务，这些工作对保障司法公正有着巨大的助推作用，但从另一角度来看也大幅度增加了检察机关的工作量。本轮司法改革中，最高人民检察院之所以推行司法人员分类管理、省以上地方检察院人、财、物统一管理等4项改革，一个重要的动因就是更好地整合检察资源，为推进各项现有工作提供高质量的司法保障。

不管我国的审前主导采用何种模式推行，检察机关都将不可避免地、更加深入地介入侦查等实际工作中，无疑会在多个环节增加检察机关的实际工作量。和其他工作相比，审前主导工作属于"锦上添花"型的工作，侦查机关在一般情况下也会认真执行侦查职能，审前主导只是为了促使侦查行为更加规范化，因此和检察机关需要面临的简易程序出庭、暂缓起诉等其他工作相比，工作量相对弹性较大，也欠缺急迫性。在司法资源有限的情况下，检察机关在工作安排上会有主次之分，各基层检察院以何种态度对待审前主导工作也是我们不得不面对的基本问题之一。

三 审前主导工作机制的突破思路

司法改革从来不是轻松的话题，审前主导的推行存在众多的障碍，但它符合刑事诉讼规律，在以审判为中心的时代是检察机关的重要应对措施，是提升案件审判质量的重要前提条件，更能够满足当下人民群众对杜绝刑讯逼供和冤假错案的合理期待。因此，虽然存在诸多困难，但是我们仍然有必要加快审前主导关联机制的建设。基于我国检察机关的改革决心，依托已有的检察理论成果，可以总结出若干符合国情的审前主导工作思路，为制度推进打开局面。

（一）稳步推进、适度调整

在过去的20年，我国刑事诉讼制度的改革一直没有停步，沿着弘扬程序正义、重视人权保障、约束侦查权、强化司法权的方向不断前行。虽然

1996 年和 2012 年两次修法时，我国《刑事诉讼法》在内容上都进行了较大规模的变动，但这些调整基本上经过了较为充分的论证，不少内容之前甚至已经被其他法律所规定，将其写入刑事诉讼法只是对已有立法的一种肯定和强化。例如，2012 年《刑事诉讼法》中对非法证据的修订就吸收了 2010 年《关于办理刑事案件排除非法证据若干问题的规定》中的成果。可以看出，我国的刑事程序法律调整的基本思路是循序渐进，极少出现跃进式立法，这已成为一种立法的潜规则。

实际上，任何刑事司法制度的重大调整都是犯罪形势、刑事政策和立法准备集体发力的结果。我国当前犯罪形势和刑事政策没有发生重大变化，并不存在大幅度调整司法程序的客观环境，同时立法机关也并没有做好充足的理论支撑，技术准备也不充分。以上这些因素均决定了我国的审前主导相关制度并不适合进行突破性的尝试。刑事诉讼制度修改非一日之功，是一个系统工程，应当服从客观规律，在立法思路上应当坚持稳步推进、适度调整。

（二）绕开理论泥淖、推进制度建设

确立了稳步推进的思路之后，在立法策略上，我国可以采用突破重点制度、回避理论争议的做法。审前主导牵涉到的最大理论障碍是审前程序中的检警关系，这是一个非常著名的理论难题，在短期之内根本无法形成共识。此时，我们可以选择有价值的若干制度进行突破，这样可以有效及时地推进以审判为中心的制度落实，同时也可以逐渐营造新的司法环境，反哺于理论，为理论发展提供新的素材，到理论准备和实务环境成熟的时候再进行整个体制上的重大调整。这种推进模式在之前的改革中经常出现，例如，虽然各界对技术侦察的内容、程序、救济等细节性问题在理论上一直存在争议，但并不妨碍我国在 2012 年通过《刑事诉讼法》第 148 条至第 152 条规定，我们不能否认这些新增条款的破冰价值。再如，调整检察机关起诉裁量权的范围是一直被讨论的内容，但全面调整的时机尚不成熟，2012 年《刑事诉讼法》修订时增设了未成年人暂缓起诉制度，这种针对未成年人的先行先试为我国起诉裁量权的理论拓展做出了重要贡献。

检察机关介入侦查程序其实并不完全是一项崭新的工作，"人民检察院在受理公安机关提前批捕、移送起诉的重大刑事案件前，必要时派人参与公安机关的侦查活动，熟悉案情，发现并共同研究解决问题，为审查批捕、起诉做好准备，是在 1982 年整顿社会治安中总结出来的一条经验"。① 一直以来，为了在批捕、起诉工作中得到检察机关的更多支持，公安机关也认同和欢迎检察机关在重大、疑难、复杂案件中提前介入。这项工作最近也受到最高人民检察院的高度重视。2015 年初，最高人民检察院出台《最高人民检察院关于加强出庭公诉工作的意见》，在"进一步加强庭前准备工作"的众多举措中，第一点就提出"积极介入侦查引导取证"，这些都可以成为下一步开展审前主导工作的依据和基础。

（三）以证据为抓手、以不起诉为手段

以证据为抓手就是指检察机关在和侦查机关发生关系时，以起诉时的证据要求作为沟通的内容。这样既尊重诉讼规律，也符合本轮司法改革的基本定位。在大多数国家，警察机关在进行刑事案件的侦查工作方面具有人、财、物方面的专业优势，在我国，侦查机关主导侦查方向、制定侦查策略、实施侦查行为已经成为一种成熟的工作方法，任何试图打破这种平衡的改革都存在被抵触的巨大风险。我们不否认检警深度联合在起诉效率以及赋予侦查环节司法性等方面存在的价值，但更应该认识到，这种设计可能并不会得到实务部门的采纳，这一点在域外有着太多的例证。

在德国，"根据立法者的设计，侦查程序中检察官有指挥权，只有在个别有限的委托侦查的情形下，检察机关才有指挥权。在实务上，侦查程序的指挥权大部分还是转移给警方。通常警察人员独立侦查犯罪，其只在侦查告一段落后，才将案件移送至检察机关"。② 术业有专攻，检察

---

① 李志华：《人民检察院的"提前介入"应在法律中明确规定》，《法学评论》1988 年第 3 期。
② 〔德〕克劳斯·罗科信：《德国刑事诉讼法》，吴丽琪译，台湾：三民书局，1998，第 91 页。

机关试图在业务上进行指导的立法目的在大多数个案中基本上很难实现。和德国类似，我国台湾地区"刑事诉讼法"第 228 条同样规定了以检察官为主、以司法警察官或司法警察为辅的侦查主体构造，"检察官因办理刑事案件，有指挥司法警察官，命令司法警察之权"。[①] 但他们也出现了和德国同样的状况，10 多年前，台湾地区采取了设置检察事务官和退案审查制等多种尝试，不过效果并不理想。笔者向多名台湾地区的法官、检察官和律师当面求证，均被告知检察官的侦查指挥权大多停留在形式上，并不会轻易介入侦查方向选择、侦查策略制定等具体工作，这和之前并没有太大改变。

中国大陆地区的情况与上述国家和地区有本质的不同，审前主导并不代表检察机关想争夺侦查的控制权。审前主导的目的是"确保侦查、起诉的案件事实清楚、证据确实充分，经得起法律和历史的检验"，也就是为了服从以审判为中心，检察机关在起诉时必须将对证据的审查和运用向审判看齐。检察机关通过对证据的掌控就可以实现制度设计的初衷，并不需要直接介入侦查行为。实际上，检察机关在某些案件中根据办案经验对公安机关提出证据方面的具体要求，这可以理解为公诉权的延伸，符合各方利益。"取证有困难、认识分歧大的案件、网络犯罪案件等疑难案件"，[②]在起诉时对证据的要求更高，需要更好地引导侦查，检察机关合理参与只会产生更多有益的法律效果。

还需要提及的是，以不起诉为手段是检察机关审前主导的有效保障。在以往，我国的不起诉率相对较低，甚至被人为控制。只有坚持按照审判的标准审查证据，大胆适用不起诉，特别是证据不足不起诉，才能倒逼侦查机关重视侦查环节，按照审判标准收集证据，听取检察机关的合理意见。为此，我们必然要改变以往追求低不起诉率的思维方式，调整工作方法。

---

① 蔡墩铭：《刑事诉讼法概要》，台湾：三民书局，1994，第 165 页。
② 唐颖、庆新：《公诉与侦查缘何"亲密接触"》，《检察日报》2015 年 9 月 6 日。

（四）区分审前主导和诉讼监督

审前主导的直接目的是获得高质量的庭审，因此检察机关中最适合承担这项工作的是公诉部门，在检察机关的诸多内设部门中，只有公诉部门有足够的动力和能力对侦查环节的证据进行收集，这样操作也能够以最少的司法资源获取最多的收益。值得注意的是，审前主导存在一个较大的理论陷阱，那就是极有可能削弱检察机关的侦查监督职能。我国"分工合作、相互配合、相互制约"的设置原则原本就存在配合有余、制约不足的弊端，在实施审前主导之后，检察机关和侦查机关的联系进一步紧密，在某些案件中会深度介入证据的搜集工作，这样很有可能会影响后续审查起诉环节中检察机关的工作态度。这种质疑并非毫无根据，在我国台湾地区，检察机关是名义上的侦查主导者，台湾"刑事诉讼法"第3条明确规定，"本法称当事人者，谓检察官、自诉人及被告"，实际上直接否认了检察官在法理上可以同时胜任监督侦查工作的可能性。

基于上述诸多原因，笔者倾向于认为，审前主导和诉讼监督的具体工作存在交叉，但是分属不同领域、相互独立，前者的重点在于公诉，后者的重点在于诉讼监督，不宜相互替代。为了应对审前主导可能出现的监督弱化，我国有必要坚持"两条腿走路"，专门另行加强诉讼监督职能。一方面，检察机关中的侦监部门要重视"过滤作用"，在批捕环节更加充分地发挥监督作用。继续向公诉部门强调审查起诉环节的重要性，避免审查起诉环节的监督虚化。另一方面，探索引入更加充分的外来监督，形成立体化的侦查监督工作模式。在采取以上措施之后，社会公众对我国侦查阶段诉讼行为的信任和认同必将上升到一个新的层次。

第二节　强化公诉的合理探索

2015年7月，《最高人民检察院关于加强出庭公诉工作的意见》中提出"介入侦查引导取证",并且第一次列举式规定了制度的主要内容,这将"提前介入"这一老问题又拉入了研究视野。[①] 特别值得注意的是,本次"介入侦查引导取证"也是十几年来我国最高检察机关在刑事司法工作中首次正式提出直接牵涉检警关系的具体制度性规定,代表我国对检警关系的理解迈出了实质性的一步,具有破冰意义,将会产生一系列深远影响。

最高人民检察院此次推进"提前介入"的决心很大,在当前,检察机关介入侦查引导取证契合时代要求,符合人民群众对司法公正的合理期待,同时也是检察机关真正落实以审判为中心的核心制度之一。但"提前介入"自诞生之日起就备受质疑,对其"合理"还是"不合理"的争议很大,至今反对之声仍然不绝于耳。实际上,我国的法治环境已经发生了重大变化,当前是研究和推进该制度的最佳历史时期,以往不少研究成果对这一问题存在较大的理论误判,在以审判为中心的时代背景下,"提前介入"能够满足群众对公平正义的需要,也不会在根本上动摇检警关系,是一项有益的制度尝试。

一　"提前介入"——一项备受非议的悠久制度

检察机关"提前介入"并不是新提出的概念,这一制度来自改革开放初期的司法实践总结,"人民检察院在受理公安机关提前批捕、移送起诉的重大刑事案件前,必要时派人参与公安机关的侦查活动,熟悉案情,发现并共同研究解决问题,为审查批捕、起诉做好准备,是在 1982 年整顿社

[①] 《最高人民检察院关于加强出庭公诉工作的意见》第 3 点:"积极介入侦查引导取证。对重大、疑难、复杂案件,坚持介入范围适当、介入时机适时、介入程度适度原则,通过出席现场勘查和案件讨论等方式,按照提起公诉的标准,对收集证据、适用法律提出意见,监督侦查活动是否合法,引导侦查机关(部门)完善证据链条和证明体系。"本规定与常见的"提前介入"讨论的是同一主题,均为检察机关提前介入侦查阶段问题,因此,笔者在本书中一般将此次立法中的"介入侦查引导取证"也简称为"提前介入",此外,还有部分学者使用"引导侦查"之类的表述,研讨的也是同一问题。

会治安中总结出来的一条经验，简称'提前介入'"。① 不管外部如何质疑，检察系统内部对提前介入的目的、手段和作用的认识基本一致。厦门市人民检察院林智忠检察长的解释较为全面："检察机关的'提前介入'，利于促进公安机关及时、全面地收集证据。由于检察机关担负着代表国家向审判机关控诉犯罪、揭露犯罪的职能，在法庭上直接与辩护方展开辩论，因此，对证据的范围、关联性、证明力、是否充分等问题都有较深刻的认识和见解。通过检察机关的'提前介入'，能使这些问题较好地及时地得到解决，减少了证据的流失现象，使案件办得更快更准，确保办案的时效，大大有利于依法从重从快打击刑事犯罪。"② 可见，从早期开始，该项制度就立意于协助公安机关更好地取证，加强检警双方的工作沟通，并非想对具体侦查工作行使指挥权，这是我国检察机关的主流态度。武延平、张凤阁同样认为，提前介入"谈不上是对侦查工作的干扰，也谈不上手伸长的问题……它换来的是我国社会秩序的稳定和社会主义建设服务"。③ "提前介入"曾经是最高人民检察院力推的工作制度之一，在黄金时期，从1989年到1993年，每年的《最高人民检察院工作报告》中均会详细列举检察机关介入侦查的基本数据，重视程度可见一斑。

由于牵涉到检警之间的权力分配，这一制度遭遇的非议和责难也是显而易见的。"提前介入出现以后，理论界褒贬不一。不赞成提前介入的同志认为，提前介入违背了分工负责、互相制约的原则，混淆了法律程序"，④ "有的同志不赞成这种作法，说'这种作法与法无据'，'是联合办案的翻板'，有的同志虽然不反对这种作法，但他们怕有人说'检察机关手伸长了'，担心'搞坏公、检两家的关系'等等"。⑤ 在当时的时代背景下，证据意识并不十分完全，证据规定也并不十分完善，加上侦查权强势

① 李志华：《人民检察院的"提前介入"应在法律中明确规定》，《法学评论》1988年第3期。
② 林智忠、陈建全：《检察机关"提前介入"初探》，《中外法学》1991年第1期。
③ 武延平、张凤阁：《试论检察机关的提前介入》，《政法论坛》1991年第2期。
④ 李建明：《检察机关提前介入刑事诉讼问题》，《政治与法律》1991年第2期。
⑤ 武延平、张凤阁：《试论检察机关的提前介入》，《政法论坛》1991年第2期。

的基本国情，"提前介入"遭到了极大的阻力，反对声音之强，几乎只有讨论沉默权、辩诉交易制度等西方舶来制度时的论战规模可以与之相比拟。①

这种反对也发挥了明显的效果。2002 年，最高人民检察院形成了《人民检察院引导侦查取证试行办法（讨论稿）》，但该司法解释最终并没有正式通过；2011 年 8 月，我国公布《中华人民共和国刑事诉讼法修正案（草案）》，专门提出增加一条作为第 113 条，"对于公安机关立案侦查的故意杀人等重大案件，人民检察院可以对侦查取证活动提出意见和建议"，在 2012 年最终通过时却遗憾地删除了这一条款，这在刑事诉讼立法中较为罕见。从另一角度来看，提前介入是检警两家的工作，但在当前，对检察机关提前介入的规定较为全面的最高级别联合文件仍然是最高人民检察院和公安部在 1988 年联合颁布并实施的《关于加强检察、公安机关相互联系的通知》，之后公安机关对这一工作并没有实质性的回应。

二 问题症结—— 权力纠葛与制度误读

《最高人民检察院关于加强出庭公诉工作的意见》中的政策需要落地，而提前介入问题的理论研究当下陷入一种停滞不前的僵局。本质上，分歧主要来自不同立场者对制度的误读，如果错误观念至今还不清除，毫无疑问本轮司法改革中我国又将丧失一次修正检警关系的宝贵机会。从产生争议的原因来分析，我们会发现，其实大部分原因历史上曾经存在、曾经合理，但放置于当下则失去了理论的先进性。打开这一症结，将会让我们重新认识本次最高人民检察院提出提前介入的真正内涵和作用。下文将从根

---

① 2002 年 10 月，陈卫东、陈泽宪、陈兴良、黄京平、宋英辉和樊崇义等学者及大批实务部门同志对检察引导侦查问题进行过研讨，学者异议较多，文献综述可见周口市人民检察院《"检察指导侦查"研讨会观点摘编》，《国家检察官学院学报》2002 年第 5 期。在当时，反对之声随处可见，甚至还有年轻学者认为，检察机关介入侦查的行为是一种"司法越位"，完全没有存在的合理性。参见王超、周菁《试论我国司法改革中的越位问题》，《南京师范大学学报》（社会科学版）2002 年第 2 期。

本原因、主要原因和现实原因三个层面分析提前介入受阻的主客观因素。

（一）根本原因——侦查权的强势本质

我国刑事诉讼中的公检法三机关的工作关系极其稳定，1979 年《刑事诉讼法》第 5 条规定："人民法院、人民检察院和公安机关进行刑事诉讼，应当分工负责，互相配合，互相制约，以保证准确有效地执行法律。"这一条款在 1996 年和 2012 年两次修法中没有进行任何调整。和大多数国家不同，中国的刑事诉讼采用诉讼阶段论，公检法三机关在侦查、起诉和审判阶段各自发挥其主导性作用，这种工作模式已经在公安司法机关工作人员的脑海中根深蒂固，至今没有大改的迹象。

与此同时，公安机关是一个较为强势的执法部门，无论在历史地位、国家投入，还是在社会影响方面，都不逊于法院和检察院。在刑事诉讼中，由于长期倚重侦查机关的侦查工作，更是形成了"侦查中心主义"的异化模式，在这种情况下，任何改变都会受到阻碍是一种必然现象。前文提及，早在检察机关提前介入的概念提出之初，就有人质疑"检察机关手伸长了"，这属于情理之中。当然，我国已经明确提出以审判为中心，基于侦查权强势思维下的诸多错误做法将会被——纠正，这就为提前介入制度的发展提供了很好的契机。

（二）主要原因——制度本身定位不清

提前介入推行受阻也有制度本身方面的因素。检察机关提前介入侦查的概念虽然出现较早，但是一直没有官方的权威解释，甚至在制度提出的早期，内涵的界定就有较明显的不合理之处，留下了被抨击的漏洞。

一方面，早期的提前介入产生于"严打"的政策背景。这一点基本上在所有早期的论著中都有提及。例如，"到 1983 年 8 月，中央提出依法开展从重从快打击刑事犯罪活动。为了贯彻落实中央指示，及时、有力地打击刑事犯罪，在办理刑事案件过程中，越来越多的检察机关采取了提前介入的作法，并且在实践中取得了良好的效果。经过几年的实践，最高人民检察院在总结各地经验的基础上，肯定了这一作法，并制定了一些规范性的措施，在全国普遍推开"。[①] 还有学者不仅赞同"'提前介入'是检察机关根据社会治安形势，适应打击严重刑事犯罪斗争的需要而在实践中总结出来的经验"，还将"'提前介入'能更好地贯彻依法从重从快的方针"作为该制度排在首位的意义。[②]

另一方面，早期的提前介入主要定位于诉讼监督。虽然官方并没有说明提前介入的法理基础，但是在解释时基本上将其定位为法律监督领域。例如，1993 年《最高人民检察院工作报告》中提到，"把提前介入公安、国家安全机关对重大、特大刑事案件的侦查、预审活动，作为加强侦查监督的一项重要措施，并逐步走向制度化，有效地加强了对侦查活动的监督"。时至今日，仍然有许多实务部门的同志在论著中依托这一观点来讨论问题。[③] 而这恰恰是反对者们大力抨击的重点，即公诉机关在侦查中介入取证，有可能让检警双方过早地形成控诉联盟，使检察机关审查起诉的环节完全虚化，不利于犯罪嫌疑人的人权保障，这些批评相当合理。

（三）现实原因——检警工作优势有别

长期以来，我国检察机关专注于起诉，属于追诉中的法律专家；侦查机关专注于侦查，属于技术专家。毋庸置疑，公安机关在刑事侦查方面的技术力量远远强于一般的检察机关，特别是强于将会介入侦查工作的公诉部门，提前介入会使公安机关产生微妙的心理变化。除了存在业务上的优越感，面对检察机关的强势介入，公安机关还担心检察机关介入侦查工作后会利用自身诉讼监督的优势肆意打乱侦查步骤。特别是在当前，公安及

[①] 武延平、张凤阁：《试论检察机关的提前介入》，《政法论坛》1991 年第 2 期。

[②] 李志华：《人民检察院"提前介入"应在法律中明确规定》，《法学评论》1988 年第 3 期。

[③] "检察院提前介入侦查是切实履行法律监督职能的需要"之类的表述时常出现，已经成为不少实务部门同志论述提前介入价值的"标配性"表述。参见毕赛男、杨强《检察院提前介入侦查的制度构建》，《重庆理工大学学报》（社会科学版）2010 年第 11 期；贾俊玲等：《论侦查阶段检察机关提前介入机制的构建》，《天津市政法管理干部学院学报》2009年增刊；孙琴：《检察机关提前介入命案侦查机制初探》，《人民检察》2014 年第 23 期。

司法机关办理案件的责任追究机制越发严厉，提前介入是否会使公安机关无谓地为检察机关引导侦查造成的司法错误承担相关责任，这同样也是公安机关排斥检察机关介入侦查的重要现实原因。诚然，检察机关介入侦查引导取证，可以让侦查机关在批捕和起诉工作上更加符合检察机关的要求，满足公安机关的实际利益，但当前这些工作可以通过私下的沟通或者政法委的协调去较为圆满地解决，公安机关有足够的理由去排斥新制度而维持原有的工作协调模式。

正是因为如此，我国有关提前介入的立法举措大多是检察机关的单方行为，很少得到公安部门的回应和支持。有的公安方面的学者的观点更加激进，"'检察引导侦查'的命题、法理基础、法律依据、价值与成效都是值得反思和质疑的"，"'检察引导侦查'是建立在公安侦查无能和需要检察机关帮助的错误假设之上的"，"支撑'检察引导侦查'命题所需要的基本条件是不具备或没有保障的"，"'检察引导侦查'存在着严重的法律错误及逻辑问题"。[①] 虽然言辞激烈，但颇能代表部分实务部门同志的态度。这提醒我们侦查机关是提前介入工作中不可或缺的一环，改革要想成功，必须说服公安机关，争取足够的支持。

三 理论重塑——纳入当下语境的交流

笔者认为，此次提出的"提前介入引导侦查"已经与以往的提前介入存在较为明显的差异，我们应当摒弃部门成见，充分考虑当前的国情，不能再用落后的思维应对不可阻挡的司法改革潮流，而是应该客观审视"提前介入引导侦查"这一"崭新的老问题"。

（一）准确理解提前介入的内涵

提前介入并不是一个严谨的法律概念，检察机关在早期对提前介入的

---

① 黄龙：《关于"检察引导侦查"的冷思考》，《广西公安管理干部学院学报》2003 年第 2 期。

理解与当前客观需要之间存在距离，但是我们要认识到，在经历了多次的磨合之后，最高人民检察院已经对提前介入有了较为合理的界定。十八届四中全会之后，中央的精神是以审判为中心，全面提升公诉质量是检察机关响应中央要求的必然选择，2015 年提出的提前介入，主要定位于公诉领域，目的在于加强检察机关的公诉能力而不再是以往的诉讼监督。在形式上，最高人民检察院是通过专门加强公诉工作的《最高人民检察院关于加强出庭公诉工作的意见》对"积极介入侦查引导取证"工作进行具体安排，文件批号是"高检发诉字〔2015〕5 号"。在内容上，不仅采用了"适当""适时""适度""介入""引导"等字眼，而且将"引导侦查机关（部门）完善证据链条和证明体系"作为最终的目的，避免干涉侦查权的姿态明确。

诚然，从检察院的工作报告表述中可以看出，在较长的历史时间内，最高人民检察院曾经将提前介入的内容扩大化，要求其承担公诉和监督等多重职能，在大部分时间里，诉讼监督职能还处于优位。① 而当前，这种定位已经明显转变，在《最高人民检察院关于加强出庭公诉工作的意见》中，最高人民检察院坚持"引导"和"证据"这两个关键词，研究者如果脱离了这一语境，主观肆意地扩大化理解检察机关当前提前介入的实际内涵，或者利用以往检察机关对提前介入的错误认识来否认当前的"积极介入侦查引导取证"，都属于一种逻辑上的混乱，对分析本问题并无益处。

（二）并不涉及模式优劣之争

提前介入之所以从诞生之初就备受争议，最主要的原因是被认为牵涉到检警关系。检警关系是刑事诉讼中不可回避的基本诉讼法律关系，"根据各国检察机关与警察机关的职权职责关系，检警关系内容主要有：检察

---

① 譬如，前文提及的 1993 年的《最高人民检察院工作报告》将提前介入界定为侦查监督手段。2002 年，《最高人民检察院工作报告》则表述为"深化侦查监督和公诉工作改革，建立和规范适时介入侦查、引导侦查取证、强化侦查监督的工作机制"，横跨了公诉和侦监两大职能。

指挥侦查、检警分离、检察监督侦查"。① 法国、德国和我国台湾地区可以归属为检察指挥侦查的模式，英国、美国等英美法系国家一般可归属为检警分离模式。至于我国，因为检察权的特殊属性，钟松志博士将其归纳为检察监督侦查模式，形象地表明了我国的检警关系与其他国家和地区存在明显不同。

检警关系是一个极有意义的研究话题，我国刑事法治建设中的很多问题与此密切相关。问题的焦点在于，就本次"积极介入侦查引导取证"这一具体问题而言，这仅仅是对检警关系的微调，远没有上升到足以动摇当前检警关系结构或者平衡的程度。从改革的内容来看，检察机关的目的是"引导"取证，这只是工作方法层面的交流，检警之间的紧密交流不仅在我国一直存在，而且在世界上大多数国家普遍存在，检警一体的大陆法系国家自不必说，即便是在检警完全分离的美国，检察机关和侦查机关也有很多渠道进行沟通，以保障顺利起诉。严格来说，检察官并不能命令警方做任何事，警察对检察官的命令理论上有拒绝之权。对刑事案件起诉与否取决于检察官的裁量权，因而若警方的侦查质量特别是其收集证据的能力有欠缺，引发检察官对其工作不满而执意不对警方侦办的案件提起公诉，则意味着警方先前刑事侦查所做的努力付诸东流。与此同时，检察官出庭公诉胜诉与否在很大程度上依赖于警方的证据。在这种情况下，检察官就证据收集、逮捕或电子监控等侦查策略向警方提供专业指导意见就水到渠成，警方也可以受益。② 没有人会因为美国检察官对警察的指导或者引导而怀疑美国检察官企图染指警察的侦查权。我们应该认识到，检察机关和公安机关之间除了冷冰冰的权力分立，还应当允许存在和缓的工作沟通。

（三）客观评价权力运行实效

我们坚决承认公安机关在打击刑事犯罪中取得的巨大成就，也承认没

① 钟松志：《检警关系论》，博士学位论文，中国政法大学，2006。
② 张鸿巍：《美国检察机关立案侦查阶段之职权探析》，《中国刑事法杂志》2012年第4期。

有任何机构能够替代公安机关在刑事侦查中的地位。习近平总书记在《关于〈中共中央关于全面推进依法治国若干重大问题的决定〉的说明》中提出，"我国刑事诉讼法规定公检法三机关在刑事诉讼活动中各司其职、互相配合、互相制约，这是符合中国国情、具有中国特色的诉讼制度，必须坚持"。但同时，我们也必须看到公安机关的侦查工作需要不断进步，以满足现代刑事司法的新需要。习近平总书记同时明确指出："在司法实践中，存在办案人员对法庭审判重视不够，常常出现一些关键证据没有收集或者没有依法收集，进入庭审的案件没有达到'案件事实清楚、证据确实充分'的法定要求，使审判无法顺利进行。"

一直以来，侦查阶段取证行为的不规范对我国刑事司法公正产生了较大的破坏作用。站在法院的角度来看，"最高法院死刑核准权收回以后，在大量的刑事案件中发现，公安机关的破案和侦查终结的标准与法院定罪的标准，特别是最高法院核准死刑的标准有很大差距，远远不能符合定罪的标准，尤其是核准死刑的标准。作为诉讼的第一阶段，产品的质量和最终阶段法官的把握差距很大……但是这不是个别现象，而是一种普遍现象"。[①] 单一的公安机关取证模式存在弊端并不是我国独有的情况，这是侦查机关在侦查案件中的常见现象，"来自 UNAFEI（联合国亚洲远东预防犯罪和罪犯待遇研究所）的材料表明该模式有下列问题：①不恰当的程序性方法；②侦查中的延误问题；③法律和侦查知识不足；④警察与检察官之间缺乏协作"。该材料还专门强调，检察官介入侦查太晚是一个相当重要的原因，"因为警方有时在侦查终结、实施逮捕后才向检察官通知案件情况，这时检察官对搜集证据提出建议已经太晚了"。[②]

我国公安部门的同志对提前介入的认识存在偏差可以理解，但还是应当认识到良好的沟通对侦查机关本身也极为有益。例如，在检讨美国的命

[①] 卞建林：《以审判为中心为视角谈谈对侦查权的共识》，《国家检察官学院学报》2016 年第 1 期。

[②] 〔瑞典〕布瑞·文斯林：《比较刑事司法视野中的检警关系》，侯晓焱译，《人民检察》2006 年第 22 期。

案侦查管理制度存在的问题时，专家认为"部门之间的对立"属于三大主
要原因之一，"检察官和侦查机关必须相互沟通，保持密切联系，在侦查
过程中不要存在嫌隙或者本位主义色彩"。① 故而，在具体制度上，美国的
检警交流非常充分，"美国的警察拥有独立侦查权，检察官虽无侦查指挥
权，然透过刑事案件的立案审查、追诉，以及强制处分权的核转申请与法
律顾问角色，仍负起法律监督之责"。②

值得注意的是，我国对程序正义的要求越来越高，因为检察机关和侦查
机关之间的沟通不到位，造成的司法错误很可能影响追诉的效果。这种程序
上的办案过失并不会为被害人和社会公众所接受，即便是没有影响最终的起
诉和审判，也会影响司法权威、降低司法公信力。笔者在 2013 年、2014 年
对涉法涉诉信访的原因进行过专题调研，调研的过程中发现"细微的办案瑕
疵也许并不影响案件最终审判结果的公正性，因此经常不会引起办案机关的
足够重视，但是这种行为会极大降低司法裁判的公信力，破坏力不可小觑。
很多时候，正是因为这些较小的瑕疵，会让信访人理直气壮地向政法机关提
出各种不合理要求，此类信访案件有别于当事人无理取闹的案件，让司法机
关处理起来更加棘手"。③ 由此可见，公安机关取证的行为如何更加有效，
这不仅是实体公正和程序公正的需要，同样也是整个社会公平正义的
需要。

（四）灵活对待立法技术

周口市人民检察院是国内较早开展检察引导侦查工作并且取得较好成
果的单位之一，他们提出了"参与但不干预，讨论但不定论，帮忙但不添
乱"的工作思路。实际上，正如前文所述，这也是最早设计提前介入时就

---

① Vernon J. Geberth, *Practical Homicide Investigation* (CRC Press, 1996), p. 800.
② 林燦璋、林信雄：《侦查管理——以重大刑案为例》，台湾：五南图书出版公司，2009，
第 266 页。
③ 崔凯、陈娴灵：《涉法涉诉信访改革的重点、难点和对策》，《河南财经政法大学学报》
2014 年第 1 期。

一直提倡的。不少学者对此并不赞同，他们中大多数认为提前介入涉及两个平行主体之间的关系，因此需要特别确认引导的硬性法律效力。陈卫东教授的观点最具有代表性，"建立一种毫无约束力的、没有任何程序后果的引导、指导，一旦检警察关系紧张时它是毫无意义的"。① 我们大胆地提出，这种担心其实并没必要，因为毕竟检察机关是提起公诉的唯一机关，假设某地公安机关对检察机关提前介入时提出的合理意见置若罔闻，它会受到检察机关在审查批捕、审查起诉等环节的不批捕、不起诉等方式的制约，忽略公诉机关的合理意见对任何侦查机关来说都是不明智的行为，有百害而无一利，侦查机关不会轻易为之。相反，如果将检察机关对侦查机关"引导"的效力刚性化，不仅会引发公安机关的反感，埋下检察机关不当干预的伏笔，而且在诉讼原理上会真正动摇侦查结构，丧失本制度当下能够顺利推行的法理基础。故而，我们认为，周口市人民检察院和《最高人民检察院关于加强出庭公诉工作的意见》中提出的看似柔性的检察"引导"侦查，是我国当前应当也是只能采用的立法方式。

至于介入侦查的范围、时间、手段等，同样可以采用柔性规定，留下较大的自由裁量空间。因为已经可以明确，"检察介入侦查引导取证"对侦查机关和检察机关是双赢，基于这个统一的认识，尽可能地将主动权交由两个机关自己掌控是一个更优的方案。以介入的案件范围为例，假设立法规定检察机关可以在任何案件中介入侦查，但是出于人财物供给、起诉需要等因素考虑，检察机关并不会介入所有案件，只会选择类似重大、疑难、复杂或检察机关认为有必要介入的案件，公安机关在此类案件中，为了保障取证符合审判要求，避免因为适用非法证据排除而承担责任，也会欢迎检察机关参与侦查。换一个角度来看，由于侦查机关获取证据的好坏将会直接影响检察机关公诉部门的起诉效果，检察机关在面对可能出现问题的案件时，必然会主动介入，指出取证的重点环节。因为如果此时怠于

---

① 周口市人民检察院：《"检察指导侦查"研讨会观点摘编》，《国家检察官学院学报》2002年第 5 期。

行使职能，只会更大幅度地增加其在公诉审查环节的工作量，我们相信检察官会做出对自己利益最大化的选择。这一点并非没有先例，日本《检察厅法》第 6 条规定"检察官对任何犯罪都能进行侦查"，这种规定明显留下了巨大的裁量空间，不过事实证明，检察官既不会过分越界也不会过分保守，而是会根据需要进行自我调整，取得平衡。"实际上，检察官在何种场合可认为属于'必要情况'而进行侦查，有以下各种场合：第一，对于警察移送的案件，从维护公诉的观点出发进行补充侦查的场合；第二，对特殊、重大的案件从最初开始即与警察进行联合侦查的场合；第三，对检察官告诉、告发、请求等，或因关系人的地位、身份、法律关系复杂由警察侦查困难，由检察官单独进行侦查。"[①]

同理，在介入侦查的时间、手段等具体问题上，立法上应当尽可能地设置一个并不窄小的范围，让检察机关有选择的余地。综合而言，在确认只是"引导"取证之后，柔性的建议会比刚性的规定更加具有可操作性。

结　语

《最高人民检察院关于加强出庭公诉工作的意见》中勾勒了我国"检察介入侦查引导起诉"的基本蓝图，按照起诉标准对侦查机关"提出意见"，"引导其完善证据链条和证明体系"的制度构建非常具有想象力，契合我国的基本国情。检警关系的磨合从来不是一个简单的问题，"检警关系因检警任务上之差异性，专业功能及组织隶属之不同，在合作关系上形成紧张状态……司法警察但求消极不拒绝检察官之指令，却缺乏动力积极配合检察官之侦查工作。而检察官则因受有严格之法律训练，善于证据之法律评价及逻辑思维，并因对案件负有起诉与否之最终决定权，故经常不满意司法警察所搜集之证据及对案件所持之法律意见"。[②] 制度的推行可能

① 〔日〕土本武司：《日本刑事诉讼法要义》，董璠舆、宋英辉译，台湾：五南图书出版公司，1997，第 45 页。

② 蔡碧玉：《检警关系实务研究》，《法令月刊》1997 年第 1 期。

不易，但群众对公平正义提出了新的要求，以审判为中心需要侦查机关和检察机关积极应对，在提前介入的问题上，检警应当紧密合作，沿着《最高人民检察院关于加强出庭公诉工作的意见》划定的路线，力争促成我国刑事取证工作的新发展，推进整个刑事追诉工作的规范化。

第三节　完善批捕的必由之路

逮捕是当事人及社会公众极为关心的诉讼行为。我国在 2012 年对《刑事诉讼法》进行修订时对逮捕制度进行了修改，由于各种原因，对逮捕制度的调整虽有大改之心，但最终只形成了小改之实。立法的诸多缺陷，致使我国的逮捕制度在运行中出现了各种偏差。笔者进行了专题调研，搜集了大量一手资料。本节拟围绕逮捕的必要条件中社会危险性的适用这一点进行实证考察，深入揭露逮捕制度暴露的各种问题，为今后设计让群众满意的制度打下基础。

一　逮捕社会危险性条件简述

1996 年《刑事诉讼法》第 60 条第 1 款规定："对有证据证明有犯罪事实，可能判处徒刑以上刑罚的犯罪嫌疑人、被告人，采取取保候审、监视居住等方法，尚不足以防止发生社会危险性，而有逮捕必要的，应即依法逮捕。"其中，"尚不足以防止发生社会危险性"这一条件的规定较为原则化。虽然最高人民检察院对逮捕条件有着进一步具体的操作规定，但实践中也有一些部门反映，对于社会危险性包括哪些情况、是否有程度限制、如何理解"有逮捕必要"等规定比较模糊，在具体案件中容易出现认识分歧。[1]　为此，2012 年修法时，立法对社会危险性进行了较为详细的解释：

---

① 全国人大常委会法制工作委员会刑法室编著《〈关于修订《中华人民共和国刑事诉讼法》的决定〉立法说明、立法理由及相关规定》，北京大学出版社，2012，第 114 页。

"（一）可能实施新的犯罪的；（二）有危害国家安全、公共安全或者社会秩序的现实危险的；（三）可能毁灭、伪造证据，干扰证人作证或者串供的；（四）可能对被害人、举报人、控告人实施打击报复的；（五）企图自杀或者逃跑的。"这是从法典高度对1996年立法的一种细化。

二　逮捕社会危险性条件的实证考察

（一）逮捕率的统计分析

2012年，有媒体统计，"据近10年来相关统计数据显示，全国各地检察机关的逮捕率基本在85%左右，而全国法院判轻刑率持续超过60%，职务犯罪轻刑率更是超过75%"。[①] 这种对比说明了我国逮捕率一直维持在较高水平（见表2-1）。

表2-1　近六年全国批捕与提起公诉人数比率

单位：人，%

年　份	批捕人数	提起公诉人数	比率（百分比）
2010	916209	1148409	79.79
2011	908756	1201032	75.66
2013	879817	1324404	66.43
2014	879615	1391225	63.22
2015	873148	1390933	62.77

注：2013年工作报告为前年总结，为保持数据来源及统计效果的一致，2012年数据空缺。

资料来源：《最高人民检察院工作报告》（2011～2016年）。

本书所说的批捕率为检察机关批准逮捕的人数与提起公诉的人数之比，结合表2-1中的数据和以往的数据可见，我国近几年的批捕率较之前有较大下降。从2010年的79.79%到2015年的62.77%可以清晰地证明我国在降低未决羁押方面已经取得巨大成绩。根据相关省份人民检察院2015

---

① 李娜：《监所检察审查羁押必要性可解"一押到底"》，《法制日报》2012年7月19日。

年工作报告，2014 年，湖北省共依法批准逮捕刑事犯罪嫌疑人 31306 人，提起公诉 43595 人，逮捕率为 71.81%；浙江省全省共依法批准逮捕犯罪嫌疑人 67844 人，提起公诉 122050 人，逮捕率为 55.59%；广东省全年共批准和决定逮捕犯罪嫌疑人 133463 人，提起公诉 149143 人，逮捕率为 89.49%，各省的数据和全国的数据基本能够相互印证。

（二）逮捕条件中"社会危险性"的统计分析

"社会危险性"在批准逮捕中的细化是 2012 年《刑事诉讼法》修订的最新成果，因此相关数据统计并不多见。从最高人民检察院的工作报告中可以得知，2013 年，全国对涉嫌犯罪但无逮捕必要决定不批捕的人数为 82089 人，比上年上升 2.8%；2014 年，对涉嫌犯罪但无社会危险性决定不批捕的人数为 85206 人，同比上升 3.8%。最高人民检察院工作报告中的"涉嫌犯罪但无逮捕必要"与"涉嫌犯罪但无社会危险性"为同一行为的不同表述。

在某些省份，"社会危险性"也得到了高度重视，原湖北省人民检察院检察长敬大力透露，修改后的刑事诉讼法实施之后的一年半，湖北省检察机关批准逮捕犯罪嫌疑人 47137 人，未批准 8289 人，[1] 其中因无社会危险性不捕 4952 人，[2] 有效减少了不必要羁押。湖北省因为无社会危险性不捕的人数占总不捕人数的 59.74%，可见这一条件在该省批准逮捕工作中的重要地位。

为了进一步了解"社会危险性"条件的适用，我们将 A 省 B 市作为分析对象，具体调研其下辖各区县的相关数据。该市 2013 年的总体数据为：以第一种"可能实施新的犯罪的"作为理由批准逮捕的人数约占整体批捕人数的 35%，以第二种"有危害国家安全、公共安全或者社会秩序的现实危险的"作为理由批捕的人数占整体批捕人数的不到 8%；以第三种"可

---

① 数据来源于敬大力检察长 2014 年 9 月在湖北省十二届人大常委第十一次会议上所做的《关于〈中华人民共和国刑事诉讼法〉实施情况的报告》。

② 刘志月、戴小巍：《因无社会危险性不捕 4952 人》，《法制日报》2014 年 9 月 26 日。

能毁灭、伪造证据，干扰证人作证或者串供的"作为理由批捕的人数占整体批捕人数的比例稍高于8%；以第四种"可能对被害人、举报人、控告人实施打击报复的"作为理由批准逮捕的人数约占整体批捕人数的不到4%；以第五种"企图自杀或者逃跑的"作为理由批准逮捕的人数约占整体批捕人数的比例约为12%。但具体到各县区，五种条件的适用并没有表现出过多的规律性。例如，该市检察院批捕适用均为第三种条件，H区有73.5%的案件适用了第一种条件，T区有46.9%的案件适用了第二种条件，C县有28%的案件适用了第四种条件，L区有32%左右的案件适用第五种条件。在一个地级市内部，这种差异已经超越了正常的犯罪类型、犯罪数量等造成的合理偏差，可见各地区对社会危险性情形的把握还有一定的分歧。A省检察院在2013年进行专项检查时发现，某区检察院认为其批准逮捕的5件7人都不具有上述任意一种社会危险性情形，但经复查发现有迹象或有一定证据表明其中有5人曾多次作案，应归入"可能实施新的犯罪"之中，可见各地在具体条件的归类上会有一些把关不同的情况。

在具体程序上，为了保障社会危险性条件的落实，2014年之后我国不少省份的检察机关和公安机关联合会签了要求公安在申请批捕时提交社会危险性证明材料的文件。从媒体的公开报道看，昆明市官渡区、吉安市吉州区、内江市市中区等地都较好地开展了对社会危险性的审查工作，这已经成为各地检察机关开展批捕工作的一项有力举措。在操作上，一些检察院和公安机关密切沟通，对于出现不提供社会危险性证明材料及提供的证明材料无证明力等问题，一般由案件承办人要求侦查人员予以补充说明。

三 社会危险性条件适用的现状评析

（一）取得成效，但"构罪即捕"思想仍待改变

2012年《刑事诉讼法》修订时对人权保障的重视已经得到各地检察机关的认可，各地在具体的执法实践中，已经能够普遍贯彻最高人民检察院

等上级检察机关涉及人权保障的各种制度性规定。无论是统计数据，还是各地的调研材料，均反映出各地检察机关对上述制度的落实取得了较好的成效。但不能否认的是，"构罪即捕"思想在某些基层检察院仍然广泛存在，这种现象的成因较多，但最主要的原因还是检察机关办案人员存在规避办案风险的动机。对社会危险性进行审查是一项"良心工作"，需要检察官审慎审查，这种审查工作虽然有利于维护被追诉人的合法权益，但不会增加检察官的直接个人利益，而审查一旦出现偏差，如出现办案人员没有批准逮捕但被追诉人阻碍诉讼程序正常进行的情况，则办案人员将会承担很大的压力，甚至面临严苛的追责。与此相对应，即便是不太符合社会危险性条件但办案人员进行了批捕，最严重的后果也仅仅是属于办案质量有缺陷，按照现有规定不会给予更多的惩罚。相比较而言，检察机关办案人员更愿意"构罪即捕"，有意无意地忽视对社会危险性条件的认真把关。

（二）警检合作，但单位分歧仍待消除

审查批捕工作大多数时候需要侦查机关和检察机关高度合作，各地在落实社会危险性相关制度时往往也是检察机关和公安机关共同商定、共同推行。但由于检察机关和公安机关两者负责的具体工作不一致，面临的压力也不相同，因此对个案是否需要批捕，考量的具体指标可能会有差异。在一种情况下，公安机关会降低对社会危险性的把握标准，积极追求批捕。例如，如果某地一个时期对维稳有较高要求，公安机关是地方稳定的第一责任机关，那么为了实现有效地打击犯罪，公安机关很可能会追求高批捕率。在另外一种情况下，检察机关可能会降低对社会危险性的把握标准。例如，在一些交通肇事案件、轻伤害案件中，时常会出现犯罪情节较为轻微，犯罪嫌疑人主动悔过的态度也很明显，但是因为经济条件有限无法履行赔偿责任，被害人一方对此意见很大，检察机关如果不批捕，很容易出现不利的社会舆论，甚至引发被害人上访，此时检察机关可能会积极追求批准逮捕的效果。

（三）规则细化，但条款内涵仍待明确

2012 年修法本身就是对社会危险性条件的细化，但是这种细化仍然留给了基层检察机关过大的自由裁量权。例如，5 种条件中多次用到了"可能""现实危险"等充满不确定性的描述，办案人员很难在审查批捕的短暂时间内准确把握这些细节。当然，大部分时候，检察机关工作人员可以轻易分辨出 5 种情形的适用。例如，上海市铁路运输检察院解释为什么该院的不捕率长期只有 2% 左右时提出三点原因：铁路犯罪嫌疑人大多为流窜作案，且有前科；铁路犯罪嫌疑人多为外省份人员，如果取保候审，手续烦琐；铁路犯罪案件种类单一，毒品类犯罪比例高。[①]我们对这些情况下办案人员采取较为慎重的处理方式表示充分理解。调研还发现，也有一些时候，地方做法虽有不妥但是难以简单责难。例如，不少地区将交通肇事赔偿不到位的案件以"有危害国家安全、公共安全和社会秩序的现实危险的"的条件进行批捕，这其实就是对这一条件的误读，此种做法难以让人信服，但是事出有因，似乎又在裁量范围之内，不宜一味地否定。

（四）加强沟通，但各方参与力度仍待加强

在当前，批准逮捕在社会公众心目中还带有较为明显的惩戒性质，有些案件的批捕工作不仅会引起被害人一方的高度关注，有时还会发酵成为公共话题。课题组调研发现，某地检察院对当地所有的交通肇事没有赔偿到位的案件，均做出批捕决定，其目的就是规避上访风险，从这一角度来说，做好说理工作，让公众了解不批捕的意义尤为重要。在 2015 年震惊全国的南京养母虐童案中，在南京市人民检察院发布对李征琴不批捕的决定前，浦口区人民检察院就是否批捕召开听证会，出席听证会的 19 人中除 7

---

① 周彬、於乾雄、李怡文：《有无必要关键看"社会危险性"》，《检察日报》2014 年 4 月 13 日。

人未明确表态之外，其余 12 人均建议不予批捕。①这种沟通机制达成了较好的社会效果和法律效果，但目前还没有形成制度进行普遍推广。

第四节 吸纳不满的有益尝试

逮捕制度是最严厉的强制措施，也是为了保障诉讼顺利进行不得已而为之的方式，高比率的、持续的未决羁押无法显现我国刑事诉讼过程对人权的高度重视，因此我国 2012 年修订《刑事诉讼法》时设置了羁押必要性审查制度，这一制度承载了当事人对公平正义的希望，属于 2012 年修法的一个重要进步。本节将会对羁押必要性审查制度进行初步审视，以期为今后的改革指明方向。

一 羁押必要性审查的立法简述

和其他国家相比，我国的逮捕制度在设计时存在适用门槛较低、程序把关较弱、羁押时间偏长等一系列特点，为此，1996 年的《刑事诉讼法》试图通过捕后变更制度来改变"一押到底"的工作局面，1996 年的《刑事诉讼法》第 96 条规定了侦查阶段律师介入时可以为被逮捕的犯罪嫌疑人申请取保候审。第 73 条也规定，公检法机关如果发现采取强制措施不当的，应当及时撤销或者变更。不过整体而言，原有的羁押变更措施规定较为模糊，没有引起足够的重视，在司法实践中的使用率也很低。

为了扭转局面，2012 年《刑事诉讼法》修订时，逮捕后的羁押必要性审查被明确规定为检察机关的一项正式工作，升格为逮捕制度中的一个重要组成部分。新《刑事诉讼法》第 93 条规定："犯罪嫌疑人、被告人被逮捕后，人民检察院仍应当对羁押必要性进行审查。对不需要继续

---

① 刘珍妮：《南京检方：不批捕虐童养母》，《新京报》2015 年 4 月 20 日。

羁押的，应当建议予以释放或者变更强制措施。有关机关应当在十日以内将处理情况通知人民检察院。"出于明确工作任务的需要，《人民检察院刑事诉讼规则（试行）》对羁押必要性审查中的某些关键问题做了重要补充，第617条规定了必要性审查的主体："侦查阶段的羁押必要性审查由侦查监督部门负责；审判阶段的羁押必要性审查由公诉部门负责。监所检察部门在监所检察工作中发现不需要继续羁押的，可以提出释放犯罪嫌疑人、被告人或者变更强制措施的建议。"第618条规定犯罪嫌疑人、被告人及其法定代理人、近亲属或者辩护人可以申请启动必要性审查，第619条实际上规定了变更羁押的条件，第620条又规定了羁押必要性审查的方式等，以上规定构成了较为完整的羁押必要性审查工作制度。

二　羁押必要性审查工作的现状

羁押必要性审查制度实施四年多来，取得了一些有目共睹的成效，为了更好地推进制度发展，本书拟重点对现有工作中待完善之处进行归纳。

（一）审查工作没有成为检察机关常态性工作

从工作内容上看，羁押必要性审查是一项不同以往的全新工作。在调研中我们发现，不少基层检察院的同志认为羁押必要性审查和以往时常进行的各种司法检查性质相同，属于一种附属于逮捕制度的事后救济制度，如果审查批捕阶段工作较细，则没有必要再进行羁押必要性审查。从实施效果来看，大多数必要性审查工作都是由侦查监督部门完成，许多基层侦监部门对自己办理过的案件再次进行审查，存在较为明显的动力不足心态。实际上，从各地回馈的必要性审查工作的数据也可以看出，羁押必要性审查至今仍然没有成为检察机关的"主流业务"。例如，2013年上半年，北京市SHJ区检察院年办案量近2000件，运用捕后羁押必要性审查案件为4件5人；SHY区和CH区检察院年办案量超过1000件，上半年适用羁押必要性审查案件分别为 10 人和 5 人；H 区检察院年办案量为 4000 余件，运用捕后羁押必要性审查案件的数量为 5 件。① 即便是开展必要性审查案件数量在全国位于前列的 A 省，审查案件数量占年度批捕数量的比例也没有超过 4%。

（二）不同部门工作态度不一致

根据最高人民检察院的司法解释，除了前文论及的侦监部门之外，在检察机关内部还有公诉、刑事执行（以前称为监所检察）等多个部门也承担了一定的审查工作。但对其他部门来说，羁押必要性审查与日常工作并不兼容，特别是公诉部门，由于工作重心的不同，该部门基本上不会在审查起诉期间开展有效的必要性审查工作。调研发现，在 A 省全省范围内，由公诉部门提出的羁押审查变更意见的数量仅占所有变更意见总数的 7% 左右，更有超过八成的公诉部门完全没有开展羁押必要性审查工作。

羁押必要性审查的工作在理论上还有可能由公安机关和人民法院完成，但这些国家机关和检察机关的态度并不一定完全一致。《刑事诉讼法》第 94 条规定："人民法院、人民检察院和公安机关如果发现对犯罪嫌疑人、被告人采取强制措施不当的，应当及时撤销或者变更。公安机关释放被逮捕的人或者变更逮捕措施的，应当通知原批准的人民检察院。"由此可见，修订后的《刑事诉讼法》保留了 1996 年《刑事诉讼法》中公安机关和人民法院变更强制措施的权力，但并没有将必要性审查作为公安机关和人民法院的主要工作之一，也没有进行具体的配套制度建设。在实际工作中，公安机关是逮捕的发起者，追诉立场决定了其难以中立客观地主动考虑变更逮捕的工作。在 1996 年《刑事诉讼法》中，侦查机关主动变更强制措施几乎成为沉默条款，极少使用。对审判机关而言，在逻辑上，容易出现变更的往往是犯罪情节较轻的刑事案件。2012 年《刑事诉讼法》修订之后我国扩大了简易程序的适用范围，此类案件一般都会在 20 日之内审结，出于

---

① 侯晓焱：《羁押必要性审查制度实证研究》，http://www.jcrb.com/xztpd/2014zt/201403/NVCGZW/YXJ/201403/t20140312_1345501.html，2014 年 3 月 12 日。

诉讼效率的考虑，办案人员即便是在审判阶段发现被告人可能不适宜逮捕，此时也更愿意直接加速案件审结，而不愿意启动复杂的变更强制措施审批手续。因为根据《最高人民法院关于适用〈中华人民共和国刑事诉讼法〉的解释》（以下简称为最高人民法院《解释》）第 113 条规定，对被告人采取、撤销或者变更强制措施的，由院长决定。在实践中，变更逮捕从来都是法院工作中的一件大事，审批的内容和形式要求较高，并不常见。

（三）制度遗留漏洞较多

作为一项新设制度，法典的内容非常原则化，最高人民检察院司法解释的相关规定也还存在较多有待完善之处，就目前各地的实践来看，羁押必要性审查还有许多细节性的问题亟待完善，这需要大量的试点和时间，不能一蹴而就。

就办理案件的具体制度而言，譬如，对于启动必要性审查的时间、频率和次数等基本问题的分歧一直较大，有办案的检察官反映，根据工作经验，有的家属或律师会在短时间内反复申请变更强制措施，让检察机关无所适从，疲于奔命。再如，进行必要性审查必然会涉及对相关证据材料的调查、审核，这需要一定的办案时间，侦查羁押的期限一般是两个月，侦查机关不可能为了羁押必要性审查放缓工作速度，有时会出现羁押必要性还在审查，但侦查已经终结可以移送起诉的尴尬局面。此时，羁押必要性审查只剩下程序上的意义，不会对被追诉人带来实质上的益处。

就办理案件的配套制度而言，羁押必要性审查需要人、财、物的重新调配，在检察机关内设部门之中，只有侦查监督部门由于视批捕为主要业务而会高度重视，有足够的动力研究部门内部司法资源的再配置问题。对公诉、监所等部门而言，相关配套工作迟迟难以开展。例如，近年来，我国刑事执行部门的职责发生了重大变化，增加了死刑临场监督、社区矫正监督、财产刑执行监督等诸项职能，除了羁押必要性审查之外，新修订的《刑事诉讼法》还要求其增加指定监所监视居住、强制医疗监督两项职能。除此之外，2014 年以来，加强对执行人员缓刑、假释和保外就医的检察监督更是刑事执行工作的重中之重，也正是因为工作范围扩大、任务加重，最高人民检察院才将监所检察更名为刑事执行。但众所周知，刑事执行部门的人员编制等并没有同步调整，而且即便是调整，能够专职从事羁押必要性审查工作的干作人员数量也必然有限。由此可见，我国羁押必要性审查的人、财、物配置问题的解决并不容易。

三　羁押必要性审查工作的改革思路

（一）调整工作思路，主动开展审查工作

羁押必要性审查工作已经成为检察机关的一项工作内容，各单位应当对这一制度给予足够的重视。一方面，摆脱羁押必要性审查工作属于某一部门任务的僵化思维，加强部门沟通，统一思想，在某些关键的程序问题上，侦监、公诉和刑事执行等部门应当注意工作的连续性，打破部门隔阂，建立资源共享机制。例如，侦监部门作为羁押必要性审查监督的第一道关口可以进行必要背书，减少后继阶段工作的盲目性。另一方面，加强对公安机关和人民法院审查工作的关注，建立互联机制，扩大启动羁押必要性审查的信息来源，提高证据收集能力。

（二）明确工作细节，形成系统流程

羁押必要性审查工作当前还有很多细节没有明确，给司法实践带来了很大的挑战。在具体内容方面，除了前文提及的几点之外，还应当在羁押必要性审查的启动模式、审查方式、制度救济等方面进行细化，以便形成系统的工作流程。以程序性制裁为例，程序性制裁和程序救济已经成为诉讼法中公认的必要组成部分，但羁押必要性审查制度对此几乎没有任何规定，《刑事诉讼法》已经明确规定犯罪嫌疑人、被告人及其法定代理人、近亲属或者辩护人可以申请检察院进行羁押必要性审查。但如果申请人对检察机关所做的处理决定不服的，《刑事诉讼法》并没有规定必要的救济措施，这一漏洞必

然需要弥补。

（三）探索体制变革，从根源修正逮捕制度

羁押必要性审查制度是对逮捕制度的重要修正，笔者认为这是逮捕制度的一个重要突破，但同时认为，这种改革思路仍然植根于原有的逮捕体制，没有打破逮捕制度的既有顽疾，无法从根本上实现对人权的足够尊重。我国的逮捕制度长期来看需要体制上的重大革新，有学者认为，我国的审查工作主要由各个承担诉讼职能的办案部门负责，这种审查权的配置模式使诉讼职能与诉讼监督职能混同运行，无法保证审查主体的中立性。[①] 可以认为，整个逮捕制度中立性不足是一个本源性的体制问题，2012 年的修法没有触及这一根本问题，今后，对逮捕制度进行适度的司法审查式的调整和改革属于历史趋势，不可逆转，对此我们应有足够的认识。

---

① 洪浩、王莉：《论羁押必要性审查的主体——评〈人民检察院刑事诉讼规则（试行）〉第六百一十七条》，《河南财经政法大学学报》2015 年第 2 期。

第三章 审判环节促进公众认同的程序努力

第一节 案件合并与分离审理的程序价值

陈运财教授认为，刑事案件的合并审理还是分离审理问题，并不是法院机械的、事务性的问题，而是审判权的核心问题。① 对当事人和社会公众而言，合并或分离审理与羁押时间长短、量刑公正与否等诉讼焦点问题直接相关。但在我国大陆地区，刑事案件合并还是分离审理问题尚未引起研究者的充分重视，更不用说在制度上进行充分设计，自然也无法落实社会公众对合并与分离审理的种种合理化期待。笔者在导师张泽涛教授的带领下，较早地在国内对案件合并还是分离审理的问题进行了系统研究。本节重点分析将某些被合并审理案件回归到分离审理轨道上的重要意义，在下一节将会对合并与分离审理的技术性问题进行详细论述，以期助推我国形成让公众满意和认同的案件合并与分离审理制度。

一 维护诉讼结构的平衡

刑事诉讼的三方构造中，控辩审各司其职，共同推进诉讼进程是公认的正当程序要求。在刑事审判中，公诉人和辩护人是法庭庭审对抗的主要

---

① 陈运财：《大法官释字第 665 号宪法解释评析》，《月旦法学》2010 年第 176 期。

参与者。在法庭调查和法庭辩论等环节中，在举证、质证等程序中，双方依照举证责任的规定平等对抗。与此同时，审判人员必然是处于居中裁判的角色。如果说刑事诉讼的庭审如同一个没有硝烟的战场，那么战场上的攻守双方主体只能是控诉方检察机关和辩护方被告。经过长期的发展，控辩审三方在诉讼中的地位和作用都已经明确。即便在诉讼模式上存在大陆法系和英美法系的区别，但无论是哪一种诉讼模式，在现代刑事诉讼理念中，都重视对被告一方辩护权的保护，只是各国在保护的方式、方法、程度等方面存在一定的差异。

在刑事案件合并审理时，一旦发生若干个被告相互攻击的情况，就会出现一种尴尬的局面。某一被告不仅仅要面对来自公诉方的诘难，还要面对来自其他被告的诉讼压力。这种情况使原本的控辩双方之间的对抗变成了辩护方的"内战"。"审判更多的是被告之间的对抗而不是被告和人民的对抗，这就会造成人们经常袖手旁观并且目睹被告为毁灭彼此的战斗。"[1] 这种情况破坏了诉讼平衡，使原本在诉讼中与国家机关相比就处于劣势的被告一方进一步陷入了水深火热的境地，这种破坏了稳定的控、辩、审三角诉讼模式的行为在诉讼法理上很难说得通。

在共同犯罪等案件中，经常会发生被告之间诉讼主张不一致的情况，出于利己思想，共同被告之间经常相互攻击，"特别是当共同被告之间利害关系相反之时，共同被告极有可能互相嫁祸或者推卸责任，将本应由自己承担的责任裁赃给其他的共同被告"。[2] 就诉讼结果而言，可以轻易发现，共同犯罪人之间的相互攻击会歪曲事实，影响法官发现案件真相，事实上，"避重就轻，诬攀他人，因而造成冤狱者，数见不鲜"。[3] 在更深的层次，这种情况违背了现代刑事诉讼结构的基本要求，打破了诉讼模式的

---

[1] 〔美〕伟恩·R. 拉费弗、杰罗德·H. 伊斯雷尔、南西·J. 金：《刑事诉讼法（下册）》，卞建林、沙丽金等译，中国政法大学出版社，2003，第902页。

[2] 张泽涛：《刑事案件分案审理程序研究——以关联性为主线》，《中国法学》2010年第5期。

[3] 蔡佩芬：《论刑事诉讼法第六条及合并审判之立法缺失与建议（一）》，《法务通讯》2001年第2031期。

基本平衡，严重增加了被告的诉讼压力，不利于被告利益的实现。

维护诉讼模式的平衡是诉讼程序公平和正义的基石，正是因为如此，尽管有些案件看似符合合并审理的条件，但是将它们分离审理可能有着更加重要的意义。美国联邦最高法院在杰菲洛诉合众国一案中就表述道："当合并审判存在着牺牲某一个被告特定的审判权利的风险时，或者这是妨碍陪审团对案件有罪还是无罪做出令人信服的判决时，法院应当被授予分离审理的权利。"①

二　避免强迫自证其罪

避免强迫自证其罪是现代刑事诉讼法中普遍认可的原则。该原则从明确举证责任的角度保障了刑事诉讼中犯罪嫌疑人、被告的基本人权，各国的《刑事诉讼法》对此基本上都有明确的规定。

在诉讼证明制度中，证明责任的分担有着极为重要的地位。"确立证明责任有两个最基本的目的：其一，是要解决证明主体问题，即对所主张的事实谁负证明的义务；其二，是要确立证明的具体场合，即两造当事人在哪些情形下负证明事实的义务，以及用何种方法履行此种义务的问题，因此，证明责任的分担方式是证据法所要解决的根本问题。"②

"谁主张谁举证"是一项通行的诉讼准则。虽然证明责任的分配是证据制度中非常困难的一个基本问题，但与民事诉讼相比，学界对刑事诉讼中证明责任分担的争议相对较小，即刑事案件中的控方承担证明责任已经得到了诉讼法学界的公认。"若论举证责任之法则，在民刑有所差别，其最重要之点，意味其分配之标准，如前述证据法例，对于刑事案件，几将证明负担完全置之于控方……此已为公认之通说。"③

虽然避免强迫自证其罪是公认的刑事诉讼原则，但是由于国情的差

---

① Zafiro v. United States, 506 U. S. 534, 113 S. Ct. 933, 122 L. Ed. 2d 317 (1993).

② 李浩：《英国证据法中的证明责任》，《比较法研究》1992 年第 4 期。

③ 李学灯：《证据法比较研究》，台湾：五南图书出版公司，1992，第 391 页。

异，各国对不自证其罪内容的理解并不完全一致。受到无罪推定原则的影响，在强调程序优先的英美法系国家，"其中刑事被告不承担证明自己有罪的责任，这一原则是绝对的、无条件的"。① 例如美国宪法第五修正案就明确规定，任何人不得被强迫在任何刑事诉讼中作为反对他自己的证人。在职权主义色彩浓厚的大陆法系国家，虽然在一些比较特殊的情况下，被告会承担一定的证明责任，如，法国"在正当防卫问题上，法院判例似乎强制被告应当提出其正在进行防卫的证据"，② 但总体而言，大陆法系的被告原则上也并不承担证明责任。

不得强迫自证其罪又被表述为自白任意性规则。在刑事诉讼中，虽然不得自证其罪，但是犯罪嫌疑人、被告的自白在我们的定罪量刑上有着不可忽视的重要意义。蔡墩铭教授认为："被告之供述可否作为被告犯罪之证据，民主法治先进国家之刑事诉讼法大多不作证明规定，此足以表示刑事证据不重视自白，而重视自白以外之证据如物证或科学证据。但在中国，无论古代或现代，莫不有条件的承认被告之自白得作为证据。"③

诚然，在历史上口供曾经被称为"证据之王"，即便是现在，考虑到传统观念、办案条件和破案压力等各方面因素的综合影响，犯罪嫌疑人、被告的供述和辩解在我国的司法实践中仍然受到高度重视。个别案件中，为了获取有价值的口供，侦查人员甚至不惜罔顾法律，使用非法手段收集证据。

在被告众多的刑事案件中，有一个和不得强迫自证其罪原则密切相关的问题，即共同被告的证言作为同案其他被告定罪证据时的证据力问题。我国台湾地区 2003 年"刑事诉讼法"第 287 条之二规定，"法院就被告本人之案件调查共同被告时，该共同被告准用有关人证之规定"，这一法条将同案被告供述的适用等同于普通的证人证言，这一点和以前很不相同。在此之前，台湾地区和德国一样，"严格区分被告和证人两种证据方法"，

---

① 卞建林主编《刑事证明理论》，中国人民公安大学出版社，2004，第 27 页。
② 〔法〕卡斯东·斯特法尼：《法国刑事诉讼法精义》，罗结珍译，中国政法大学出版社，1999，第 38 页。
③ 蔡墩铭：《刑事证据法论》，台湾：五南图书出版公司，1997，第 53 页。

"同一诉讼程序中，被告（含共同被告！），不是也不得作为证人"。① 被告和证人身份上的区别，会造成同案中被告在诉讼中享有诉讼权利存在很大差异。将同案被告界定为证人，这使共同犯罪案件中的被告在某些情况下丧失了禁止强迫自证其罪原则的庇护，不少被告可能会受到同伙的指控，进而影响其诉讼利益。所以这种立法的改变引起了很大的争议。台湾地区"大法官会议释字第582号解释"对立法上为什么改变做了进一步的说明："刑事审判上之共同被告，系为诉讼经济等原因，由检察官或自诉人合并或追加起诉，或由法院合并审判形成，其间个别被告及犯罪事实仍独立存在。故共同被告对其他共同被告之案件而言，为被告以外之第三人，本质上属证人，自不能因案件合并关系而影响其他共同被告享有之宪法上权利。"但是"个别被告及犯罪事实仍独立存在"的辩解理由并不充分，不能减少人们对此规定违反禁止强迫自证其罪原则的担忧，这一问题仍然留有较大的探讨空间。台湾律师公会刑事程序法委员会主委罗秉成律师就感慨："所谓共同被告不利于其他共同被告的供述，究竟是自白或者是证述，对被告或其辩护人而言，都是一道长期以来难解的古老谜题，甚至是一场挥之不去的共同噩梦。"②

台湾地区的立法转变并不是凭空自创。将共同犯罪被告的陈述作为证人证言是英美法系的常见做法，在英美法系，将同案被告的陈述界定为证人证言，受到证人证言相关制度的约束，如除了具有免证资格的证人外，证人一般都有如实作证的义务。而大陆法系，将同案被告陈述界定为被告的自白，受到被告陈述相关规则的制约，如遵守不得强迫自证其罪规则等。证人和被告所涉权利不同，影响重大。

两种不同的身份界定各有利弊，孰优孰劣尚不好评判，但是至少台湾地区的这种立法转变有非常明显的规避不得强迫自证其罪规则的考虑。同时由于证人证言和被告口供这两种证据类型各自的特点不同，在审判阶

① 林钰雄：《严格证明与刑事证据》，法律出版社，2008，第229页。
② 罗秉成：《释字第582号解释的争议及其后继影响——以具有共同被告身份的"共犯证人"法律地位为中心》，财团法人民间司法改革基金会网站，http://www.jrf.org.tw。

段，"案件有证人证言"还是"案件有被告口供"很有可能对法官最终认定案件事实产生不同的影响。在英美法系国家，普遍有规定得十分详尽的交叉询问制度，能够较好地解决同案被告作为证人时陈述的准确性问题，部分打消法官采信证人证言的顾虑。即便如此，"也无法避免合并审判将会产生风险：即陪审团会使用被告 X 有罪的证据来反对被告 Y，即是证据在用来反对 Y 时不具有可采性，甚至初审法官指示陪审团不要这么做"，而且，无辜的被告（或者指控缺乏充分证据的被告）会发现，"对那些相信物以类聚的陪审员而言，他们很难根据案件自身的是非曲直作出独立的证明"，最后，被告之间不一致辩护的问题"可能会升级为相互控告……结果是检察官静坐在一边，而被告相互定罪"。①

适当地运用刑事案件分离审理制度，可以避免出现英美法系上述司法运作中的尴尬。在德国，"当犯罪嫌疑人乙有必要就同案犯甲的行为作证时，检察官一般不会合并起诉并审判；如果是合并起诉、审判之后发现的，则法院会将程序拆开而予以分别审理，解除其共同被告的法律地位，并且相互于他人的诉讼程序作为证人"。②

因此，在世界各国对共同犯罪被告陈述的性质界定仍然存在争议的情况下适时对案件进行分离审理，这种程序上的变通回避了法理上的争议，遵守了不强迫自证其罪等刑事诉讼的基本原则，有着很明显的程序性价值。

三　减少未决羁押现象③

在我国，未决羁押是司法实践中的常态，虽然有取保候审、监视居住

---

① 〔美〕乔舒亚·德雷斯勒、爱伦·C. 迈克尔斯：《美国刑事诉讼法精解（第二卷·刑事审判）》，魏晓娜译，北京大学出版社，2009，第 136～137 页。
② 林钰雄：《严格证明与刑事证据》，法律出版社，2008，第 229 页。
③ 一般而言，合并与分离审理问题仅出现在审判阶段，但在中国大陆的司法实务中，此问题往往由侦查引发，即在侦查阶段，基本上通过侦查机关内部决定或者其他部门协调，会确定若干案件的合并或者分离审理等问题，由于这往往是统一协调的结果，因此在随后的审判程序中基本会得到审判机关的遵守。基于以上这种现象，讨论案件分离审理的价值可以对侦查阶段的人权保障发挥明显的积极作用。

等替代性羁押措施，但是刑事案件未决羁押率长期居高不下。在2012年修订《刑事诉讼法》时，我国大幅度地改革了取保候审和监视居住的适用条件，新设了羁押必要性审查制度，此举就是试图改变未决羁押率过高的现状。但不可否认的是，在短时间内尚没有彻底扭转未决羁押率过高的局面。一般而言，对刑事案件进行合并审理，可以明显地缩短诉讼时间，进而可以大幅度减少未决羁押的时间。在某些时候，对刑事案件进行适当的分离审理，也会在避免不当的未决羁押、减少未决羁押的时间等方面发挥积极的作用。

和分离审理的案件相比，合并审理的案件规模较大，案件的严重程度会明显上升，国家机关更倾向于适用约束性更强的强制措施，不符合比例原则的基本要求。更为重要的是，在这类合并审理的案件中，由于案件整体的严重程度以及出于方便办案的考虑，即便是犯罪情节较轻的犯罪嫌疑人，因为受到同案其他重罪被告的牵连，也难以得到取保候审和监视居住的待遇，不利于其合法权益的保障。

笔者在调阅一起金额较大的国有企业贪污挪用案件的卷宗时发现，涉案的犯罪嫌疑人中有一人是单位的出纳（属临时工），不属于涉案的经理、副经理、会计科主管等人的交际小圈子，在案件中只扮演一个经手人的角色。只是因为在年终时，部门主管语焉不详地给了其两万元人民币，声称是单位福利，结果该出纳被办案机关认为是贪污挪用的共犯，先是被拘留，随后又被逮捕，并且侦查机关以案件重大为由，屡次不同意辩护人的取保候审申请。经过长达半年的审查，办案机关发现该犯罪嫌疑人无犯罪事实。最终，该犯罪嫌疑人在审查起诉阶段被不起诉处理。这种情况并非个案，特别是在涉嫌黑社会性质组织犯罪等重大案件中，出于对办案方便和保密等因素的考虑，办案机关并不愿意对并案处理的被告采取取保候审等非羁押措施。例如，在2012年前后影响巨大的足坛打黑反赌系列案件中，不少被告最终只是被判缓刑，但是由于整个案情复杂，诉讼持续时间长，他们最终被未决羁押的时间长于被判处的刑罚时间。原成都谢菲联足球俱乐部有限公司总经理许××犯对非国家工作人员行贿罪，判处有期徒刑 1 年，缓刑 1 年，罚金 10 万元。此案中，许××仅仅被判处 1 年有期徒刑，而且还是缓刑，但此时其被羁押的时间已有 2 年。①

　　情况更为严峻的是，2012 年的《刑事诉讼法》对刑事案件的审判期限进行了延长，这可能会造成合并审理时罪行较轻的同案被告未决羁押的情形进一步恶化。1996 年《刑事诉讼法》第 168 条规定："人民法院审理公诉案件，应当在受理后一个月以内宣判，至迟不得超过一个半月。有本法第一百二十六条规定情形之一的，经省、自治区、直辖市高级人民法院批准或者决定，可以再延长一个月。"由于刑事案件日益复杂化，原有法律规定的办案期限过短，已经不能适应客观需要。故而，2012 年新《刑事诉讼法》对刑事案件的审判期限进行了较大幅度的延长，第 202 条规定："人民法院审理公诉案件，应当在受理后二个月以内宣判，至迟不得超过三个月。对于可能判处死刑的案件或者附带民事诉讼的案件，以及有本法第一百五十六条规定情形之一的，经上一级人民法院批准，可以延长三个月；因特殊情况还需要延长的，报请最高人民法院批准。"这种审判期限的延长固然可以缓解法官办理复杂案件的时间压力，但也加大了共同犯罪中涉案人员被更长时间未决羁押的可能性。陈光中教授直接表示了对这种情况的担心，认为甚至可能会出现"无限期羁押"的情况，这就等于审判机关可以把案件"挂"起来，不符合程序正义。②

　　对此类刑事案件进行分离审理，可以规避罪行较轻的被告被长期不当羁押的窘境。这种措施并不需要过多地调整我国现行的司法制度，不会影响过多的诉讼主体利益，改革的成本较低，具有较强的现实意义。

四　避免误导裁判者

　　刑事裁判的过程是一个发现案件真实的过程，这个过程必然包含法官

---

① 人民网，http://sports.people.com.cn/GB/22134/86728/180343/17149477.html。
② 人民网，http://lianghui.people.com.cn/2012npc/GB/239313/17338881.html。

的主观判断。"自有法律以来，所有的法官从一个具有普遍性的规范判断和一个具体事实判断推出另外一个具体的规范判断，都是以一种跳跃的、直觉式的思维方式完成的。"① 在法理上，这种"跳跃的、直觉式的"思维方式当然并不完全自由，而是受到一定规则的约束。但在具体的刑事审判中，这种带有明显不可捉摸色彩的自由心证很难被真正制约。正是因为如此，我们应当尽可能地为法官提供一个良好的办案环境，避免其受到不当干扰。刑事案件合并审理可以为法官提供全面审查案件的良好氛围，是刑事案件合并审理的重要价值体现。但在不少刑事案件中，如果机械地进行合并审理，将会使案件情节过于复杂，被告人数过多，反而会误导裁判者，不利于其做出准确的裁判。

一方面，当被告人存在多种犯罪嫌疑且进行合并审理时可能会出现歧视现象。"相对于分离审判而言，多个指控的同时出现可能会引导陪审团得出被告具有犯罪气质的结论"，除此之外，"可能会使陪审团了解到被告的更多不良行为"。② 毫无疑问，不论是被告具有"犯罪气质"还是"不良行为"，都足以让裁判者形成一定的主观预断，诱导裁判者走上错误的道路。这个推论得到了美国学者不止一次的证实。例如，"有些研究陪审制度的学者将陪审团视为容易犯错误的，并且通常不具有可靠性的裁判者。他们很容易被引入歧途。在那些涉及令人厌恶的被告和能够激发陪审员同情心的被害人的暴力犯罪中，上述情况表现得尤为明显"。③ 西方国家对品格证据有着较为系统的规定，他们仍然得出了上述结论，可以预想，在我国尚没有对品格证据进行全面细致立法的情况下，刑事案件的不当合并审理引发的偏见和歧视很有可能更为严重。

另一方面，同一案件因存在多个被告而合并审理时也有可能会出现歧

---

① 张继成：《从案件事实之"是"到当事人之"应当"——法律推理机制及正当理由的逻辑研究》，《法学研究》2003 年第 1 期。

② 〔美〕乔舒亚·德雷斯勒、爱伦·C. 迈克尔斯：《美国刑事诉讼法精解（第二卷·刑事审判）》，魏晓娜译，北京大学出版社，2009，第 136~137 页。

③ 〔美〕布莱恩·福斯特：《司法错误论——性质、来源和救济》，刘静坤译，中国人民公安大学出版社，2007，第 199 页。

视现象。"陪审团存在着一种认识，只有同样的羽毛才会汇集在一起。"[①]在审判时，裁判者经常会将同一案件当中的不同被告进行比较，这样并不有利于案件公正审理，特别是对罪行较轻的被告而言并不公平。"在设想中，合并审理的辩护是有效率的，相关的被告一个接一个地参加庭审，但是正如之前论及的，像这样先后有序的情况在那样的场景当中并不可能出现，因为第一个的出现可能会给没有在最开始审判中出现的其他人带来偏见。实际上，第一个被审判的程度给后继的案子树立了了一个标准。"[②]这种偏见是毫无理由的，自然应当尽量避免。有研究者认识到，陪审团认为共同被告必须"同时沉下去或者浮起来"是一件错误的事情，无论证据显示两个被告如何应当被一致对待，法庭应当提示和指导陪审团可能存在一个罪行适用于某一个被告而不适用于另外一个被告的情况。[③]这种指导在效果上明显治标不治本，要想彻底避免出现偏见，应该在程序上寻求更加彻底的解决方案。

正是因为无论是在主体合并还是客体合并的案件中，都可能存在裁判者因为受到错误引导而产生偏见，从而造成对被告不公正审理的情况。故而，从避免误导裁判者、保证案件公正审理的角度来看，在某些案件中我们可以对刑事案件进行分离审理。这也是美国《联邦刑事诉讼规则》第14条规定法院可以命令对案件进行分离审理的主要原因。[④]

五 有利于实现特殊诉讼目的

在司法实践中，司法机关对案件的处理方式，一方面会受到案件本身

---

① 336 U. S. 440, 69 S. Ct. 716, 93 L. Ed. 790 (1949).

② Robert O. Dawson, "Joint Trials of Defendants in Criminal Cases: An Analysis of Efficiencies and Prejudices," *Michigan Law Review*, 77 (6), 1979, p. 1393.

③ Ibid.

④ 美国《联邦刑事诉讼规则》第14条规定："如果显示在一份大陪审团起诉书或检察官起诉书中，对数种罪行或数名被告一并指控或合并审理可能对被告或政府方产生不公正影响，法庭可以命令从数种罪行中进行选择或者分开进行审理，同意将共同被告分开或者提供其他救济性的司法命令。"参见《美国联邦刑事诉讼规则和证据规则》，卞建林译，中国政法大学出版社，1996，第52页。

因素的影响，另一方面还会受到刑事政策、司法传统等司法机关内部因素的影响。在不同的时间段，各国经常会对刑事诉讼中的一些具体制度进行调整以满足本国司法实践的特定需要。在一些时候，刑事案件分离审理可以实现刑事诉讼中的某些特殊目的。在我国，最为典型的是对共同犯罪中未成年人被告的分案处理制度。

未成年人犯罪是一个严重的社会问题，根据国家统计局的资料，近几年来，我国未成年刑事罪犯人数不断下降，但整体数量仍然较大。2008年，人民法院审理的不满 18 周岁的青少年刑事罪犯人数为 88891 人，2009年为 77604 人，2010 年为 68193 人，2011 年为 67280 人，2012 年为 63782人，2013 年为 55817 人，2014 年为 50415 人。① 未成年人是一个非常特殊的社会群体，他们正处于向成年人过渡的时期，面临诸多生理上的变化和心理成熟过程中的困惑，即便是触犯刑法，也是可塑性较强，易于改造。故而，世界大部分国家对未成年人犯罪在刑事实体法和程序法上都做出了特别的规定，我国也遵循了国际惯例。例如，在实体法上，《刑法》第 49条规定："犯罪的时候不满十八周岁的人和审判的时候怀孕的妇女，不适用死刑。"在程序法上，2006 年《人民检察院办理未成年人刑事案件的规定》第 21 条规定："对于未成年人实施的轻伤害案件、初次犯罪、过失犯罪、犯罪未遂的案件以及被诱骗或者被教唆实施的犯罪案件等，情节轻微，犯罪嫌疑人确有悔罪表现，当事人双方自愿就民事赔偿达成协议并切实履行，符合刑法第三十七条规定的，人民检察院可以依照刑事诉讼法第一百四十二条第二款的规定作出不起诉的决定，并可以根据案件的不同情况，予以训诫或者责令具结悔过、赔礼道歉。"这些都体现了国家对未成年人在诉讼程序中的特殊照顾。

考虑到各国的刑事实体法是以成年人为标尺构建的，在未成年人和成年人共同犯罪的案件中容易忽视对未成年人应有的司法保护，同时出于对未成年被告特殊的人性关怀、保护未成年人被告隐私等多重因素的考虑，

---

① 国家统计局网站，http：//data. stats. gov. cn/easyquery. htm？cn = C01。

各国大多将共同犯罪案件中的未成年人与成年人分案处理。"自 1899 年少年法院建立之日起，少年司法机构已经遍布各地，他们形式各异，可见于美国的所有辖区内、全世界的工业化国家，以及许多发展中国家。"①

在我国，最高人民检察院在未成年人分案起诉方面做了大量的工作。2002 年 3 月 25 日通过的《人民检察院办理未成年人刑事案件的规定》第 20 条规定："人民检察院提起公诉的未成年人与成年人共同犯罪案件，不妨碍案件审理的，应当分开办理。"2006 年 12 月 28 日通过的《人民检察院办理未成年人刑事案件的规定》对未成年人分案起诉制度做了进一步规定，"人民检察院审查未成年人与成年人共同犯罪案件，一般应当将未成年人与成年人分案起诉"，这一司法解释还对可以不分案起诉的 4 种情形、分案起诉之后的材料移送等问题都做出了较为详细的规定。这种分案审理的行为毫无疑问是对未成年被告人诉讼利益的高度重视，体现了对未成年被告人人权的尊重。最终，检察机关分案处理案件的努力被 2012 年《刑事诉讼法》所认可，新设特别诉讼程序中的未成年人诉讼程序部分。

第二节　刑事案件合并与分离的制度构建

一　问题研究的必要性

前文论述了刑事案件合并与分离审理的价值。在我国，合并与分离审理问题没有得到应有的重视，当前刑事司法改革已经进入深水区，各种利益关系的协调问题到了必须认真研讨和解决的时候。对刑事案件合并与分离审理的问题有必要进行专门研究，这对我国刑事诉讼立法体系的进一步完善有着非常重要的意义，对司法实践也有着明显的指导作用。例如，在

---

① 〔美〕玛格丽特·K.罗森海姆：《少年司法的一个世纪》，高维俭译，中国商务出版社，2008，第 379 页。

涉黑案件中，如果对所有与黑社会性质犯罪存在关联的被告人都无一例外地进行合并审理，那么，法院一次开庭审理的被告人将会动辄数十人乃至上百人，指控罪名有十多项乃至数十项，案卷材料有数千页乃至上万页。在这种情形下，极易造成以下弊端：庭审流于形式，剥夺了共同被告人的取保候审权，导致长期羁押，被告人减刑和假释权无法得到保障，影响被告人的上诉权和申诉权，变相侵犯被告人的聘请辩护律师权和会见律师权等。①

一直以来，由于司法实践的迫切需要，最高人民法院等司法机关对刑事案件合并与分离处理问题在司法解释中做出了不少规定。但整体而言，当前不仅缺乏总则性的合并与分离审理规定，而且司法解释的内容非常零散，很不系统，此外，部门立场倾向性鲜明，法条就事论事现象严重，条文之间互相抵触的情况屡见不鲜。尤其值得注意的是，2013 年 1 月，《最高人民法院关于废止 1980 年 1 月 1 日至 1997 年 6 月 30 日期间发布的部分司法解释和司法解释性质文件（第九批）的决定》《最高人民法院、最高人民检察院关于废止 1980 年 1 月 1 日至 1997 年 6 月 30 日期间制发的部分司法解释和司法解释性质文件的决定》等文件对既有的刑事案件合并与分离审理的司法解释进行了大幅度的删减，让原本混乱的立法局面更加复杂化。本部分拟结合最新立法，对现有刑事案件合并与分离审理的立法规定进行专门梳理，以期为今后进行刑事案件合并与分离审理的立法改革研究打下基础。

二　我国刑事案件合并审理立法概述

（一）不同法院间的合并审理

在西方国家和地区，在审判程序启动之前，案件的合并审理问题主要

---

① 张泽涛：《刑事案件分案审理程序研究——以关联性为主线》，《中国法学》2010 年第 5 期。

以牵连管辖的形式出现。牵连管辖主要解决的是多起案件涉及不同法院，最终由某一法院进行合并审理的问题，这其实是合并与分离审理中最为核心的内容之一。

最高人民法院《解释》第13条规定："一人犯数罪、共同犯罪和其他需要并案审理的案件，其中一人或者一罪属于上级人民法院管辖的，全案由上级人民法院管辖。"这是我国最高审判机关有关刑事案件合并审理的最基础、最重要的法律规定。

首先，它承认了案件合并审理的存在。这一条赋予了我国法院对一人犯数罪进行合并审理（客观合并审理）及共同犯罪中主从犯进行合并审理（主体合并审理）的合法性。其次，它承认了多种合并审理类型的存在。数罪并罚和共同犯罪是法律明文规定的内容，除此之外，司法实践中还存在大量其他合并审理的内容，法律在此进行了兜底性规定。最后，本条规定了不同级别法院之间的案件合并审理处理方式，这和德国《刑事诉讼法》第4条、日本《刑事诉讼法》第3条等规定相类似，符合司法规律，能够满足现实需要。

最高人民法院《解释》第13条的规定并不是孤立的。考虑到在刑事诉讼的整个流程中，法院是最后一个环节，之前的公安机关和检察机关都可能会面临类似的问题，因此我国公安机关和检察机关在各自的法律文件中都对牵连管辖有类似的规定。

（二）同一法院内部的合并审理

当案件起诉到人民法院之后，由于追加起诉和撤回起诉等原因，仍然存在案件的合并与分离审理情况，这可能会发生在同一法院内部或同一审判组织内部。

案件在审判阶段，随着庭审的进行，有可能发现该案被告人存在遗漏罪行的情况，这在当前主要是通过追加起诉的方式加以实现。2007年《最高人民检察院关于公诉案件撤回起诉若干问题的指导意见》第5条第1项规定："发现遗漏的同案犯罪嫌疑人或者罪行可以一并起诉和审理的，可以要求追加起诉。"检察院这一司法解释还进一步规定，在某些特殊情况下，即便是符合追加起诉条件，案件最终也有可能是分离审理。该司法解释第 6 条规定："在案件提起公诉后、作出判决前，发现被告人存在新的犯罪事实需要追究刑事责任的，人民检察院如果在法定期限内能够追加起诉的，原则上应当合并审理。如果人民法院在法定期限内不能将追加部分与原案件一并审结的，可以另行起诉，原案件诉讼程序继续进行。"

最高人民法院《解释》还提及了不同程序、不同性质的刑事案件合并审理问题。其第 331 条规定："第二审人民法院审理对附带民事部分提出上诉，刑事部分已经发生法律效力的案件，发现第一审判决、裁定中的刑事部分确有错误的，应当依照审判监督程序对刑事部分进行再审，并将附带民事部分与刑事部分一并审理。"这一条规定的内涵非常丰富。一方面，刑事附带民事诉讼是刑事案件和民事案件的合并，是两种不同性质案件的合并；另一方面，这一司法解释将处于再审程序和上诉程序的两个不同案件合并审理，跨越了两个不同程序，这种规定和一般的法理并不相符，非常特殊。除此之外，公诉和自诉的合并审理也是不同性质的案件合并问题。最高人民法院《解释》第 267 条规定："被告人实施两个以上犯罪行为，分别属于公诉案件和自诉案件，人民法院可以一并审理。"

（三）合并审理的特别立法

除了以上有关刑事案件合并审理的一般性规定之外，在某些特殊情况下，司法机关出于处理刑事案件的需要，也会对一些特殊情况下的刑事案件合并审理进行专门立法。我国此类立法中，不少规定的年代比较久远，立法内容已经落后，在立法形式上也并不规范，但不少司法解释至今仍然生效，而且对刑事司法实践有着极为重要的作用。

1. 共同犯罪的立法

共同犯罪是刑事案件合并审理的重要组成内容，虽然《刑事诉讼法》对刑事案件合并审理的规定很少，但在 1979 年之后，我国专门颁布了多个打击共同犯罪的司法解释，里面有许多内容涉及共同犯罪案件的合并与分离审理问题，很多至今仍然是处理共同犯罪案件合并与分离审理的重要法律依据。

1984 年 6 月 15 日，最高人民法院、最高人民检察院和公安部颁布了《关于当前办理集团犯罪案件中具体应用法律的若干问题的解答》，其中第 3 点用问答的方式对集团犯罪并案审理的必要性进行了解释，"为什么对共同犯罪的案件必须坚持全案审判？办理共同犯罪案件特别是集团犯罪案件，除对其中已逃跑的成员可以另案处理外，一定要把全案的事实查清，然后对应当追究刑事责任的同案人，全案起诉，全案判处"。这确立了全案处理的指导思想，影响深远，一直到今天，我国实务界对共同犯罪的处理思路仍然是坚持全案审理。但值得注意的是，多个司法解释对共同犯罪的案件一再地强调合并审理而没有考虑到特殊情况时需要分离审理的情形，这是一个明显的立法缺陷。在 2012 年最高人民法院针对新《刑事诉讼法》的司法解释征求意见期间，有意见提出，"为了解决涉黑案件众多被告人分案审理问题，对于共同犯罪和其他并案审理的案件，如果分开审理更为适宜的，也可分案审理或者由下级法院审判部分被告人"。最高人民法院也认识到了这一问题的重要性，但"研究并征求多方意见"后，① 最终仍然没有将此意见写入新《刑事诉讼法》，这不能不说是一种遗憾。

2. 毒品犯罪的立法

由于毒品犯罪涉及制造、运输、保存和贩卖等众多环节，犯罪嫌疑人数量往往较多，罪行也较为复杂。在刑事实体法理论上，毒品犯罪中不同环节的数个被告人之间经常不能构成共同犯罪，但在行为内容上，数名被告人之间往往又因为一起犯罪而相互牵连。"在毒品犯罪案件中，由于犯罪行为相互牵连，甚至结为一体，依靠被告人抓获同案犯的情况并不少见。在认定有立功表现时应注意，这里的同案犯不一定是共同犯罪人，贩

---

① 江必新主编《〈最高人民法院关于适用《中华人民共和国刑事诉讼法》的解释〉理解与适用》，中国法制出版社，2013，第 15 页。

卖毒品的上家和下家不是共犯，但属于同案犯。"①

将此类型案件按照一般情况进行分离审理，很可能影响案件事实认定，所以司法实务一直倾向于将这种并不一定是共犯关系的数个被告人合并在一起进行审理。故而，《全国部分法院审理毒品犯罪案件工作座谈会纪要》（2008 年 12 月 1 日印发）中规定："没有实施毒品犯罪的共同故意，仅在客观上为相互关联的毒品犯罪上下家，不构成共同犯罪，但为了诉讼便利可并案审理。"

3. 刑民交叉诉讼的立法

当前处理刑民交叉案件的最主要方式仍然是刑事附带民事诉讼，1996年《刑事诉讼法》专章规定了刑事附带民事诉讼的内容，对刑事附带民事诉讼的操作程序做了详细规定，这些做法在 2012 年法律修订时被完全保留。

司法实践中还存在大量的特殊案件，如在处理经济纠纷时发现夹有刑事案件的情况，或者是在处理刑事案件发现夹有民事纠纷的情况。这些案件可能比较复杂，一般的刑事附带民事诉讼的做法无法满足审判实践的全部需要。

1998 年 4 月 9 日，最高人民法院通过了《最高人民法院关于在审理经济纠纷案件中涉及经济犯罪嫌疑若干问题的规定》，这一司法解释是目前对经济纠纷和经济犯罪案件最为详细的司法解释。该解释第 1 条即确定了经济纠纷类案件审理的基调是分离审理，"同一公民、法人或者其他经济组织因不同的法律事实，分别涉及经济纠纷和经济犯罪嫌疑的，经济纠纷案件和经济犯罪嫌疑案件应当分开审理"。该解释的第 10 条规定了法院在分离审理上的具体做法，"人民法院在审理经济纠纷案件中，发现与本案有牵连，但与本案不是同一法律关系的经济犯罪嫌疑线索、材料，应将犯罪嫌疑线索、材料移送有关公安机关或检察机关查处，经济纠纷案件继续审

---

① 王小明：《〈全国法院审理毒品犯罪工作座谈会纪要〉的理解和适用》，载最高人民法院刑事审判一庭等编《中国刑事审判指导案例（妨害社会管理秩序罪）》，法律出版社，2009，第 339 页。

理"。这一规定正确区分了民事和刑事两种不同的法律关系，在及时、全面保护涉案当事人权益方面有着积极意义。以震惊全国的吴英案为例，因为刑事犯罪部分案情复杂，自 2007 年吴英被刑事拘留至 2012 年 1 月 18 日被判处死刑一共耗时 5 年。该案又存在近亿元房产被贱卖的民事诉讼"案外案"，刑事、民事两条线各不影响，分离处理符合诉讼原理，也有利于保护各方当事人的诉讼利益。[①]

除了以上的司法解释内容，近年来，一些地方在知识产权等方面的刑民交叉案件处理方式上又有了一些新的探索。[②] 但因为没有全国性的成文立法，所以本书不专门进行研讨。

三　刑事案件分离审理的具体规定

刑事案件分离审理是对并案审理的重要补充，但我国对刑事案件分离审理在立法上不仅没有集中的规定，而且和合并审理相比，内容上更加模糊，司法机关适用更加困难。具体可以总结为以下几种。

（一）检察院提出的分离审理

在刑事审判过程中，检察机关作为控诉机关可能会发现案件不适合分案的情形，将已经合并审理的案件通过法定程序进行分离，一般表现为撤回起诉。根据《最高人民检察院关于公诉案件撤回起诉若干问题的指导意见》第 2 条规定，撤回起诉可以是针对提起公诉的全部被告人，也可以是针对部分被告人，"撤回起诉是指人民检察院在案件提起公诉后、人民法院作出判决前，因出现一定法定事由，决定对提起公诉的全部或者部分被告人撤回处理的诉讼活动"。故而，一旦出现部分被告人被撤回起诉的情

---

① 本处吴英案相关资料参见搜狐网新闻中心专题《女富豪吴英的非法集资本色》相关系列新闻报道，http://news.sohu.com/s2007/wuyingbense/。

② 有关知识产权等案件刑民交叉问题处理的各种司法做法，参见李兰英、陆而启《从技术到情感：刑民交叉案件管辖》，《法律科学》2008 年第 4 期。

形，这些被告人在程序上就与其他被告人进行了分离，这必然会造成部分被告人被另案处理的客观效果，在事实上实现案件的分离审理。在这种类型的分离审理制度中，分离审理意见一般由公诉机关提出，并且公诉机关撤回起诉的请求发挥的作用较大，不过最终仍需由审判机关决定。

（二）共同犯罪中的分离审理

尽管强调合并审理的重要价值，但是在人数众多的共同犯罪中，难免会出现一些特殊情况，导致有些时候司法机关无法将所有被告人统一到同一个审判程序中进行合并审判。为了保障诉讼正常进行，这时候必然会出现分离审理情况。我国有多个司法解释提及了这一问题。

1982 年 4 月 5 日，最高人民法院、最高人民检察院和公安部联合颁布的《关于如何处理有同案犯在逃的共同犯罪案件的通知》中规定，在不得已的情况下，可以对在押犯和同案犯分离处理，"同案犯在逃，对在押犯的犯罪事实已查清并有确实、充分证据的，应按照刑事诉讼法规定的诉讼程序，该起诉的起诉，该定罪判刑的定罪判刑"。

根据司法习惯，我国对刑事案件合并还是分离审理出现争议时一般都是偏向于合并审理。这一点不仅是审判机关的态度，也是公诉机关的态度。在 2007 年最高人民检察院《关于公诉案件撤回起诉若干问题的指导意见》中，第 5 条规定了案件提起公诉后不得撤回起诉的几种情况，其中第 1 项后半部分的表述为："发现遗漏的同案犯罪嫌疑人或者罪行可以一并起诉和审理的，可以要求追加起诉。"最高人民检察院在此处将"可以要求追加起诉"作为一种常态性的情况，表现了最高人民检察院倾向于合并审理的态度。

（三）特殊情形的分离审理

在刑事司法实务中，一些不同案件之间存在比较明显的牵连关系，看似应当合并审理，但是由于主客观原因，最终需要以分案的方式进行处理。例如，1990 年 5 月 26 日，最高人民法院在《关于同一被害人在同一晚上分别被多个互不通谋的人在不同地点强奸可否并案审理问题的电话答复》中，否定了广东省高级人民法院试图合并审理一起案件的行为。在该案中，三起独立案件之间的关联性很强，它们针对同一被害人，发生在同一地点，犯罪时间也相当接近，公安机关也是同时侦破。更为重要的是，将案件合并审理能够较为明显地减少司法资源的消耗，减少对被害人的伤害。故而，检察院以一个案件公诉。但最高人民法院严格按照实体法法律规定对本案做出了解释，不认同合并审理。"根据上述情况，这 3 个被告人的行为不属于共同犯罪，而是各个被告人分别实施的各自独立的犯罪，因此，应分案审理，不宜并案审理。"

四 我国刑事案件合并与分离立法的评析

在刑事案件合并与分离审理问题上，我国立法欠缺系统性和科学性，同时立法受政策影响过强，这些立法的缺陷值得我们深入剖析，以期在今后的立法中避免这种不足。

（一）立法缺乏系统性

经过 30 多年的建设，我国已经初步建立有中国特色的社会主义法律体系。"社会实践永无止境，立法工作也要不断推进。"① 我国的立法应当精益求精，站在新的起点上取得更大的进步。在刑事案件合并与分离审理问题上，我国立法面临的最主要问题是法律规定非常零散，大多以单个要素作为调整对象，并且某些重要的制度性规定缺失，没有涵盖刑事案件合并与分离审理的所有领域，法律规定严重缺乏系统性。

在西方国家，刑事案件合并与分离审理问题在时间跨度上主要分为审判程序前和审判程序中两大部分。审判程序前的合并与分离审理制度主要以牵连管辖的形式体现，包括案件合并审理的条件（一人犯数罪、数人犯

① 参见吴邦国 2011 年在十一届全国人大四次会议上所做的《全国人大常委会工作报告》。

一罪、数罪之间存在牵连等）、案件合并审理的提出主体（公诉机关）、案件合并审理的决定机关（审判机关）、合并审理的主持机关（牵连案件以上级法院为主）、不当合并的异议（当事人权利）等诸多内容。审判程序中的合并与分离在审判程序前的合并与分离基础之上，往往会进一步明确合并与分离审理的条件（特别是通过英美等国对可能导致"偏见"的分案规定可以看出）、合并与分离的当事人权利保障（各国对追加起诉合并的规定，共同被告人陈述证据效力的认定）等内容。在立法安排上，法律以承认单独之诉为起点，以促成合并审理为目的，在合并审理的问题上，系统地阐述了"为什么能够合并审理""谁来合并审理""如何合并审理""不当合并审理救济"等各方面内容，形成了完整的体系。[①] 在我国，诸多司法解释涉及刑事案件合并审理与分离审理的大部分内容，但是和西方国家相比，制度非常欠缺系统性。

首先，制度设计缺乏总纲性的规定。刑事案件合并与分离的具体情形非常复杂，需要有总纲性的条文对合并的条件、主体、时间等诸多内容进行总体性的规定，以避免分散立法容易出现挂一漏万的弊端。从刑事诉讼立法的思路来看，我国并没有认识到承认刑事案件中单独之诉存在的重要性，也没有意识到合并审理并不是天然合法的行为。因此，我国立法"就事论事"的表现非常明显。不仅《刑事诉讼法》没有对案件合并与分离审理进行总纲性的规定，而且最高人民法院及最高人民检察院的司法解释，也没有对本部门在刑事案件合并与分离审理问题上的权限范围进行总括性的描述，大多数时候只是为了解决某一具体问题需要，才会出台有针对性的法律。这种"头痛医头，脚痛医脚"式的立法方式必然存在法律滞后的弊端，无法及时解决司法实践中出现的大量特殊个案。

反观域外，其他国家和地区的立法也会存在细节规定不完善的情况，但是总纲性的条文可以避免司法机关在处理案件时法律依据不足。例如，

---

① 有关西方国家立法规定可参见张泽涛《刑事案件分案审理程序研究——以关联性为主线》，《中国法学》2010 年第 5 期。

陈水扁案中涉及的案件合并问题引起很大的争议。由于我国台湾地区"刑事诉讼法"对案件的合并条件、合并主体等内容有比较明确的规定，台北地方法院也有自己对法律适用的解释性规定。故而，台北地方法院可以理直气壮地声称对该案的合并处理行为符合法律要求，所做出的合并审理决定属于法律允许的自由裁量范围。而反对者只能质疑这种处理方式侵犯了被告人的辩护权，并没有人直接质疑台北地方法院实施合并审理的行为是没有法律依据的。①

其次，制度规定之间的冲突较多。案件合并与分离审理问题是一个重要的程序性问题，针对同一类型的案件的处理方式应当保持一致。但是，我国不少相关司法解释过于强调时效性，较少考虑前后立法之间的相互衔接关系。

例如，在审理刑民交叉案件时，对经济纠纷和经济犯罪相结合的情况，最高人民法院、最高人民检察院、公安部在 1987 年发布的《关于在审理经济纠纷案件中发现经济犯罪必须及时移送的通知》中要求，"人民法院在审理经济纠纷案件中，发现经济犯罪时，一般应将经济犯罪与经济纠纷全案移送，依照刑事诉讼法第五十三条和第五十四条的规定办理"，也就是依照刑事附带民事诉讼的方式并案处理。但是 1998 年，最高人民法院独立颁布了《最高人民法院关于在审理经济纠纷案件中涉及经济犯罪嫌疑若干问题的规定》，这一解释再三强调类似情况要分案审理，"同一公民、法人或者其他经济组织因不同的法律事实，分别涉及经济纠纷和经济犯罪嫌疑的，经济纠纷案件和经济犯罪嫌疑案件应当分开审理"，"人民法院在审理经济纠纷案件中，发现与本案有牵连，但与本案不是同一法律关系的经济犯罪嫌疑线索、材料，应将犯罪嫌疑线索、材料移送有关公安机关或检察机关查处，经济纠纷案件继续审理"。

虽然根据《最高人民法院、最高人民检察院关于废止 1980 年 1 月 1 日

① 学者观点综述参见陈运财《评大法官释字第 665 号宪法解释》，《月旦法学》2005 年第 176 期。

至 1997 年 6 月 30 日期间制发的部分司法解释和司法解释性质文件的决定》，前述的 1987 年司法解释自 2013 年 1 月 18 日起已经失效。但在两个司法解释并存的十几年间，此类案件如何处理，已经给审判机关造成了很大的司法混乱。

最后，制度规定缺乏部门协调性。刑事案件合并与分离审理涉及诉讼效率、被告人人权保障等一系列内容，贯穿侦查、起诉和审理等各个诉讼环节，不宜由某一诉讼主体单独决定，需要多主体协调处理。但由于我国现有相关规定多头立法的天然局限性，各部门制度之间的协调性比较差。在上述的 1987 年三机关联合发布的《关于在审理经济纠纷案件中发现经济犯罪必须及时移送的通知》废除之后，1998 年的司法解释成为审理经济纠纷案件中涉及经济犯罪嫌疑的主要司法解释，但是最高人民法院单方面的司法解释难以扩展到侦查和起诉阶段，使司法解释的适用性大打折扣。实际上，刑事诉讼中很多制度都存在横向协调困难的情况。例如，2012 年《刑事诉讼法》才规定了对未成年人分离审理，实际上最高人民检察院早在 2006 年 12 月 28 日颁布实施的《人民检察院办理未成年人刑事案件的规定》中就要求人民检察院审查未成年人与成年人共同犯罪案件，一般应当将未成年人与成年人分案起诉。但在很长时间内没有得到公安部和最高人民法院的立法呼应，使这一具有很好立法动机的制度在实践中推行并不是非常顺利，"其社会效果的考虑多于法律规定的遵从"。[①]

（二）立法缺乏权威性

纵观我国刑事案件合并与分离审理的现有立法规定，因为立法级别太低、法律之间相互矛盾等原因，严重影响了立法的权威性。

由于工作需要，全国人大常委会授权最高人民法院和最高人民检察院

---

① 彭燕、史焱：《未成年人分案起诉制度之相关问题研析》，http：//www.bj148.org/fxyj/ll-tj/xsyxs/201110/t20111031_ 172544.html，2011 年 10 月 27 日。

可以进行司法解释，但毕竟司法解释带有比较明显的"造法"特点，而"作为制定法国家，我国司法制度的特点是法官依据法律裁判案件，法官没有通过判例创制法律原准则的权力"。① 故而，和西方国家法官可以通过判例形式进行"造法"相比，我国司法机关进行司法解释的工作受到了比较严格的限制。例如，继 1981 年《关于加强法律解释工作的决议》之后，2007 年《最高人民法院关于司法解释工作的规定》第 2 条又进一步强调，只有在审判工作中出现的"具体应用法律"的问题，才是最高人民法院做出司法解释的范围。基于这一思路，最高人民法院的司法解释比较适合定位为"锦上添花"的补充式、解释式和说明式的立法，而不宜成为"无中生有"的创造性立法。

在刑事案件合并与分离审理的有关立法上，一方面，该制度本身是对国家机关控制诉讼过程的行为规定，直接影响到被告人能否受到公正审判，影响重大；另一方面，我国《刑事诉讼法》对这一问题的规定完全空白，司法机关的相关司法解释属于典型的创造性立法。两相对比，当前我国刑事案件合并与分离审理问题的立法形式明显并不合理。

谢佑平教授和万毅教授甚至直接认为，有关案件合并与分离审理制度的司法解释在合法性上存在很大的疑问，"根据程序法定原则，涉及刑事司法机关的职权配置以及犯罪嫌疑人、被告人诉讼权益保障的重大问题，均应采取立法的形式，由刑事诉讼法作出明确规定。刑事诉讼牵连管辖制度作为刑事审判管辖制度的重要内容之一，关涉法院审判职权的配置，应该由刑事诉讼法作出明确规定，而不应由法院自己通过司法解释形式加以规定，最高人民法院在刑事诉讼法并未对牵连管辖制度作出规定的情况下，擅自通过司法解释的形式对牵连管辖制度作出规定的作法是不合法的"。②

在实践中，刑事案件合并与分离审理的不少制度因为缺乏权威性，曾

---

① 郭卫华主编《"找法"与"造法"——法官适用法律的方法》，法律出版社，2005，第 195 页。
② 谢佑平、万毅：《刑事诉讼牵连管辖制度探讨》，《政法学刊》2001 年第 1 期。

经出现了不少司法机关适用法律时"偷工减料"的例子。"实践中，对一些答复内容也并未完全执行，如对患病不能参加诉讼的被告人往往将其与其他同案被告人分案处理，而不采用类似答复要求的就地审理等方法。"①

（三）立法缺乏科学性

我国《立法法》第 6 条规定："立法应当从实际出发，科学合理地规定公民、法人和其他组织的权利与义务、国家机关的权力与责任。"立法活动要做到科学合理，就应当符合合法性与合理性，反映客观规律，克服立法中的主观随意性和盲目性。而我国有关刑事案件合并与分离审理的规定，在立法科学性上有两处较为明显的缺陷。

缺陷之一，国家机关和当事人权利（权力）配置严重失衡。由于国家利益、社会利益和个人利益相互纠结，刑事诉讼中的权利（权力）安排远较民事诉讼复杂，稍有不当就会引起主体利益冲突，导致"程序失灵"，因此制度设计需要真正全面考虑各方的利益，特别是要保障国家机关、当事人等各方面的诉讼主体适当的程序参与。

贝勒斯教授认为，程序参与表示当事人应能富有影响地参与法院解决争执的活动。这一原则有助于解决争执，因为能参与诉讼的当事人更易于接受判决；尽管他们有可能不赞成判决，但他们更有可能服从判决。此原则的根据是参与价值，即参与做出严重影响自己生活的判决。人们至少有理由期望，在做出关系他们权益的判决之前，法院听取其意见，即他们拥有发言权。某人被允许参与诉讼也表明别人尊重他，即他受到了重视。②笔者也认为，在当前我国司法公信力不高的大背景下，注重程序参与对于维护社会稳定、建设和谐社会有着非常重要的实际意义。

为了实现程序参与的目的，在刑事诉讼中，至少应该"让程序所涉及

---

① 金为群：《刑事案件分、并案研究——兼论公正与效率的平衡》，硕士学位论文，华东政法学院，2006，第 12 页。

② 〔美〕迈克尔·D. 贝勒斯：《法律的原则——一个规范的分析》，张文显译，中国大百科全书出版社，1996，第 61 页。

他们利益的人或者他们的代表，能够参加诉讼，对于自己的人身、财产等权利相关的事项，有知悉权和发表意见权"。[①] 但我们发现，在刑事案件合并与分离审理的诸多现有立法中，国家机关和当事人的权利（权力）配置严重失衡。无论是最高人民法院还是最高人民检察院的各种司法解释，都是从利己的角度立法，甚少重视当事人在刑事案件合并与分离审理制度中的地位、作用等问题。而在国外，法律对当事人在提出申请、提出异议和要求救济等诸多方面的诉讼权利都有明确规定。也许当事人在刑事案件合并与分离审理制度中并不适合占有主导性的诉讼地位，但是至少我们应当保证他们能够有一定的程序参与权。这一点，我国现有的立法显然是非常欠缺的。

缺陷之二，部分法律规定不符合司法规律。法律并不是凭空产生，而是有其来源和适用的社会环境。但是我国刑事案件合并与分离审理制度的不少法律规定违背了司法规律和社会习惯，立法明显欠缺合理性。

司法解释本身是对法律没有明确之处做出的补充说明，因此《刑事诉讼法》的有关司法解释应当是程序性的、具有可操作性的。在处理集团犯罪的审理方式上，1984 年最高人民法院、最高人民检察院和公安部联合下发了《关于当前办理集团犯罪案件中具体应用法律的若干问题的解答》，这一文件的第 3 点用问答的方式对集团犯罪的并案审理的必要性进行强调。在同一司法解释的第 5 点又规定了分离审理的情形，不过此处的立法并不清晰，不仅没能起到对第 3 点的有效补充，而且混淆了集团犯罪的具体审理方式。第 5 点问："有些犯罪分子参加几起共同犯罪活动，应如何办理这些案件？"回答为："对这类案件，应分案判处，不能凑合成一案处理。某罪犯主要参加那个案件的共同犯罪活动，就列入那个案件去处理（在该犯参加的其他案件中可注明该犯已另案处理）。"第 5 点的规定看似将被告人进行了归类，有利于解决争议，但是这种设想过分理想化，并不符合我国的司法实际，理由如下。

[①] 宋英辉：《刑事诉讼原理》，法律出版社，2003，第 106 页。

一方面，在共同犯罪案件的审理中，被告人之间的责任划分是刑事辩护的主要内容，也是法官审理的重点和难点。寄希望于通过在审判前的简单审查就可以确定犯罪嫌疑人在某一起共同犯罪中发挥主要作用，而在其他共同犯罪中发挥次要作用。这种判断过分草率，难度太大。另一方面，共同犯罪案件基本上采用普通程序进行审理，自 1996 年以后，我国《刑事诉讼法》已经抛弃了公诉机关全案移送卷宗的做法，法院在案件审理之前只能接触到主要证据复印件、证人名单等案件材料，鉴于这一客观限制，法院在审理前几乎不可能对被告人在几起案件中的责任大小进行有效划分。在 2012 年《刑事诉讼法》修订之后，法官庭前审查功能被进一步弱化，更加不可能准确区分被告人的责任。因此可以认为，此处的刑事案件合并与分离审理的规定并不符合我国的司法规律，欠缺立法科学性。

总而言之，刑事案件合并与分离审理是一个蕴含深厚法理背景的学术课题。多个被告人、多个罪行在刑事审判中进行合并审理，并不是自发的诉讼现象，而是一种有目的的诉讼行为，应当符合诉讼原理的基本要求，应当有完整的运作程序。同理，某些看似应当合并审理的刑事案件之所以分离审理，也应当有一定的标准或依据。它表面上是国家司法机关在诉讼中不经意的合并或分离行为，但其背后深刻反映了《刑事诉讼法》在诉讼效率和人权保障方面的取舍态度，体现着一国刑事诉讼程序设置的精密程度。我国此方面的立法问题甚多，应当引起各界的足够关注。[1]

第三节　基于促成认同的刑事特别程序反思

2012 年修法在立法体例上最大的变化是增加了第五编"特别程序"，

---

[1]　本节内容为与导师张泽涛教授合作研究成果，这一研究主题亦是张泽涛教授重要学术思想的体现。

该编分为四章，共有 23 个条文，原则和简略地规定了"未成年人刑事案件诉讼程序"、"当事人和解的公诉案件诉讼程序"、"犯罪嫌疑人、被告人逃匿、死亡案件违法所得的没收程序"和"依法不负刑事责任的精神病人的强制医疗程序"。刑事特别程序是我国《刑事诉讼法》中新设的篇章，在修改《刑事诉讼法》之前，学界和司法实践部门对特别程序的性质、立法体例、内容安排等基本问题并没有进行深入论证。社会公众对刑事特别程序的认同程度也较低，随着社会不断发展，强制医疗程序等制度上的缺陷已经开始造成一些负面影响。和普通程序相比，特别程序解决的问题具有特殊性、手段具有特殊性，因此更加需要得到社会公众的认可。有鉴于此，本书采用比较研究等方法，针对特别程序的性质、适用范围、立法技术三个方面对我国刑事特别程序进行系统性研究，为从社会公众认同视角下修正相关制度提供一定的启示。

一 特别程序的性质——立法没有明确

（一）问题研究的必要性

"对任何一门学科来说，关键的概念必须尽量清晰，就好像大厦的地基必须尽量稳固一样。因此，在所有严谨的学科中，'概念明晰'（concept explication）都是不可或缺的。"[1] 何为刑事诉讼特别程序，笔者注意到，根据修改后的《刑事诉讼法》修订的高校刑事诉讼教材大多并没有对这一概念进行定义。[2] 2012 年修法之后，也没有学者对这一问题进行专门的研究。但这并不是一个可有可无的问题，因为这涉及刑事特别程序的定性，即刑事特别程序是与刑事普通程序相对应的"特别的诉讼程序"，还是一种和诉讼程序完全不同的"特别程序"。这一问题的

---

① Steven H. Chaffee, Explication, Newbury Park, Ca：Sage, 1991。
② 如程荣斌、王新清主编《刑事诉讼法（第六版）》，中国人民大学出版社，2016；陈光中主编《刑事诉讼法》，北京大学出版社，2012；宋英辉、罗海敏主编《刑事诉讼法》，清华大学出版社，2012。

研究具有根本性意义，因为如果特别程序本质上还是一种诉讼程序，则它必须遵守诉讼法的平等对抗、有效救济等诉讼原则。但如果特别程序本质上并不是一种诉讼程序，而只是处理刑事案件特殊问题所采用的其他操作程序，则在对其制度设计时，可以自成体系，不必受到刑事诉讼基本原理与程序规则的约束。目前，诉讼法学界对于特别程序的定性问题既无定论，也无系统研究。例如，即使是在对特别程序有较为深入研究的民事诉讼法学界，对特别程序的定性问题也远没有形成通说。

特别程序的性质无法确定会带来较为深远的负面影响，在民事诉讼中，由于对特别程序的性质认识一直模糊不清，民事诉讼特别程序研究长期得不到重视，刑事诉讼特别程序的性质问题如果得不到解决，具体的程序设置同样会引发种种质疑。例如，陈卫东教授对我国确立"当事人和解的公诉案件诉讼程序"持保留意见，其主要观点是，在美国，刑事和解往往是以民间项目的形式示人，这意味着和解的组织、执行者一般是社会组织、民间机构，法官、检察官、警察以及缓刑官等法律职业共同体成员并没有实际参与和解的操作。换言之，刑事司法体系本身并没有因为和解的进行而有所调整，只是刑事诉讼机制中的一些基本元素，如检察官的起诉裁量权、认罪答辩程序等，为和解的运作预留了空间，使社会资源在刑事司法体系之外得以发挥效能，进而影响到司法结果。[①] 在当前我国的立法状况下，如果将刑事和解定性为一种诉讼程序，则上述美国模式的刑事和解制度确实不适宜直接移植到我国的刑事诉讼中，因为美国法中的刑事和解制度并没有一个完整的诉讼操作流程，不属于诉讼程序，只是诉讼方法和诉讼技巧的堆积，我们难以从制度构建的层面进行借鉴。但如果将我国的刑事和解特别程序定性为一种特别的程序性操作规则，既不强调体系的完整性，又不过多遵守刑事诉讼其他的原理性规定，则可以较为容易地复制美国的某些做法。

[①]　陈卫东：《构建中国特色刑事特别程序》，《中国法学》2011 年第 6 期。

（二）特别程序性质的已有观点

刑事特别程序在我国历史上曾经短暂出现，但没有形成持久的影响。[①]
新中国成立后，1979 年及 1996 年的《刑事诉讼法》中均没有规定特别程
序，刑事特别程序也从来不是学界研究的重点。有鉴于此，刑事特别程序
的提法在本次修法之前较少出现，某些诉讼法的论著中偶有 "特别程序"
的表述，其使用也较为随意，内涵与外延均与现有立法中的刑事特别程序
有显著差别。经过文献综述，以往对刑事特别程序性质的认识有两种基本
观点。

观点一，刑事特别程序就是简易程序，或者至少前后者之间是包
含与被包含的关系。2004 年，时任山东省人民检察院检察长的国家森
认为，以控辩协商为代表的非审判式刑事案件处理方式有着很大的发
展前景，可被称为刑事诉讼特别程序。[②] 一些青年学者持类似的观点。
例如，"'刑事特别程序' 广义上可称为 '刑事简易程序'（summary pro-
ceedings in penal matters），它以简便易结非正式审判途径处理大量的刑事
案件，有效解决了案件积压问题，节省了有限的司法资源，大大提高了
诉讼效率"，[③] "刑事特别程序是案件的初次审理中适用的一种不同于普
通程序的简易程序，大致有三种：大陆法系常见的刑罚命令程序、英
美法系常见的辩诉交易、我国采用的简易审判程序。前两者通常不经
过审判径行判决，后者是审判程序的一种简化"。[④] 在此之前，陈瑞华
教授在分析 1988 年意大利刑事诉讼改革时也认为，意大利当时修法所确认
的两种特殊速决程序——简易审判程序和辩诉交易程序属于典型的刑事特

---

① 中国法制史上第一部刑事诉讼法典——1911 年《刑事诉讼律（草案）》中，第五编为
"特别诉讼程序"。参见吴宏耀、郭恒编校《1911 年刑事诉讼律（草案）——立法理由、
判决例及解释例》，中国政法大学出版社，2011，第 439～443 页。
② 国家森等：《中国控辩协商制度研究——刑事诉讼特别程序之探讨》，《法学论坛》2004
年第 6 期。
③ 何之慧：《我国刑事特别程序之取舍——从诉讼效率的角度》，《国家检察官学院学报》
2001 年第 3 期。
④ 张慧、杨瑞：《刑事特别程序探析》，《兰州学刊》2004 年第 3 期。

别程序。①

这种观点并非空穴来风，上述作者在论述自己观点时大多援引了英美法系国家立法和判例，在英美法系国家，简易程序很多时候确实是以特别程序的形式表现出来。即便是在大陆法系国家，这种观点也有一定的影响。托马斯·魏根特教授就认为，对于不需要公诉人参与或者进行完整审判的诉讼，德国《刑事诉讼法》规定了多种类型的程序，包括自诉、快速审判程序和刑事处罚令，都可称为特别程序。② 当然，这种将特别程序界定为简易程序的做法明显过于狭隘，英美法系中，特别程序和简易程序并不是同一层次的概念，各国打击有组织犯罪、恐怖犯罪等相关法案中确定的程序性条款都可以称为特别程序，特别程序在英美法系国家是一个异常广义的概念。即便是对特别程序的效率功能特别看重的德国，在其《刑事诉讼法》第六编"特别种类程序"中，③ 除了规定了处罚令程序、保安处分程序和简易程序之外，该编第三章和第四章分别为"没收、扣押财产程序"及"对法人、社会团体处以罚款程序"，它们的存在显然不能简单归属于提升诉讼效率的需要。

观点二，特别程序是与普通程序相对应的诉讼程序。陈卫东教授所著的《刑事特别程序的实践与探讨》一书是国内较早全面论述刑事特别程序的著作，该书认为："在诉讼理论上，刑事诉讼程序有普通程序和特别程序之分。所谓普通程序是指适用于一般案件的诉讼程序，特别程序是指适用于特殊类型案件或特定被告人的诉讼程序。"④ 这一观点将刑事特别程序的内涵拓展得非常广。据此，书中不仅仅论及了"未成年人案件刑事诉讼程序"和"采用医疗性强制措施的诉讼程序"（这些和我国现有特别程序的内容重叠），同时将"附带民事诉讼程序"、"申诉程序"、"审判监督程

---

① 陈瑞华：《美国辩诉交易程序与意大利刑事特别程序之比较（上）》，《政法论坛》1995 年第 3 期。

② 〔德〕托马斯·魏根特：《德国刑事诉讼程序》，岳礼玲、温小洁译，中国政法大学出版社，2004，第 203 页。

③ 《德国刑事诉讼法典》，李昌珂译，中国政法大学出版社，1995，第 153～166 页。

④ 陈卫东、张弢：《刑事特别程序的实践与探讨》，人民法院出版社，1992，第 1 页。

序"和"死刑复核程序"等现在看来完全属于刑事普通程序范围的内容也认定为刑事特别程序。

在这一观点中，刑事特别程序应当属于诉讼程序的一种，除了某些特殊规定之外，它们需要遵循刑事诉讼程序的一般性原理和规则。根据民事诉讼的主流观点，民事诉讼特别程序与通常诉讼程序相对应，是民事审判程序的一种。通常诉讼程序与特别程序是民事审判程序的基本分类，因此，特别程序具有作为民事审判程序的一般属性。[①] 陈卫东教授的观点承继了民事诉讼的理论研究成果。当然，附带民事诉讼程序、死刑复核程序等程序相对于普通的刑事审判程序来说是例外，是特殊情形，但是将这些都纳入"刑事特别程序"的范畴会让特别程序的概念过于庸俗化，彰显不出特别程序的"特别"之处。

（三）我国特别程序性质的定性

我国立法中没有标明特别程序的性质，不过通过对权威解释及有关条文的分析可以发现，在我国，刑事特别程序应当被认为是一种内涵相对较小的"特别的诉讼程序"，是普通诉讼程序的例外和补充。

2012 年 3 月 8 日，时任全国人大常委会副委员长的王兆国在第十一届全国人民代表大会第五次会议上所做的《中华人民共和国刑事诉讼法修正案草案的说明》中，对为何增加规定特别程序进行了说明，"根据刑事诉讼活动的实际情况和近年来各地积极探索的好的经验，有必要针对未成年人刑事案件等特定案件和一些特殊情况规定特别的程序。修正案草案增加一编'特别程序'，对有关程序作出专门规定"。从王兆国的解释中可以看出，我国的特别程序是因应"刑事诉讼活动的实际情况"而产生的，是根据办案的具体情况而规定的"特别的程序"，故而应当是一种典型的诉讼程序。

从立法内容上看，我国此次立法同样是将特别程序作为诉讼程序对待，除了两个特别程序直接以"诉讼程序"命名之外，在"犯罪嫌疑人、

---

① 江伟主编《民事诉讼法学》，复旦大学出版社，2005，第 434 页。

被告人逃匿、死亡案件所得没收程序"中，法院处理案件的做法被称为
"审理"；法院对此类案件"不告不理"；利害关系人可以本人参加诉讼，
也可以委托诉讼代理人参加诉讼；法院做出裁定之后相关主体可以提出上
诉、抗诉等。在"依法不负刑事责任的精神病人的强制医疗程序"中，法
律规定审判机关同样"不告不理"；审判机关组成合议庭进行审理；没有
委托诉讼代理人的，人民法院应当通知法律援助机构指派律师为其提供法
律帮助等。从以上这些做法可以看出，这两个特别程序尽管没有冠以"诉
讼程序"的头衔，但我国仍然是按照诉讼程序的要求进行制度设计的。①
综上可以认为，我国刑事案件特别程序的性质为诉讼程序。

笔者认为，我国立法应当对刑事特别程序的根本属性加以明确。特别
是在本次修法之后，整个法典中仍然存在较明显的立法技术问题，条文
"打架""裸奔""错位"等问题相当严重，如果刑事特别程序的性质没有
明晰，较容易产生法律适用的尴尬。例如，《刑事诉讼法》第 8 条规定：
"人民检察院依法对刑事诉讼实行法律监督"，并且检察监督早已是刑事诉
讼程序的基本原则之一，但在法典第 289 条又重复规定："人民检察院对
强制医疗的决定和执行实行监督。"在这种情况下，人们难免会有疑问，
强制医疗决定程序为何要专门强调检察院的法律监督职能，难道其本身并
不是诉讼程序？这一程序是否适用刑事诉讼的其他原则？其他特别程序是
否适用检察监督原则？

二　特别程序的适用范围——应当保留拓展的空间

特别程序具体的适用范围是紧接特别程序性质之后应当明确的内容。

---

① 实际上，根据最高人民法院《解释》第二十二章和第二十三章的内容，最高人民法院完
全把这两种特别程序当作诉讼程序来进行解释。如，第 515 条规定的没收违法所得的庭
审程序中同样有法庭调查、法庭辩论等程序，和普通审判程序内容基本相同。再如，第
518 条规定了对不服第一审没收违法所得或者驳回申请裁定的上诉、抗诉案件，二审法院
应当维持原裁定或者撤销原裁定、发回重新审判，这些做法同普通诉讼程序中二审法院
对待上诉或抗诉案件的做法没有本质的区别。

我国特别程序的适用范围受到了很多因素的影响。"新《刑事诉讼法》关于特别程序的规定，着眼于控制犯罪和保障人权目标之间做出平衡，是我国刑事诉讼法律制度渐趋完备的体现，适应我国刑事司法发展的基本趋势，更加符合联合国刑事司法准则的要求。"① 随着刑事司法水平的提高，刑事犯罪的处理模式开始多样化，原本单一的刑事案件处理手段已经落后，传统的控辩审三方参与的诉讼模式无法满足审判实践的需要，这是世界性难题，因此，"创设特别程序是包括中国在内的世界主要国家的刑事司法程序，回应社会治理、犯罪控制工作日益复杂、多元的挑战所作出的必要调整"。② 虽然我国当前立法已经将特别程序的范围规定为未成年人诉讼程序等四个特别程序，立法在短时间内也不会做出重大调整，但这不妨碍我们对特别程序适用范围的合理性进行进一步研究。通过域外比较可以发现，我国当前刑事特别程序的适用范围相对保守，还有继续拓展的空间。

(一) 域外立法考察

世界上不少国家的刑事诉讼法都设有特别程序，不过对适用范围的规定有很大的差异。

法国《刑事诉讼法》对特别程序非常重视，法典第四卷标题为"几种特别诉讼程序"，法国特别诉讼程序的最大特点是条文多、覆盖面广。第四卷共有二十一编，篇幅接近整个刑事诉讼法典的 1/4。在这二十一编中，除了在第十三编"经济、金融犯罪案件的追诉、预审及审判"、第十五编"恐怖活动罪的追诉、预审与审判"、第十六编"贩毒案件的追诉、预审与审判"等编章中，对经济与金融犯罪、恐怖活动罪、贩毒、淫媒谋利罪等特殊类型案件的诉讼程序做出了规定，还将其他国家通常在普通程序中规定的刑事诉讼中的一些常见特殊情形都在特别程序中进行了规定，如第五

---

① 宋英辉、茹艳红：《刑事诉讼特别程序立法释评》，《苏州大学学报》（哲学社会科学版）2012 年第 2 期。

② 陈卫东：《构建中国特色刑事特别程序》，《中国法学》2011 年第 6 期。

编"指定管辖"、第七编"回避"、第二十一编"保护证人"和第二十三编"在刑事诉讼程序中电讯手段的使用"等。此外,"与国际刑事法院的合作""国际司法协助"等内容也被纳为特别程序。① 可以看出,尽管法国是一个成文法国家,但他们对特别诉讼程序的概念并不严谨,内涵过于宽泛,无论是特殊刑事案件的处理还是刑事诉讼中的特殊情况都有可能成为特别程序的内容。

德国《刑事诉讼法》中第六编规定了"特别种类程序",条文较为简洁,只有五章内容,分别规定了五种特别程序:处罚令程序,保安处分程序,简易程序,没收、扣押财产程序和对法人、社会团体处以罚款程序。德国刑事诉讼特别程序的最大特点是内容非常全面,不仅涵盖了传统的刑事诉讼程序内容,而且纳入了保安处分的内容。这主要是为了与该国的刑事实体法相衔接,将保安处分程序纳入刑事特别程序中,既是对保安处分的刑事制裁性特点的承认,又尊重了保安处分程序处理的特殊性。"我们的实体刑法乃采双轨制,对违法行为除了规定强制处罚的法律效果之外,亦规范了预防性的保安处分措施(《刑法》第 61 条以下),在诉讼程序之范围内,除了原有的刑事诉讼程序外,尚规范了一特别的、所谓的保安处分程序(《刑诉法》第 413 条至 416 条)。"② 此外,德国还将各种形式的简易审理都纳入特别程序中,如第二章 a"简易程序"是各国都有的,与一般普通程序审理相对应的简易审理程序,第一章"处罚令程序"则是处理轻罪案件特殊的简易程序。

在英美法系中,刑事诉讼的特别程序在刑事司法中占有重要地位,由于立法习惯的原因,许多英美法系国家没有刑事诉讼法典,但是他们在已有的各种成文法中规定了众多的特别程序条款,而且在立法的细节上,某些成文法程序规定详尽,内容全面、细致,紧跟司法实践,对我们的启发作用较大陆法系国家的法典有过之而无不及。例如,在英国《2003 年刑事

---

① 《法国刑事诉讼法典》,罗结珍译,中国法制出版社,2006,第 379～529 页。
② 〔德〕克劳斯·罗科信:《刑事诉讼法》(第 24 版),吴丽琪译,法律出版社,2003,第 596 页。

审判法》中，到处可见标明为"补充规定""其他规定"的内容，该法律的第十三部分整个标题即为"其他规定"，其中"对恐怖分子的羁押""个别管教令"等规定，和大陆法系国家的特别程序有高度相似之处，而且具体程序设计很有独到之处。① 美国的立法也是如此，在《美国联邦刑事诉讼规则》中，表面上看，以"补充诉讼和特别诉讼"为标题的第九章内容只有三条，分别为第 40 条"提交另一地区"、第 41 条"搜查和扣押"、第 42 条"刑事藐视法庭（罪）",② 虽然美国这三条立法的规定本身非常详细，但条文涵盖的内容明显偏窄，只是对侦查阶段某些特殊情况的说明，没有包含任何审判程序的特别立法。这并不说明美国不注重特别程序，也并不说明美国司法中没有特别程序的情况出现（譬如美国的"辩诉交易"制度非常有名），只是立法习惯的差异导致美国并没有刻意在《美国联邦刑事诉讼规则》这一成文法典中用系统的、集中的方式对特别程序做出规定。实际上，为了应对刑事司法中的新情况，英美法系国家更喜欢通过综合性立法和创设判例等方式确立刑事诉讼中特殊程序的内容。例如，为了应对"9·11 事件"之后反恐的需要，美国国会于 2001 年通过了《爱国者法案》，这一法案发展了大量反恐内容，其中第二章"加强监视程序"确立了针对恐怖活动的侦查行为的特殊处理，如放宽了官方获得互联网和电子邮件信息的条件，降低了获取声音电子邮件的程序难度等。③ 综上，我们可以认为，英美法系国家的特别程序立法覆盖范围非常全面，而且能够与时俱进，如有必要，他们经常针对某一特殊诉讼行为或特殊对象进行专门立法。

值得注意的是，随着刑事案件处理程序越来越精细化，在特别程序的立法形式上，不仅在英美法系国家，其他很多国家和地区也不局限于修改刑事诉讼法典，进行单独立法也是一种常见的重要立法方式。例如，进入

① 《英国 2003 年〈刑事审判法〉及其释义》，孙长永等译，法律出版社，2005，第 75 页。
② 《美国联邦刑事诉讼规则和证据规则》，卞建林译，中国政法大学出版社，1996，第 78 ~ 83 页。
③ 陈光中主编《21 世纪域外刑事诉讼立法最新发展》，中国政法大学出版社，2004，第 213 页。

21世纪之后，日本进行了第三次司法改革，特别重视程序完善对精密司法的影响，"即使在实体法上有处罚规定，如果在诉讼程序上不能认知犯罪、不能收集证据、缺乏认定证据的证据能力，那么就不能有效地处罚犯罪，实体法也等于纸上谈兵"。^① 在2002年内阁会议决定的《日本司法制度改革促进计划》中，为了达到刑事审判充实与高效化等目的，日本拟在扩大证据公开、确保连续开庭、完善嫌疑人及被告人的公助辩护制度、授予检察审议会议一定的法律约束力等方面建立诸多制度，这些制度均要"通过提出相应的法案"的方式来落实。^② 从这一角度来说，日本的做法和英美法系国家越来越相似。在我国台湾地区，过去的十余年间对"刑事诉讼法"进行了多次较大规模的修改，虽然实践中有着诸多的需求，但是他们并没有通过对"刑事诉讼法"中增加特别程序条款的形式来规定特别程序的内容，^③ 而采取了专门立法的方式。

（二）我国特别程序的范围

从整体上审视立法，当前刑事诉讼中确立的四个刑事特别程序从不同方面满足了我国刑事诉讼处理特殊情况的需要，是诉讼法治的明显进步，因此，尽管在内容细节上还有较多不完善之处，但学界和实务界基本上对我国能够确立这四个特别程序给予了高度评价。笔者亦认为我国特别程序的范围契合国情，但根据民事诉讼研究成果的启示及其他国家和地区的立法经验，笔者认为我国刑事特别程序的立法范围还有修改和调整的余地。

第一，特别程序的范围可以随着司法实践的需要而不断调整。特别程序是对普通程序的补充，司法实践中一旦出现普通程序无法包容的新问题、新情况，都可以通过特别程序反映出来。这一点在民事诉讼程序特别

---

① 〔日〕田口守一：《经济犯罪的侦查和审判程序》，载〔日〕西原春夫主编《日本刑事法的重要问题（第2卷）》，金光旭等译，中国法律出版社、日本成文堂，2000，第98页。

② 日本此方面的改革内容具体可见最高人民检察院法律政策研究室组织编译《支撑21世纪日本的司法制度——日本司法制度改革审议会意见书》，中国检察出版社，2004，第139页。

③ 直到本书成稿为止，我国台湾地区"刑事诉讼法"仍然没有将特别程序作为独立的章节加以规定。

立法上有较明显的体现：1991 年通过的《中华人民共和国民事诉讼法》（以下简称《民事诉讼法》）以"特别程序"为章节标题，规定了选民资格案件、宣告失踪或者宣告死亡案件、认定公民无民事行为能力或者限制民事行为能力案件和认定财产无主案件等五种特别程序。到了 2012 年，《民事诉讼法》修订时大幅调整了特别程序的范围，增加了确认调解协议案件和实现担保物权案件两类特别程序，这两点正是我国民事司法实践中急需的内容。正如上文所论述，世界各国的刑事特别程序都在随着司法实践的需要而不断地调整和完善，实际上，我国此次设置特别程序本身就反映了立法对司法实践中保护未成年人利益、打击腐败等客观需求的积极回应。正是因为这一原因，相较于普通诉讼程序，我国特别程序的调整和修改应该更加积极。

第二，特别程序的内容不应当拘泥于刑事诉讼法的框架。我国一直坚持用刑法典加修正案的形式来完善刑事实体立法，刑法学界对此颇有争议。早在 1997 年，张明楷教授就认为刑法典、单行刑法和非刑事法律中的罪行规范在内容上应当是各有分工，各自发挥作用，没有必要将一切犯罪均规范在刑法典中。① 齐文远教授更是直言，刑法立法的单轨制是我国刑法结构厉而不严的重要原因，没有一个国家试图用一部刑法典涵盖所有的刑事实体法内容，这种立法体例目前只在我国存在。② 从这些争论可以看出，刑事实体法内容的复杂性是毋庸置疑的。实现刑法的工具作用一直是诉讼法的主要功能之一，刑法的复杂化必然会引发处理程序的复杂化。众所周知，在涉及恐怖活动犯罪、金融犯罪、破产犯罪、有组织犯罪、毒品犯罪和环境犯罪等众多案件中，案件对侦查、起诉等程序性内容已经提出了一些新的要求。当前，此类案件的处理基本上没有得到特别的重视，它们的处理方式和普通刑事案件往往没有区别，这已经引发了各种各样的问题。

---

① 张明楷：《论修改刑法应妥善处理的几个关系》，《中外法学》1997 年第 1 期。
② 齐文远、刘代华：《关于〈中华人民共和国刑法修正案〉第 1 条的研讨》，《法商研究》2001 年第 2 期。

基于以上两个论断，笔者认为，我国的刑事特别程序在范围上还有较大的发展空间，值得特别关注的是，劳动教养制度已经被废除，我国可以将劳动教养留下的部分空白纳入诉讼特别程序中。这种改革已有先例，现有的第四种刑事特别程序"依法不负刑事责任的精神病人的强制医疗程序"就是把公安机关的行政决定程序转变为司法审查程序，将公安机关的强制医疗决定权转移至法院，这使原本存在明显法理瑕疵的强制医疗决定主体、决定程序等问题迎刃而解，使原本陷入合法性危机的强制医疗程序获得了新生。

三 特别程序的立法技术——重视条文的协调性

一直以来，由于学科间的沟壑及研究重点的偏移，我国刑事诉讼法学界比较忽视对立法技术的研究。① 不过由于特别程序是《刑事诉讼法》中的新设制度，而且原创性强，加上学界对本次修法中推出特别程序的立法前期探讨相对来说并不充分，因此我国的特别程序立法技术问题值得专门研究。② 笔者认为，刑事特别程序立法技术应当特别重视条文的协调性，即内部和刑事诉讼法其他条文的契合，外部与刑事实体法相关条款的衔接。

（一）与刑诉法其他条文的契合

特别程序作为诉讼程序的一种，法律规定不可能非常详尽，所以特别程序一般都会写明程序中未明确的事项应当参照普通程序的条款进行，这样会较为妥善地协调特别程序和普通程序之间的关系。譬如，俄罗斯《刑

---

① 在中国知网上，以"刑事诉讼、立法技术"为篇名关键词进行的搜索中，只有陈瑞华、万毅、牟军和陈雄飞等人的少数文章和刑事诉讼立法技术问题相关，有关刑事诉讼法立法技术问题的论著更是稀缺。

② 在2012年法律修订之前，民间很多学者提出了建议稿，但基本上没有提出设置特别程序，即便是有个别建议稿中提出了特别程序，其内容和立法最终确立的特别程序差异也相当大，如中国人民大学陈卫东教授主编的《刑事诉讼法模范法典》（中国人民大学出版社，2005）中规定了"第六编特别程序"，但内容为单位犯罪特别程序、未成年人案件诉讼程序及涉外案件诉讼程序。

事诉讼法》第四部分为"刑事诉讼的特别程序",其中作为特别程序之一的"未成年人刑事案件的诉讼程序"一章在开篇的第 420 条就规定:"未成年人实施犯罪的刑事案件的诉讼,依照本法典第二部分和第三部分规定的一般程序进行,但未考虑本章规定的除外。"[①] 这种做法在我国诉讼法的立法上也有先例可循,2012 年《民事诉讼法》修订之前,虽然法典中早已确定了特别程序,但并没有对民事特别程序和民事普通程序的关系进行明文规定,造成了一些操作上的混乱,故而,2012 年修法时,民事特别程序中专门设置了一节"一般规定",其中第 177 条明确了特别程序和普通程序的关系:"人民法院审理选民资格案件、宣告失踪或者宣告死亡案件、认定公民无民事行为能力或者限制民事行为能力案件、认定财产无主案件、确认调解协议案件和实现担保物权案件,适用本章规定。本章没有规定的,适用本法和其他法律的有关规定。"

《刑事诉讼法》在确立特别程序时似乎已经意识到特别程序和普通程序之间关系协调的重要性,但这种认识并不全面。在"未成年人刑事案件诉讼程序"中,第 276 条有明文规定"办理未成年人刑事案件,除本章已有规定的以外,按照本法的其他规定进行",但在其他三个特别程序中没有此类说明。这种立法方式给实务部门适用法律带来了较大的疑问,当司法机关在执行其他三个特别程序时如果法无明文规定,是否可以按照《刑事诉讼法》的其他条款进行? 实际上,由于篇幅所限,我国特别程序的相关条款规定比较原则,公检法的司法解释对具体的操作进行了部分细化,但从立法的精确性目的出发,确有必要在刑事特别程序中加上类似"本章未规定事宜,适用本法其他条款"的统率性条款。

另外,刑事诉讼特别程序的规定不应当出现和刑事诉讼其他条款重叠、不一致甚至矛盾之处。这些立法细节上的问题在当前立法中也并没有完全杜绝。例如,作为一个诉讼程序,特别程序应当具有救济性,但在"当事人和解的公诉案件诉讼程序"中并没有提及和解的救济问题,最高

---

① 《俄罗斯联邦刑事诉讼法典》(新版),黄道秀译,中国人民公安大学出版社,2005。

人民法院和最高人民检察院的司法解释细化了和解的范围、和解的程序等内容，但是仍然没有明确规定出现国家机关违反法律规定时当事人的救济途径。再如，在"犯罪嫌疑人、被告人逃匿、死亡案件违法所得的没收程序"中，犯罪嫌疑人、被告人的近亲属和其他利害关系人以及人民检察院对裁定不服的，可以上诉或者抗诉。但是在"依法不负刑事责任的精神病人的强制医疗程序"中，法律规定法院的处理方式是决定，救济方式是向上一级法院申请复议。两个程序一个涉及财产，一个涉及自由，在救济程序上，后者却不如前者有力，这种做法并不符合基本的处事逻辑。

（二）与实体法律的衔接

在 2012 年《刑事诉讼法（修正案）》的草案推出之后，有刑法学者撰文抨击，声称此次刑事诉讼特别程序的修法没有很好地处理程序法和实体法的关系，"就法律功能定位而言，刑事诉讼法中不应创设有关刑罚权的作用范围及其强度的规范"。[①]

我国的特别程序条款中确实有较多明显涉及实体处分的内容。例如，"当事人和解的公诉案件诉讼程序"中的第 277 条规定，"犯罪嫌疑人、被告人在五年以内曾经故意犯罪的，不适用本章规定的程序"，这一规定属于比较典型的实体处分，"五年以内曾经故意犯罪"的内容和刑法中对累犯的规定非常相近。而在以往，这些内容都是通过刑事实体法加以规定。例如，《刑法》第 74 条规定对于累犯和犯罪集团的首要分子不适用缓刑，第 81 条规定对于累犯不得假释等。故而由《刑事诉讼法》来规定"五年以内曾经故意犯罪"的犯罪嫌疑人、被告人不适用当事人和解的特别程序似乎并不妥当，没有实现程序法和实体法的无缝对接。

此外，我国特别程序的有关立法也印证了我国实体立法的不足，在"依法不负刑事责任的精神病人的强制医疗程序"中，我国实行司法审查的强制医疗决定方式具有法理上的先进性，但问题是我国实体法中找不到

---

① 时延安：《刑事诉讼法修改的实体法之维》，《中国刑事法杂志》2012 年第 1 期。

相对应的内容，程序上的进步似乎有无源之水、无本之木的嫌疑。其他国家类似的程序性立法无不具有实体法上的扎实依据。在德国，《刑事诉讼法》中的保安处分条款不仅有刑事实体法的支撑（法典第三章第六节"矫正与保安处分"），而且还符合邦法及警察法的规定及原则。① 但在我国，精神病人的强制医疗问题，不仅刑法典中没有规定，而且 2012 年 10 月 26 日通过的《中华人民共和国精神卫生法》这种行政法律中也没有提及。当然，不能由此直接认定我国刑事程序法此处的规定并不妥当，只是我们认为，某些刑事诉讼程序的改进也可以提示我们刑事实体法应当及时进行修改，以满足时代的需要。

《刑事诉讼法》修订的时间不久，法律条款的施行效果还没有得到充分反馈，刑事特别程序的运作还有待进一步观察。本书从宏观视角审视了刑事特别程序的一些基本问题，由于资料收集等客观原因的局限性，很多问题还没有显现出来，待到条件具备，我们还可以就刑事特别程序的制度性等问题开展后继研究。②

第四节　基于促成认同的鉴定意见采信制度优化

随着人类文明的进步，刑事诉讼对指控犯罪证据的要求不断提高，DNA 鉴定等现代科学技术对刑事裁判事实具有极强的证明能力，科技证据在诉讼中发挥越来越大的作用，"今日刑事审判不应再只重自白，而应重视物证，尤其借法科学进行采证取得之物证，亦即科技证据"。③ 鉴定意见可被称为新时期的"证据之王"，其在明晰案情，赢得信任方面起到了至关重要的作用。但从 2003 年湘潭黄静案起，鉴定意见的权威性开始受到公众的

---

① 〔德〕克劳斯·罗科信：《刑事诉讼法》（第 24 版），吴丽琪译，法律出版社，2003，第 597 页。

② 本节内容为与导师张泽涛教授合作研究成果。

③ 蔡墩铭：《刑事证据法》，台湾：五南图书出版公司，1997，第 4 页。

质疑，近年来，我国启动鉴定意见制度的再次改革。笔者认为，当前我国鉴定意见采信制度问题颇为严重，此处改革应当尤为重视程序的公开性和公正性，以赢得社会公众的信任和支持作为改革的指导思想之一。以下详细论述之。

一　遭遇信任危机——当前鉴定意见制度发展方向遭遇挑战

我国的鉴定意见制度具有典型的大陆法系特点，就立法思路来看，大陆法系模式仍然是我国鉴定意见制度的发展方向。我国刑事诉讼程序在不断进步的同时植入了大量的对抗式因素，其中一些内容和现有的鉴定意见制度并不兼容，而是相互抑制，甚至有可能引起针对鉴定意见的采信危机，故而这一现象值得引起学界的重视。

（一）我国鉴定意见制度具有典型的大陆法系特点

2000 年，司法部制定了《司法鉴定机构登记管理办法》和《司法鉴定人管理办法》；2005 年，全国人大常委会颁布了《关于司法鉴定管理问题的决定》；2007 年，司法部颁布《司法鉴定程序通则》。之后，我国的司法鉴定领域再没有出台"重量级"的规范性法律文件，而是沿着 2005 年立法设定的线路一直稳步发展。2012 年，我国《刑事诉讼法》和《民事诉讼法》修订之时，先后将证据种类中的"鉴定结论"一致修改为"鉴定意见"，根据立法者的释义，这一修改也是为了与 2005 年《关于司法鉴定管理问题的决定》的立法保持一致，并不具有太多的制度创新意义。[①]多年来，我国的司法鉴定整体工作在规范化和制度化的建设上取得了相当大的成绩，根据权威媒体的表述，截至 2012 年，"自《关于司法鉴定管理问题的决定》颁布实施以来，经过几年的发展，我国司法鉴定统一管理体

[①]　立法者的立法说明中有明确表述，这次修订就是为了和 2005 年的立法"相一致"，具体可参见全国人会常委会法制工作委员会刑法室编著《〈中华人民共和国刑事诉讼法〉解读》，中国法制出版社，2012，第 104 页。

制已经形成"。①

我国刑事诉讼程序整体上带有比较明显的大陆法系特点。从立法规定看,司法鉴定体制和大陆法系国家的鉴定意见制度非常相像。与英美法系国家的专家证人制度相比,大陆法系国家的鉴定意见制度重点在于强调鉴定机构和鉴定人的中立、公正和权威,对证据本身的可采性问题重视程度不够,立法较为薄弱。在我国,制度改革的大趋势也是沿着大陆法系鉴定意见制度的道路前进。譬如,2005 年司法部的立法是对原有的两个规章进行专门修订,"修订后的两规章与原规章相比较,最大的创新是加强了对司法鉴定人和司法鉴定机构执业活动的监督检查"。② 再如,2010 年有关非法证据排除和死刑案件证据的两个司法解释中,③ 起草者试图加强对法官适用鉴定结论科学性的引导,但最终是否采信鉴定意见主要还是落脚于对鉴定机构和鉴定人的评价上。可以认为,今后相当长的时间内,大陆法系国家传统的鉴定意见制度会是我国相关制度的学习对象。

(二) 现有制度不适应对抗式庭审的弊端逐渐显现

作为一种高科技含量十足的证据,鉴定意见看起来很"高大上",再加上鉴定人基本上是由国家机关"指派、聘请",因此即便在法庭上有质证和辩论环节,鉴定意见也很容易赢得法官的信任。而法官的信任不代表当事人和社会公众也承认鉴定意见的权威性,在当前司法公信力不高的情况下,我国通过审判公开、检务公开等方式加强司法透明性,但对鉴定意见的采信问题并没有做出与其他证据相区别的特殊规定,实际上出现了一个司法公开的"黑洞",有鉴于此,对鉴定意见的不信任已经成为司法实

---

① 赵阳、曾敏:《我国司法鉴定统一管理体制已经形成》,《法制日报》2012 年 11 月 22 日。

② 于呐洋:《创新之处在于监管——访司法部副部长范方平》,《法制日报》2005 年 9 月 30 日。

③ 两个司法解释是指最高人民法院、最高人民检察院、公安部、国家安全部和司法部 2010 年 6 月 13 日联合颁布的《关于办理死刑案件审查判断证据若干问题的规定》《关于办理刑事案件排除非法证据若干问题的规定》。

践中的常见现象。

例如，2014 年 12 月 13 日，太原市公安局小店分局龙城派出所民警在处理"龙瑞苑"工地纠纷期间发生了一起河南籍周姓民工非正常死亡案件。案件发生后，一则"警察打死讨薪女民工，倒地后仍遭脚踩头发"的图片消息在网络上广泛传播，引发网民的高度关注。2014 年 12 月 30 日凌晨，太原市人民检察院对涉案民警王某以涉嫌滥用职权罪批准逮捕。12 月 31 日，对涉案民警郭某、任某以涉嫌滥用职权罪立案侦查并刑事拘留。在对死者死因的确认上，死者家属并不信任官方指定的鉴定机构。为此，太原市人民检察院于 2015 年 1 月 3 日表示，为确保司法鉴定的科学性、客观性和公正性，在鉴定过程中，检察机关将依法通知死者家属到场，并对尸体检验过程全程同步录音录像。①

特别值得重视的是，随着我国律师辩护能力的不断提高，辩护人也开始采用各种方式对鉴定意见制度发起冲击，当前的鉴定意见制度由于缺乏采信标准的相关规定，在庭审中，鉴定意见对律师的各种"进攻"并没有做好充分的准备。2013 年发生的"复旦大学投毒案"就是一个典型案例。2013 年 4 月 16 日，复旦大学发生了 2010 级硕士研究生黄洋遭室友林森浩投毒后死亡事件。② 10 个月后，上海市第二中级人民法院以故意杀人罪判处林森浩死刑。林父对一审判决不服，当庭提出上诉。2014 年 12 月 8 日上午 10 时，该案在上海市高级人民法院进行二审开庭审理。上海市人身伤害司法鉴定委员会某位专家作为鉴定人，述称经过鉴定，黄洋死亡原因系二甲亚硝胺中毒引起急性肝衰竭继发多器官功能衰竭。具有里程碑意义的一幕出现在本案庭审中：有着 31 年从业经验的法医胡志强接受辩方邀请，以个人名义作为"有专门知识的人"出庭的胡志强提出，黄洋死亡原因是爆发性乙型病毒性肝炎致急性

---

① 该案相关消息参见太原市人民检察院网站"检察快讯"栏目的《太原市人民检察院"12·13"案件进展情况通报》等新闻，http：//www.taiyuan.jcy.gov.cn。

② 本书中有关该案的各种新闻报道，集中参见新浪网专题报道《复旦大学投毒案二审，被告人一审被判死刑》，http：//news.sina.com.cn。

肝坏死，多器官衰竭死亡，根据当前检测报告，认定黄洋中毒致死缺乏依据，通过病理检测，确定死亡性质是中毒并且是特定二甲基亚硝胺中毒，是"不客观不科学的"。这一颠覆性的观点立即引起了社会各界的广泛讨论。

当然，由于不符合证据的法定形式要求，二审中法官当庭表明胡志强所说的内容不属于《刑事诉讼法》中明文规定的鉴定意见，应该作为对鉴定意见的质证意见，不能单独作为定案依据。不过毫无疑问，"有专门知识的人"对案件中鉴定意见的撼动是显而易见的，法庭必须对其质疑予以回应。在本案中，控方尽可能地对胡志强的言论进行了回应，但这种反驳基本上处于一种无规则的状态。① 事实上，在刑事诉讼中发表专家言论并不是新鲜事物，当年"沈阳刘涌案"中的"法律专家意见书"就曾引起过激烈讨论，但是官方当时也并没有予以解释。

2012 年修订的《刑事诉讼法》第 192 条第 2 款规定："公诉人、当事人和辩护人、诉讼代理人可以申请法庭通知有专门知识的人出庭，就鉴定人作出的鉴定意见提出意见。"这昭示着今后刑事诉讼中的鉴定意见将会遭遇越来越多的挑战。

在当前，我国司法的社会公信力较低，一旦代表权威的鉴定意见受到较为合理的质疑，这种阴影很容易被人为放大。如果我国的刑事证据体系继续忽视鉴定意见的可采性问题，任由"有专门知识的人"对它进行挑战，很可能会在不少案件中影响公众对案件认定事实的接受性。笔者认为，我国应当认真研究现有发展道路上大陆法系国家鉴定意见制度的缺陷，只有认识到这种缺陷，才能避免有可能出现的各种乱象，少走弯路。

---

① 例如，检方从法医胡志强的专业资质、出具的相关检验报告引用的相关学术论文、动物实验和人体之间是否有差别等对胡志强提出了质疑。检方同时认为，胡志强的结论主要依据的是文书、报告等，没有参与尸体解剖。例如，"能不能认为你对原来的尸检过程获取的证据是认可的，只是不认可它的结论？""如果你连尸检获取的证据也不认可，根据它出具结论不觉得是矛盾的吗"等。

二　大陆法系鉴定意见制度可采性之规定

（一）大陆法系证据可采性的一般做法

从整体上而言，鉴定意见的可采性规定包含在一般性的证据可采性规定之中。因此，对大陆法系鉴定意见的可采性特点的研究应当依托于对证据可采性的整体认识。

大陆法系和英美法系在证据规则的设置上有很大不同，英美法系国家的证据规则是为了引导陪审团，在大陆法系国家，各种证据制度却是为了辅助专业司法官员。一般说来，英美法系国家的证据采纳标准比较严格，而大陆法系国家的证据采纳标准比较宽松。"按照大陆法系国家的司法传统，法律并不对证据的采纳做出明确的限制性规定，换言之，凡是对案件事实具有证明价值的证据都可以采纳为诉讼中的证据。"① 这一点几乎成为大陆法系在证据法领域的共性。

可以说，出于对法定证据制度的排斥，大陆法系国家和地区在职权主义背景下着重强调了自由心证制度，将证据的采纳和采信的权力更多赋予了法官。如我国台湾地区的立法，"我刑事诉讼法对于证据之种类未设有何限制，举凡被告之自白，证人之证言，鉴定人之鉴定，被害人之陈述，告诉人或自诉人之陈述，物件之状态及文书之意义等，均得为证据材料。此项证据，其证明力如何，并采自由心证主义，许裁判官自由裁判之"。② 一般认为，现代大陆法系的自由心证继受了传统自由心证制度之合理因素，法官根据法律和证据法则的规定，用自己的知识和经验去对各种证据材料进行主观上的判断，形成最终的事实认定结果。换言之，大陆法系国家处理证据力问题主要依靠的是法官的内心自律而不是外部法律的制约。

---

① 何家弘、姚永吉：《两大法系证据制度比较论》，《比较法研究》2003 年第 4 期。
② 陈朴生：《刑事证据法》，台湾：三民书局，1983，第 250 页。

(二) 大陆法系鉴定意见可采性的专门规定

在大陆法系，理论上，作为证据的所有材料都可以在法庭上提出，但如果不对证据材料进入法庭设立准入门槛，那么庭审中将会充斥着各种各样非法的、不具证据能力的证据材料，这将会对诉讼效率产生巨大的冲击。因此，大陆法系国家一般从证据采集的合法性和证据证明的相关性两个方面对鉴定意见的可采性加以立法规制。但是和英美法系国家的专家证人制度中繁杂的证据适用规则相比，大陆法系的鉴定意见制度更多依靠的是对鉴定人自身资格和信誉的认可和对法官职业道德的信任，具体的鉴定意见采信的制度构建并不是大陆法系国家的特长。

1. 鉴定意见合法性规定的考察

在大陆法系国家中，德国对证据采集的合法性规定最为详细，立法以禁止性的规定列出，主要集中在《刑事诉讼法》第十章"讯问被指控人"中。需要指出的是，相比英美法系国家的详细规定，德国的证据采集合法性的立法还相当不成熟。例如立法的主要内容只是规定了自白制度，实物证据和"毒树之果"则基本空缺。不过在鉴定意见上，德国的立法在形式上对科技证据在刑事诉讼程序中的适用设置了门槛，对可以采信的科技证据的表现形式有一定的要求。例如，按照直接言词规则的规定，鉴定人应当在法庭上陈述自己的鉴定意见，法典第 251 条规定，只能在极少数情况下，才可以"亦通过宣读先前法官询问的笔录代替"。如果鉴定意见的表现形式不符合法律程序的有关规定，那么就不会具有可采性，不能成为定案的依据。当然，这种对科技证据可采性规定远不如美国的 Frye 标准或者 Daubert 规则那么详尽。

在法国，根据其《刑事诉讼法》第 166 条至第 169 条的规定，鉴定结束时鉴定人即起草一份报告，该报告应包括对鉴定活动的介绍以及鉴定意见，鉴定人应在鉴定报告上签字，这份报告的结论会被预审法官用多种方式告知给当事人及其律师，鉴定报告的全文也可以应当事人律师的请求用挂号信的方式进行通知。和德国有所不同，在有必要的情况下，鉴定人在法庭上先进行宣誓，在表示会本着自己的良心与名誉为司法提供协助之后，再介绍其进行的技术性鉴定活动的结果。审判长依职权，或者应检察院、当事人或者其辩护人的请求，向鉴定人提出属于其任务范围的问题。[①]

法国《刑事诉讼法》对违反程序规定的证据排除问题同样有着比较详细的规定。该法专门规定了侦查无效的若干情况。在具体操作中，非法取得的实物证据和言词证据都是被排除的。但和德国相同，该法同样没有对鉴定意见的合法性做出直接的立法规定。

综上可以认为，大陆法系国家对科技证据的可采性有一些表现形式上的基本要求，这种规定主要通过非法证据排除、直接言词等其他规则表现出来，而且指向所有的证据材料。

2. 鉴定意见相关性规定的考察

如果说要求鉴定意见具有合法性只是一种初步的规范，那么证据的相关性问题则是对科技证据可采性的实质性要求。在某一案件中，法官为什么采信 A 科技证据而不采信 B 科技证据，对这种问题做出清晰的解释并不是一件轻松的工作。

由于审判人员是由专业法官组成，大陆法系国家普遍认为证据相关性问题属于法官自由心证的范畴，各国立法对此基本上不做过多的制度性约束，学者的研究往往也回避这一部分的内容。但回避并不能抑制问题的出现。达马斯卡教授认为："随着人类感官察觉的事实与用来发掘感官所不能及的世界的辅助工具所揭示的真相之间鸿沟的扩大，人类感官在事实认定中的重要性已经开始下降。"[②] 面对复杂的科技证据，到目前为止，大陆法系各国仍然没有形成系统的相关性规则，这不能不说是一种遗憾。实践表明，高度抽象的自由心证在科技证据面前是否能够发挥传统的作用是值得质疑的。

以法国为例，法国《刑事诉讼法》第 304 条对陪审员心证做了规

---

① 有关法国刑事诉讼制度的规定参见《法国刑事诉讼法典》，罗结珍译，中国法制出版社，2006。

② 〔美〕米尔建·R. 达马斯卡:《漂移的证据法》，李学军等译，中国政法大学出版社，2003，第 200 页。

定："审判长向审判员发表以下致词，陪审员应脱帽起立：'你们要宣誓并承诺，以极其认真的态度审查对××提起指控的各项罪状，既不背弃被告人的利益，也不背叛对被告人提出指控的社会以及被害人利益；不与任何人沟通联系，直至你们公开声明，既不为仇恨或恶意所支配，也不因畏惧或仁爱而动摇。与此同时，向你们重申：被告人被推定无罪，并且疑罪有利于被告。你们应当本着良心与内心确信的原则，用一个自由的、公正的人所应有的坚定信念和不持偏见的态度，根据罪状及辩护方提出的理由，自行做出决定，并且保守评议秘密，即使在你们停止担任陪审员的职务以后仍应当如此。'" 从该条文的规定可以看出，对证据的采信完全凭借陪审员的自由心证。当然，立法对法官也了同样的规定（参见该法第 353 条）。

法典对自由心证是没有实质性约束的。法国《刑事诉讼法》第 427 条第 2 款规定："法官只能以在审理过程中向其提出的、并在其当面经对席辩论的证据为其做出裁判决定的依据。" 由于这一条的第 1 款规定："除法律另有规定外，犯罪得以任何证据形式认定，并且法官得依其内心确信做出判决。" 科技证据当然属于"任何证据形式"的范畴。

德国《刑事诉讼法》对自由心证的规定同样比较抽象。法官在自由心证原则下只受到思考及经验法则的限制。但面对复杂的科技证据，法官的经验法则会受到很大的局限，一个普通法官很难有足够的理由对两份对象同一，但结果截然相反的复杂医学鉴定意见进行取舍。不少德国法学家已经认识到科技证据对自由心证的挑战。例如，学者 Puppe 于 1994 年提出解决方案，对科技证据，法官可运用某项"虽在经验上尚存争议性，但是终究是已通过良好的证实，并且为该学术领域相当多数专家所公认的一般法则"。[①] 这和美国 Frye 案例确定的"普遍接受标准"的精神是一致的，但这只是德国学者提出的"参考的解决方法"而已，还远没有被德国立法和

---

① 〔德〕克劳斯·罗科信：《刑事诉讼法》（第 24 版），吴丽琪译，法律出版社，2003，第 121 页。

司法实践所接受。

三　大陆法系鉴定意见采信规定的缺陷

尽管大陆法系的自由心证制度自成体系，有着一整套较完善的制度规定，但这不能掩盖时代发展、科技进步给传统证据采信制度带来的挑战。大陆法系对鉴定意见制度规定的一些不足在某些时候很可能会集中显现。当前，笔者认为，大陆法系鉴定意见采信制度主要有以下三个明显缺陷，尤其值得我国在相关制度完善时加以关注。

（一）动摇了自由心证的权威性

根据德国学者的观点，作为欧陆国家经历革命时代所取得的重要成果"自由心证"原则，如果审判法官将其拱手送给不具有司法裁判合法地位的鉴定人，在主流的意识形态中，势必难以被接受。[1] 当鉴定人做出鉴定意见时，如果法官对鉴定意见过分依赖，那么这和鉴定人分享了法官的裁判权没有什么太大的区别。

根据法律的规定，对鉴定意见的审查是由法官根据经验依照自由心证原则来进行。按理来说，法官应当对鉴定意见的逻辑性和科学性进行审查。根据心证公开理论，法官不采纳鉴定意见的，必须说明理由。对一般的证据而言，法官的生活经验足以形成相对准确的判断。但对鉴定意见的判断，大部分法官不是该领域的专家，无法有理有据地解释判决理由，这最终将会影响判决结果的说服力。罗科信教授很超然地指出："法院对鉴定人所完成之鉴定必需自由再加以独立的判断、确信。不得任由鉴定人的鉴定结果不经检验即用于判决中。在判决理由中必需令人能识别，法院独立完成了该案之证明的评价（即心证），从而第三审的法院才能就法律层

---

① 张丽卿：《司法精神医学——刑事法学与精神医学之整合》，中国政法大学出版社，2003，第 279 页。

面加以审核。否则，如果法院不采用鉴定人的判断时，必需将其所以不同意该项鉴定之理由以可以审核之方式表明之。"① 这种观点在司法实践中其实很难实现。有学者提出了质疑："这里存在的一个问题是：既然法官没有作出鉴定意见的专业知识，他又如何有能力判断鉴定意见的正确性呢？在这里，自由心证可能是虚妄的神话，裁判实际上取决于对法官独立性并不负责任的鉴定人。"② 这种情况是客观存在的，法律不可能给予法官法律以外的其他专业知识，法官完全是一个处理科技问题的门外汉，即便是对鉴定意见进行一定的说明，法官也不一定能够轻易对科技证据进行实质性的把关。

大陆法系的传统思维中对法官有一种天然的信任，认为只要对自由心证过程中的外部非理性影响因素和内部非理性因素进行制度上的干涉，最终得出的结论就应当是合理的。有学者总结为，"内心确信 = （科学的调查 + 实地勘验 + 良知良能的判断）—（错误 + 偏见 + 虚伪 + 诱惑 + 下意识）"。③ 该公式形象地展现了大陆法系对法官形成内心确认的要求。只要是在这个基础之上形成的判决都会得到公众的认可，但这个公式正面临科技证据的挑战。

达马斯卡教授对此有着精辟的论述，"人们越来越关注对大陆法系法庭任命之专家的作用，这便是麻烦即将带来的预兆。即使在这个当口，法官往往也不能领会专家神秘的调查结论……尽管法学家们为修辞上的一致付出了崇高的努力，但是由于裁决者拥有根据一般认知方法分析证据的自由权，因此，对难以理解的科学信息的必要信赖令人更为不安。自由心证原则是现代大陆法系证据法的基石之一，在不远的未来将需要对它作出重新的思考和定义"。④

---

① 〔德〕克劳斯·罗科信：《刑事诉讼法》（第 24 版），吴丽琪译，法律出版社，2003，第 261 页。
② 何家弘主编《外国证据法》，法律出版社，2003，第 421 页。
③ 叶自强：《民事证据研究》，法律出版社，1999，第 454 页。
④ 〔美〕米尔建·R. 达马斯卡：《漂移的证据法》，李学军等译，中国政法大学出版社，2003，第 210 页。

(二) 无法保证鉴定人的中立性

毫无疑问，不少英美法系国家的专家证人确实有着很大的倾向性，我们相信，很多专家证人原本有着高尚的职业操守和专业精神，但专家证人是当事人某一方所聘请的专业人士，如果其证言不能符合聘请方的意见，他就丧失了在法庭上出现的必要，考虑到经济利益等因素，强行让英美法系国家的专家证人坚持道德第一可能确实强人所难。相比之下，大陆法系由法官选任的鉴定人表面上来看就中立得多，不会偏向于任何一方当事人。

实际上，鉴定人的中立只是部分的中立。大陆法系的鉴定人虽然不偏向于任何一方当事人，但是很可能会偏向于国家机关。在大陆法系国家，由于鉴定机关与司法机关之间的长期合作关系，鉴定人容易产生迎合司法机关的心理，法官容易为这些"熟人"的鉴定意见开绿灯而不加仔细审查，从而导致误判。[①] 也正是由于鉴定机构与司法机关的依附关系或长期的合作关系，刑事诉讼中当事人的鉴定要求即使得到满足，往往也很难从官方的或带有官方色彩的鉴定机构那里得到对自己有利的鉴定意见。[②] 这种情况使鉴定意见制度在保障当事人诉讼权利方面有明显的不足。例如，我国台湾地区现行制度中其实就存在专家证人和咨询师到庭协助查证的规定，但是在既有体制中并不能为当事人增加赢得诉讼的筹码，这样的制度对当事人实际上并不公平。

(三) 缺乏证据可采性立法

如果说以上两个缺陷只是从制度适用和制度冲突角度进行的分析，那么鉴定意见制度最大的结构性问题就是将整个制度建立在对鉴定意见的盲

[①] 樊崇义主编《刑事诉讼法实施问题与对策研究》，中国人民公安大学出版社，2001，第246页。

[②] Marijke Malsch, Ian Freckelton, "Expert Bias and Partisanship: A Comparison Between Australia and the Netherlands," *Psychology*, *Public Policy and Law*, Vol. 11, No. 1, 2005.

目信任基础之上，因此放弃了可采性的立法规定。大陆法系主要采取通过对鉴定专家资格等进行严格控制来保证科学鉴定证据的真实性和可靠性。当鉴定人及鉴定意见不再百分之百可靠的时候，大陆法系国家的鉴定意见制度必然将面临信任上的全面危机。

根据美国的判例，Frye 标准的做法是将对科技证据可采性的判断权完全交给科学技术机构，这显然是不妥当的，1993 年的 Daubert 判例改变了这一点，但问题仍然存在。让法官来裁判科技证据的可采性，很可能会造成对依托同一科学原理或采用同一技术技能的科技证据，在可采性上得出不同甚至完全相反的裁决结果，这是科技证据本身的特性所决定的。美国的判例发展让我们看到了他们在不断地努力尝试去形成一个相对科学的规则，使法官能够较好地做出与事实相符的判断，也使民众能够保持对司法制度的信任。

但根据分析，我们没有看到大陆法系国家的法律对这个问题做出实质性的规定，在各国的司法改革的重点中也寻找不到科技证据相关内容的踪影。这和美国、英国甚至日本不断用判例来完善科技证据的可采性理论形成了鲜明的对比。也许大陆法系国家的学者还寄希望于"自由心证"的大幕可以盖住法官对科学技术认知缺乏的事实，但这种掩饰只会给大陆法系国家的司法程序带来危机。

"在大陆法系，事实裁判者同样面临着科学鉴定证据对其专业水平的挑战。在一些领域，尤其是自然科学，是如此复杂和专业，法庭甚至不能完全理解鉴定人的理由，更不说评价其可信度了。当几个鉴定人提供了矛盾的鉴定意见时，这一困难更加突出。目前还尚未找到有效解决这一难题的办法。"[1] 问题虽然难办，但是大陆法系国家仍然不得不去思考解决这个问题的有效方式，否则法官无法凭借自己的知识对证据进行合理评价的现象会越来越严重，"如果普遍认知能力的假设被证明是不能成立的，那么

---

[1] 〔德〕托马斯·魏根特：《德国刑事诉讼程序》，岳礼玲、温小洁译，中国政法大学出版社，2004，第 162 页。

自由证明思想的主要基础就要坍塌了……如果人们不能相信成年人在正常情况下都至少具有比较准确地评价以恰当方式提出之事实证据的能力，那么自由心证的作法就危险了"。①

从上述研究来看，面对科技证据的压力，大陆法系国家的立法和研究还比较薄弱。我国同样采用鉴定意见的形式来规定科技证据，在借鉴西方制度完善科技证据立法的同时，我们应当认识到大陆法系国家在相关立法上的不足。在相关制度的构建上，应特别注意加强对鉴定意见可采性的客观标准研究，吸收英美法系国家专家证人制度的优点，加强鉴定人出庭制度、鉴定意见交叉询问制度等庭审制度建设，尽量将证据的采信透明化，避免法官对科技证据采信问题的暗箱操作。

---

① 〔英〕乔纳森·科恩：《证明的自由》，何家弘译，《外国法译评》1997 年第 3 期。

第四章　其他社会治理路径促进
公众认同的参考借鉴

第一节　湖北省涉法涉诉信访实证研究

一　研究背景和调研内容概述

（一）研究背景

为了维护社会稳定，加强司法权威，自 2012 年开始，中央酝酿以涉法涉诉信访为突破口，对我国的信访制度进行较大幅度的改革。2013 年 1 月 7 日，全国政法工作会议将"涉法涉诉信访工作改革，引导涉法涉诉信访问题在法治轨道内妥善解决"作为 2013 年工作重点之一。2014 年 4 月，中共中央办公厅、国务院办公厅印发了《关于依法处理涉法涉诉信访问题的意见》，2014 年 9 月，中央政法委印发了《关于建立涉法涉诉信访事项导入法律程序工作机制的意见》《关于建立涉法涉诉信访执法错误纠正和瑕疵补正机制的指导意见》《关于健全涉法涉诉信访依法终结制度的实施意见》3 个重要的配套文件。

虽然以 2014 年为时间节点，我国的涉法涉诉信访的制度改革告一段落，但涉法涉诉信访工作的内容复杂，牵涉各方利益，有必要对这一工作进行较为深入的研究。故而，在教育部课题的支持下，课题组于 2013 年和 2014 年针对这一问题进行了调研，试图摸清涉法涉诉信访的重点问题、难点问题、制度对策等实施细节性问题。

(二) 调研的基本情况

涉法涉诉信访是比较特殊的研究课题，其牵涉主体广泛、内容复杂、涵盖矛盾集中，不少研究内容涉密，获取相关信息较为困难，因此，目前为数不多的研究成果大多是政府法制部门或者政法机关的工作汇报及内部调研报告，由于身份原因，研究视野和内容受到各种限制。在当前，有实证支撑的、摆脱部门利益纠葛的中立性学术机构的研究成果非常稀少。课题组在一年多的时间内，至湖北省政法委、湖北省高级人民法院、湖北省人民检察院、湖北省信访局、武汉市中级人民法院、荆门市中级人民法院、荆门市信访局、咸宁市中级人民法院、钟祥市人民法院、钟祥市人民检察院、钟祥市信访局、枝江市人民法院、枝江市人民检察院、宜都市人民法院、宜都市人民检察院、钟祥市柴湖镇等部门进行了综合调研，从调研对象处收集了大量的数据和案例，与众多办案人员和信访人员进行了座谈、访谈，积累了大量的素材。为了增加结论的说服力，课题组还充分发动学生和社会资源，以湖北省为主要调查地，辐射山东、广东、湖南、河南、安徽等地，对涉法涉诉信访人员和处理涉法涉诉信访的工作人员分别进行了问卷调查。其中，针对信访人员共回收问卷 119 份，有效问卷 114 份，有效回收率为 95.79%；针对工作人员的问卷共 115 份，有效问卷 110 份，有效回收率为 95.65%。参考调研数据，综合实际个案和调研走访中各部门提供的其他资料，课题组对湖北省涉法涉诉问题有了较为全面的了解，在此基础上总结出涉法涉诉信访改革的重点问题和难点问题。①

---

① 如果严格从统计学的要求来讲，本调研存在调研对象分布过于广泛、调研样本过小等诸多不严谨之处，但是在涉法涉诉信访问题上，由于很多时候内容涉密，课题组的不少数据无法反映在问卷中。在一年多的时间内，我们在湖北省内各级机关做了大量努力，这些数据的获取已经并不轻松。同时，除了问卷调查之外，还有大量的座谈、工作汇报等其他资料作为印证，从实际内容来看，我们的调研结论应当具有较强的说服力。

二 涉法涉诉信访调研的重点问题

(一) 涉法涉诉信访制度的法律依据明显不足

涉法涉诉信访制度存在的法律依据是本课题组开展研究时的第一个重点问题。当前，涉法涉诉信访制度存在明显的立法不足，亟待国家层面的补强。

1. 信访制度本身法律依据较为充分

信访制度是我国政治生活的重要内容之一，在我国已经有了相当长的历史。1971 年，《红旗》杂志刊登了《必须重视人民来信来访》一文，首次公开把人民来信来访称为"信访"，把处理人民来信来访工作称为"信访工作"。[①] 起初，信访制度本身的定位并不是解决各种社会问题的主要途径，它只是群众向政府机关反映问题和看法的一种沟通方式，并没有承担太多的其他功能。"我国的信访制度产生于一定的时代背景之下，萌芽于新中国成立初期党的群众路线，承担着密切联系群众、反对官僚主义、巩固新生政权的政治性功能。"[②] 这一点在我国的《宪法》中也可以得到印证。基本上，通说认为信访可以被理解为公民的一种宪法性权利，《宪法》第 41 条第 1 款规定："中华人民共和国公民对于任何国家机关和国家工作人员，有提出批评和建议的权利；对于任何国家机关和国家工作人员的违法失职行为，有向有关国家机关提出申诉、控告或检举的权利。"信访是公民表达言论、维护自身权利的一种合法的重要途径，这一条可以被认为信访制度的宪法依据。因此，我国信访制度本身的法律依据比较充分。

2. 涉法涉诉信访工作法律依据明显不足

虽然信访制度在宪法层面具有原则性的合法性，但这并不意味着

---

① 刁杰成：《人民信访史略》，北京经济学院出版社，1996，第 25 页。
② 姬亚平：《我国信访制度的法治走向》，《法学杂志》2012 年第 11 期。

我国涉法涉诉信访问题的法律依据同样充分。相反，在课题组的调研过程中，不少法院和检察院的工作人员提出，作为执法者，他们特别关心涉法涉诉信访的法律依据，但是至少在当前，并没有法律直接规定涉法涉诉信访问题，换言之，涉法涉诉信访问题的法律依据并不充分。

2005 年施行的《信访条例》是我国对信访问题规定最为集中，也较为权威的法律文件，该法第 2 条规定："本条例所称信访，是指公民、法人或者其他组织采用书信、电子邮件、传真、电话、走访等形式，向各级人民政府、县级以上人民政府工作部门反映情况，提出建议、意见或者投诉请求，依法由有关行政机关处理的活动。"可以看出，这一条例所规范的信访是指行政信访。该条例第 14 条第 2 款专门对涉法涉诉问题进行了例外规定："对依法应当通过诉讼、仲裁、行政复议等法定途径解决的投诉请求，信访人应当依照有关法律、行政法规规定的程序向有关机关提出。"从这一条可以看出，由于《信访条例》本身并没有考虑要解决司法层面的信访问题，因此，直接套用《信访条例》中的制度处理涉法涉诉信访问题也许会存在制度的不适应性。不少政法部门的同志甚至反映，司法工作有其特殊性，《信访条例》中规定的有些制度和一些司法工作基本原理存在矛盾之处。例如，《信访条例》中规定上级交办案件应当及时处理，但在司法实践中有可能该案正在按步骤进行诉讼程序，如果完全贯彻上级的意志，则有明显违背司法独立原则，违反《宪法》第 126 条的嫌疑。

在政法工作领域，中央政法委的《涉法涉诉信访案件终结办法》以及最高人民法院的《最高人民法院信访处接待来访工作细则》等制度是政法机关开展信访工作的主要依据，2014 年中央出台的涉法涉诉信访改革的相关政策性文件对涉法涉诉信访工作也有着直接的指导作用。但不能否认的是，这些工作制度本身并不是广义上的法律，从严格意义上来说，涉法涉诉信访工作要从一般信访中剥离，首先面临的就是法律依据不足的问题。在以往的工作中，国务院《信访条例》可以作为开展涉法涉诉信访工作参照使用的法律文件，但当涉法涉诉信访工作独立之后，这一条例已经不再适宜作为规范涉法涉诉信访工作的主要法律文件。这不是湖北省层面可以解决的问题，国家应当从中央层面用效力层级较高的法律文件规范涉法涉诉信访问题，以便让各地相关工作的开展有法可依。

（二）涉法涉诉信访应当回归司法体制内部解决

按照中央的要求，本次改革将涉法涉诉信访统一由政法机关依法受理，地方党委、人大、政府及其部门均不再受理涉法涉诉信访。课题组专门调研了各级政法机关对这一问题的看法，受访的绝大部分信访工作者认为，这一体制性改革符合法理，有利于还原涉法涉诉信访的原始功能，有利于打击动机不纯的上访行为，改革是可行的。但是涉法涉诉信访牵涉的不仅仅是法律问题，有的时候还需要其他部门协同解决。

1. 涉法涉诉信访不应混同于其他信访问题的法理依据

将涉法涉诉信访和其他信访制度进行剥离有充分的理由。一方面，将涉法涉诉信访混同于其他信访与社会主义法治理念不合。独立审判作为一项宪法原则，是现代国家治理的基础性设置，也是维护司法权威的重要手段。在实践中，大量涉诉信访案件由党政部门批转到法院，导致司法对行政过分依附，对司法机关依法独立行使职权造成冲击，扰乱了司法秩序及法治进程。

为了息事宁人，一些地方甚至存在法院筹措资金"安抚"信访人的情况，也出现了在案件的裁判没有错误或瑕疵的情况下，信访人找到人大、党政机关，要求法院再审的现象。在社会和谐稳定的统一目标下，所有的法院在重大节日和会议期间都要花费大量的人力、物力做信访老户的稳定工作，在政府和社会民众的眼里，法院已经成了相对信访人而言的另一方当事人，这种情况导致司法裁判的权威性大为削弱。

另一方面，涉法涉诉信访违反司法最终解决原则，与司法终局性相悖。司法的本质就是通过其特殊的程序、规则来解决社会中的纠纷或争议，因此司法裁判应当具有终局性，所有争议甚至政治问题均可通过司法途径获得最终解决。然而，大量的涉法涉诉信访案例表明，在人民法院做出终审判决之后，当事人仍然通过信访途径反复申诉，试图以诉讼外的方式来达到自己的目的，甚至实现其法外利益。在这种情况下，所谓的"终审判决"随时可能被推翻而导致"终审不终"。从诉讼法基本原理来看，"具体的言行一旦成为程序上的过去，即使可以重新解释，但却不能推翻撤回。经过程序认定的事实关系和法律关系，都被一一贴上封条，成为无可动摇的真正的过去"。① 中国涉法涉诉信访与司法之间的这种冲突已是不争的事实，司法不再是权利救济的最后一道防线。这些无疑是对司法权威的挑战，弱化了司法权威，因而涉法涉诉信访这种制度存在的正当性基础的缺失毋庸置疑。

2. 涉法涉诉信访独立处理不能忽视部门关系的协调

在过去，我国实行的是"分级负责，归口办理"的信访处理模式，司法机关实际上已经承担了涉法涉诉信访问题的处理。就以往的经验来看，有的案件确实属于司法机关办案有瑕疵；也有不少案件的裁判本身没有错误，信访者出于利己的角度，想通过上访改变裁决，但还有相当一部分案件，当事人不断上访，是复杂的其他因素造成的。譬如，在征地拆迁补偿、林地权属纠纷、国企改制安置等领域，一旦发生纠纷，很容易涉及不同年代政策的认定问题，法院经常会面临合理不合法或者合法不合理的艰难选择。再如，当前的城镇征地拆迁涉及非常敏感的法律问题和社会问题，如果被拆迁户和拆迁方发生纠纷，拆迁方诉诸法律请求法院裁判强制拆迁，法院一旦做出强制拆迁的裁判，那么就可能引发众多拆迁户的群体性上访。此类问题显然并非法院单方可以解决。

在调研的过程中，有负责分管信访的副检察长介绍，根据以往的办案经验，上访案件中大致有20%确实是处理不公，还有20%左右是无理取闹、借机生事，另外大致有60%的案件是属于当事人的要求过高，合理但不合法。这一数据并不一定能够全面反映真实情况，但基本能够和我们的

---

① 季卫东：《法治秩序的建构》，中国政法大学出版社，1999，第19页。

调研成果相互印证，也不违背司法经验。

课题组认为，在涉法涉诉信访独立以后，如果要求政法机关只注重法律效果，剔除法律瑕疵，这一点难度不大，但如果案件牵涉到更加复杂的政策问题、体制问题或政府部门的关系协调问题，政法机关可能没有足够的能力妥善处理，还需要党委和政府的协调，这种机制如何建立，是我们构建涉法涉诉信访体制应当重点考虑的内容。

（三）涉法涉诉信访的突破点在于民事执行问题

1. 执行问题是涉法涉诉信访的最大直接诱因

执行程序一直是民事诉讼中的老大难问题，为了解决民事执行难的问题，民事诉讼法对执行程序进行了多次修订，最高人民法院出台了多个司法解释，甚至法院组织结构为此也进行了多次调整。但是从最终效果来看，群众对民事执行问题的满意程度仍然不高，课题组发现，民事执行问题是湖北省涉法涉诉信访的主要原因。信访原因统计见表 4-1。

表 4-1 信访原因统计

单位：次,%

信访原因	频次	有效信访率	累计信访率
裁判不公	39	34.5	34.5
执行不到位	40	35.4	69.9
其他原因	33	29.2	99.1

从表 4-1 可以看出，有 35.4% 的信访者认为执行不到位是其信访的主要原因，在和政法机关的座谈中，不少司法机关工作人员还反映，这种执行不到位不仅仅发生在普通的民事案件中，还出现在一些刑事附带民事诉讼案件中。

不少案件的受害人经济能力较差，直接促成了大量有关执行的涉法涉诉上访。根据课题组的问卷调查，有 59.0% 的信访者人均年收入在 1 万元以下，其中有 30.4% 的信访者人均年收入在 5000 元以下（见表 4-2），这些数值远低于湖北省居民的平均收入水平。此类信访者对经济赔偿较为敏感，在涉及经济利益的诉讼中，他们特别在意赔偿金额能否得到及时和足额兑现。在他们占据法律和情理优势的情况下，一旦手持生效判决但是无法兑现，很容易心生愤恨，据理力争，进而信访，甚至是越级信访、群体信访。和其他信访不同，此类信访有理有据，处理时只能以说服为主，但在司法救助不得力的情况下说服的效果往往很差，导致处理结果时常出现反复。

表 4 - 2　信访者年均收入及信访频率统计

单位：次,%

收入	信访频次	有效信访率	累计信访率
5000 元以下	34	30.4	30.4
5000～10000 元	32	28.6	59.0
10000～20000 元	23	20.5	79.5
20000～30000 元	8	7.1	86.6
30000～50000 元	7	6.3	92.9
50000 元以上	8	7.1	100.0

信访者对经济赔偿非常敏感的结论还可以从被调查者基本身份调查中得到验证（见表 4-3），大部分信访者生活在农村、乡镇或者郊县，只有 25.7% 的信访者居住在中小城市，2.7% 的信访者居住在大城市。这一数据能够和表 4-2 中的数据结论相互印证，身处乡村的信访者经济基础一般更差，对诉讼中的经济利益更加看重。

表 4 - 3　信访者居住区域及信访频率统计

单位：次,%

居住区域	信访频次	有效信访率	累计信访率
自然村	28	24.8	24.8
乡镇	31	27.4	52.2
郊县	22	19.5	71.7
中小城市	29	25.7	97.4
大城市	3	2.7	100.0

2. 分类处理——执行问题的应对方式

鉴于以上现象，课题组认为，涉法涉诉信访工作要想取得大的进展，民事执行问题是一个最大的突破口，同时是进一步工作的重点。但在开展具体工作时，应当分情况对待。

首先，执行机关主观懈怠。某些时候，民事执行难的产生原因是法官本身存在畏难思想，执行力度不大，这种行为引起的信访案件在司法机关给予重视之后相对比较容易处理。根据课题组了解，如果从绝对数量上而言，因为执行机关主观怠于立案、怠于执行而产生的民事执行难案件并不在少数。而很多时候，当事人对执行机关的推诿和懈怠行为非常反感，表4-4显示的信访者对法院工作态度满意度的统计调查可以解释一个事实，很多时候法院工作人员的态度确实是引发信访，或者促成矛盾扩大化的一个不可忽视的原因。

表4-4　信访者对法院工作态度满意度统计

单位：次,%

对法院工作满意度	频　次	有效百分比	累计百分比
非常满意	2	1.8	1.8
比较满意	25	22.7	24.5
一　般	47	42.7	67.2
不太满意	23	20.9	88.1
不 满 意	13	11.9	100.0

其次，被执行人执行条件较差。在民事司法领域，不乏存在确实找不到被执行人（如外出打工等）或者被执行人经济条件很差的情形，无可供执行的财产。在这种执行客观困难的情况下，受损失的一方当事人并不一定能够理解和认同法院执行的难处。例如，在农村地区非法营运的车辆较多，一旦发生交通事故，肇事方往往本身经济条件较差，难以有效赔偿（不少车辆本身就是报废车辆，自然也没有购买车辆保险），而被害人一方当事人又迫切需要赔偿金用于医疗和维持生活。此类案件法院判决不仅难以执行，且如果强制执行不当，还会造成当事人双方同时信访的尴尬局面。类似情况应当是我们今后工作开展时特别注意的问题。

再次，对死亡赔偿金的理解和执行极易引发被害人一方的不满。刑事附带民事诉讼中的执行问题原本并不是以往执行工作的重点和难点，因为审判机关在案件裁判之前，一般会要求被告人对被害人进行足额赔付，以换取量刑的从轻处理。但 2012 年《刑事诉讼法》修订之后，引发了关于死亡赔偿金的争议问题。

2003 年，最高人民法院出台《关于审理人身损害赔偿案件适用法律若干问题的解释》，该解释并列规定了死亡赔偿金和精神损害赔偿两项，把死亡赔偿金定性为物质性赔偿。2006 年 11 月 8 日，最高人民法院召开第五次全国刑事审判工作会议提出："确定附带诉讼的赔偿数额，应当以犯罪行为直接造成的物质损失为基本依据，并适当考虑被告人的实际赔偿能力。死亡补偿费不能作为人民法院判决确定赔偿数额的依据。"[①] 据此，我国在司法实践中，对刑事案件中死亡赔偿金是认定为物质损失还是精神损害赔偿陷入了混乱的局面。2010 年 7 月 1 日起施行的《中华人民共和国侵权责任法》第 16 条和第 22 条，分别规定了死亡赔偿金和精神损害赔偿，又明确将两者分开，进一步加剧了这种混乱。

2012 年最高人民法院《解释》第 155 条对附带民事诉讼中的物质损失做出了列举式规定，其中并没有明确提及死亡赔偿金问题。[②] 湖北省司法机关普遍认为立法的态度是附带民事诉讼不支持死亡赔偿金。这种理解的后果会造成被害人家属因为受害人死亡而得到的赔偿金数额大幅度下降的现象，甚至出现"撞死一个人不如撞死一头牛赔得多"的情况，极易引起被害人一方不满，引发信访。

最后，可能存在被害人利用刑事和解制度要挟被告人超额赔偿的情

---

① 最高人民法院刑一庭主编《现行刑事法律司法解释及其理解与适用》，中国民主制度出版社，2007，第 167 页。某些地方明确贯彻了这一精神，如广西壮族自治区高级人民法院于 2007 年下发桂高法〔2007〕84 号《广西壮族自治区高级人民法院关于做好刑事附带民事诉讼赔偿工作的通知》，要求不将死亡赔偿金纳入附带民事诉讼赔偿范围。

② 犯罪行为造成被害人人身损害的，应当赔偿医疗费、护理费、交通费等为治疗和康复支付的合理费用，以及因误工减少的收入。造成被害人残疾的，还应当赔偿残疾生活辅助具费等费用；造成被害人死亡的，还应当赔偿丧葬费等费用。

况。2012 年《刑事诉讼法》第 279 条规定："对于达成和解协议的案件，公安机关可以向人民检察院提出从宽处理的建议。人民检察院可以向人民法院提出从宽处罚的建议；对于犯罪情节轻微，不需要判处刑罚的，可以作出不起诉的决定。人民法院可以依法对被告人从宽处罚。"可以认为，被告人对刑事和解是非常看重的，达成刑事和解的条件法律也有明文规定，"犯罪嫌疑人、被告人真诚悔罪，通过向被害人赔偿损失、赔礼道歉等方式获得被害人谅解，被害人自愿和解的，双方当事人可以和解"，据司法机关工作人员反映，由于获取被害人谅解和同意是达成刑事和解的必要条件，因此有些被害人在赔偿要求上漫天要价，导致刑事和解不能实现，这种情况的出现不仅拖延了诉讼进程，而且容易造成当事人双方对判决结果都不满意的尴尬局面，影响稳定。

三 涉法涉诉信访改革中的难点问题

几乎信访工作的每一个环节都可以被称为工作难点，我们已经积累了一些有益的工作经验，同时归纳出了大量的工作难点。课题组在调研时发现，从数据上分析，一些问题无法简单地通过现有制度的改良得到解决，课题组选择其中的部分问题加以归纳，定性为涉法涉诉信访改革中的难点问题，不求全面，只求真正发现问题。

（一）简单的诉访分离并不会明显减少其他信访单位的工作量

中央本次大力推行诉访分离改革，是希望在信访受理环节就将涉法涉诉信访与普通信访分离，将法律方面的问题集中在司法系统内，可以避免用行政手段解决法律问题，避免影响司法权威、司法的独立性。表面上看，将涉法涉诉案件全部由政法机关内部处理，可以较大幅度地减少信访局等相关部门的工作压力，但实际上，如果不采取其他配套手段，只是简单地进行诉访分离，可能无法减少其他机关的信访工作量。

课题组在调研中发现，信访者"普遍撒网"的思想非常普遍，有

73.9%的信访者承认自己曾经试图通过上诉、申诉和申请再审等法律方式解决问题。在信访单位的选择上，除了检察院和法院之外，党委、政府和人大等许多部门是涉法涉诉信访的常见单位（见表4-5）。

表4-5　信访者信访去向单位统计

单位：次,%

信访去向单位	频　次	有效百分比	累计百分比
人大	47	22.5	22.5
党政机关	60	28.7	51.2
检察院和法院	87	41.6	92.8
其他	15	7.2	100.0

这说明司法机关实际上并没有拒绝用法律手段处理信访者提出的针对判决的异议，但是现有的上诉、申诉等司法途径并不能让信访者信服，不能做到息事宁人，所以案件当事人到处信访，寻求法律之外的救济途径。在信访人对司法机关的信任程度没有提升的情况下，希望通过信访体制的改革，以切断当事人的其他信访路径的方式来达到让当事人选择上诉、申诉来解决问题的目的，这种构想可能很难得到信访人的认同。

"法律解决纠纷时间长，信访方便简单"，这是65.5%的信访者选择用信访而不是法律手段解决纠纷的主要原因，这说明信访者非常看重解决问题的效率。信访者优先选用信访原因统计见表4-6。

表4-6　信访者优先选用信访原因统计

单位：次,%

优先选用信访原因	频　次	有效百分比	累计百分比
信访方便简单	32	28.3	28.8
法律途径太慢	42	37.2	66.0
信访花钱少些	13	11.5	77.5
习惯信访	10	8.8	86.3
其他	15	13.3	99.6

此外，直接面对信访者的工作人员认为最喜欢通过"正常法律途径"来

获得胜诉的信访者只有不到四分之一（23.4%），38.7% 的信访者最喜欢通过"找关系"的方式达到目的，36% 的信访者最喜欢通过"信访"的方式达成胜诉目的（信访工作人员认为信访者谋求胜诉采取的手段统计见表4-7），这两组数据都说明了信访者的心理活动比较复杂，并不会轻易相信单一渠道能够解决问题。

表4-7　信访工作人员认为信访者谋求胜诉采取的手段统计

单位：次,%

信访者谋求胜诉的手段	频　次	有效百分比	累计百分比
正常法律途径	26	23.4	23.4
找关系	43	38.7	62.1
信访	40	36.0	98.1
其他	2	1.9	100.0

因此，即便我们进行了涉法涉诉信访分离改革，但当事人为了"方便简单"等原因，仍然很有可能突破法律圈定的方式，带着涉法涉诉信访问题到其他有关国家机关进行非法上访。如何应对这一可能给其他政府机关带来压力的问题，值得有关单位特别关注。

（二）司法错误、司法腐败在信访原因中占有重要权重

根据各地政法机关的反映，在处理信访问题时确实存在一些当事人无理取闹的情况，如案件还没有审理完毕甚至刚刚立案就开始上访，企图给政法机关施加压力以达到自己的诉讼目的。根据表4-8的数据，有17.9% 的当事人在案件处于法院审理阶段就开始上访，无论从何种角度而言，这都是一种极不正常的现象。

表4-8　信访案件所处的诉讼阶段统计

单位：次,%

信访案件所处阶段	频　次	有效百分比	累计百分比
还没有立案	24	21.4	21.4
还在法院审理中	20	17.9	39.3

信访案件所处阶段	频　次	有效百分比	累计百分比
已经判了	46	41.1	80.4
在执行中	22	19.6	100.0

在课题组一对一的访谈中，几乎所有信访者都认为自己的信访有充分的理由（从行为认知的角度，他们当然会认为自己的行为是一种正常情况，这可以理解）。与此相对应，课题组针对信访工作人员设置了一道调查题："您认为 10 个信访人中有_____个人的信访理由是充分的?"情理上，信访工作人员主观上应当对信访人员的上访行为并不认同。在数据统计时（信访工作人员认为信访动因是否充分统计见表 4 - 9），排在前三位的依次是 1 人（占 25.2%）、2 人（占 25.2%）和 3 人（占 17.1%），其中众值集中在 1 ~ 2 人（占比都为 25.2%，共 50.4%），即超过半数的被访者认为只有 10% ~ 20% 的人信访理由非常充分。不过从细节内容来看，课题组访谈题目强调的重点是"理由充分"，条件设置较高，即便如此，仍然有超过 10% 的工作人员认为，一半以上的信访者符合这一条件，这一数值已经相当高。两者印证可以推断出，不少信访案件中司法机关确实在事实认定、法律适用或者办案程序等方面存在瑕疵，甚至还可能有一定程度的司法腐败。

表 4 - 9　信访工作人员认为信访动因是否充分统计

10 个信访者中信访理由充分人数（人）	频次（次）	有效百分比（%）	累计百分比（%）
0	7	6.3	6.3
1	28	25.2	31.5
2	28	25.2	56.7
3	19	17.1	73.8
4	9	8.1	81.9
5	9	8.1	90.0
6	1	0.9	90.9

10 个信访者中信访 理由充分人数（人）	频次 （次）	有效百分比 （％）	累计百分比 （％）
7	5	4.5	95.4
8	1	0.9	96.3
9	4	3.7	100.0

　　课题组注意到，司法错误对司法公正的破坏力很大。普通的办案瑕疵也许并不影响案件最终审判结果的公正性，因此经常不会引起办案机关的足够重视，但是这种行为会极大降低司法裁判的公信力，很多时候，正是这些较小的瑕疵，会让信访者理直气壮地向政法机关提出各种不合理要求，此类信访案件有别于当事人无理取闹的案件，司法机关处理起来更加棘手。某基层法院负责立案及信访工作 20 余年的老法官直言不讳地表示，要想在短时间内完全避免司法错误现象并不现实。但司法机关工作人员也普遍认为，司法错误这种现象在我国司法职业化的大趋势下肯定会得到明显好转，我国开展国家司法资格统一考试已经有 10 余年，在此期间大部分政法干警的个人素质明显提高，随着办案人员的自然更替，今后加大加强政法干警的职业道德建设，完善制度监督和约束机制，减少司法错误并不困难。

　　至于司法腐败，该问题虽然早已成为司法系统严厉打击的对象，但在基层司法机关仍然偶有出现，信访群众对司法腐败的意见极大，几乎任何一起司法腐败都有可能促成一起信访案件，甚至有近 20％ 的信访工作人员认为，由司法腐败造成的涉法涉诉信访比重"很大"，近 50％ 的信访工作人员认为该比重"比较大"。如果要妥善处理由司法错误、司法腐败引起的信访案件，需要司法机关在错案追究、责任查处等工作环节上做出改进，牵涉面广、处理时间长、查处难度大，这并不是本课题的主要研究范畴，但这些因素毫无疑问会直接影响涉法涉诉信访工作，是今后整个工作中的难点。

（三）再审程序的适用情况直接影响涉法涉诉信访案件的终结效果

和其他普通信访相比，涉法涉诉信访问题有一个重要特点，即涉法涉诉问题的解决本身存在"诉讼救济"和"信访救济"两大救济途径，两者之间的关系极大地影响着涉法涉诉信访案件的处理方式和处理效果。在普通信访案例中，虽然行政机关内部可能有行政复议等其他救济手段，但是很多信访人仍然将信访作为唯一的救济手段。在涉法涉诉信访问题上，一方面，我国《刑事诉讼法》和《民事诉讼法》都规定了较为详细的再审程序，给刑事、民事案件重新审理提供了一个重要的机会。另一方面，和其他普通信访一样，当事人也会将信访作为一种救济方式。课题组认为，两者之间存在共进共退的密切联系。

1. 可能出现司法机关信访压力增大和再审申请数量居高不下共存的局面

信访者都有一定的诉求，为了达成目的，大多数信访者对信访有一定的了解（见表 4 - 10）。

表 4 - 10 信访者对信访程序了解程度统计

单位：次, %

对信访程序了解程度	频 次	有效百分比	累计百分比
了 解	12	10.6	10.6
了解一点	74	65.5	76.1
不 了 解	27	23.9	100.0

信访机关只是一个登记和中转机构，其本身并不直接解决问题，在了解这一特点之后当事人并没有放弃法律救济的渠道（见表 4 - 11），当事人信访并不只是希望通过信访直接改变案件处理结果，他们还有通过信访引起重视以启动再审的目的，对他们而言，能够引起足够重视是信访的重点，至于信访机关是不是解决问题的主体机关则并不重要。在此时，信访和再审等救济途径发生了联系。

表 4 - 11　信访者信访前法律救济方式统计

单位：次, %

信访前法律救济方式	频　次	有效百分比	累计百分比
上　诉	41	31.5	31.5
申　诉	34	26.2	57.7
申请再审	21	16.2	73.9
其　他	32	24.2	98.1

根据三大诉讼法的规定，有权力启动审判监督程序的机关较多。我们应当密切注意，当事人很可能会利用法律规定穷尽所有的救济手段增加所有机关的信访压力。例如，2012 年《民事诉讼法》第 208 条严格规范了当事人申请"检察建议"和"抗诉"的程序，并没有禁止当事人用其他途径申请审判监督程序："最高人民检察院对各级人民法院已经发生法律效力的判决、裁定，上级人民检察院对下级人民法院已经发生法律效力的判决、裁定，发现有本法第二百条规定情形之一的，或者发现调解书损害国家利益、社会公共利益的，应当提出抗诉。"根据这一规定，当事人完全可能通过到最高人民检察院和上级人民检察院信访的方式来谋求关注，以启动再审程序。更不用说，在某些地区，党委、政府和人大等机关单位仍然可能对个案进行政策允许内的宏观协调。因此，即便现在将涉法涉诉信访剥离，当事人仍然有足够的动力去党委、政府和人大等机关进行上访。

2. 再审程序的改革完善和涉法涉诉信访有着较明显的关系

判决的稳定性是判决的核心，我国诉讼法对再审程序的启动进行了大量的改革。课题组认为，再审程序把关严格，启动困难，则民众对涉法涉诉信访的期望值就会下降，从而减少各种合法或非法信访的数量，两者有着直接的关系。

在司法实践中，《民事诉讼法》第 200 条第 2 项"原判决、裁定认定的基本事实缺乏证据证明"和第 13 项"审判人员审理该案件时有贪污受贿、徇私舞弊、枉法裁判行为"是当事人经常使用的上访理由。这两项内容的主观性较强，给当事人留下了很多期望。如果今后法院系统对再审程序从严控制，依法严格办案，不轻易启动再审，则当事人无法从诉讼途径获得救济之后，可能会试图从信访途径寻求帮助，但是当信访途径同样无法影响再审程序之后，当事人会对信访的成本和收益进行一种再判断，重复上访的意愿很有可能会下降。据此，课题组认为我国对再审程序进行的各种改革虽然和涉法涉诉信访并不直接相关，但如果坚持判决的稳定性，将会间接有利于减少涉法涉诉信访中的缠访、越级上访等不正常现象。

以上结论的一个重要前提是信访者的信访态度并不坚决。信访对信访者而言是一个高成本活动，一般会严重影响信访者的正常生活，所以不少时候信访者的信访态度并不坚决。在接受问卷调查的信访者中，只有48.6%的信访者在要求没有得到满足的情况下，表达出还会继续进行上访的意向（见表4-12）。

表4-12　信访者持续信访意愿统计

单位：次,%

若要求没有被满足会否一直信访	频　次	有效百分比	累计百分比
会	54	48.6	48.6
不会	9	8.1	56.7
看情况再说	48	43.3	100.0

（四）当前对缠访、闹访等行为的处罚不力

虽然绝对总量可能不大，全国各地或多或少存在一些缠访、闹访现象。例如，在荆门某地调研时，该镇领导告诉课题组，就在调研的前几天，一个提出不合理要求的老闹访者将镇政府的牌子砸坏。根据法律和情理，应该对非法上访者按照法律规定进行处罚，但这种处罚当前非常困难，震慑力有限。

1. 法律设定的对非法上访的制约措施有限

一般而言，对非法上访者进行处罚可以利用行政处罚和刑事处罚两种手段，但当前这两种手段制约力度都非常有限。

在刑事责任方面，依据《刑法》第290条的规定，一般而言，非法上访者容易犯聚众扰乱社会秩序罪、聚众冲击国家机关罪和聚众扰乱公共场所秩序罪。但是，刑法是国之利器，若行为人没有严重社会危害性的行为不会被刑法处罚，绝大部分时候缠访和闹访行为的危害性还没有达到刑法规定的严重程度，不符合犯罪构成要件，很难对信访者追究刑事责任。

在行政责任方面，《治安管理处罚法》是当前打击缠访、闹访的主要处罚依据，该法第23条规定了扰乱机关、团体、企业、事业单位秩序，扰乱车站、港口、码头、机场、商场、公园、展览馆或者其他公共场所秩序，扰乱公共汽车、电车、火车、船舶、航空器或者其他公共交通工具秩序等诸多闹访常见方式的处罚方法。由于《行政处罚法》等上位法的限制，治安拘留的最长时间只能是15日（数个行为并罚不超过20日）。从实践操作来看，这对非法上访者的震慑力度很低，基本上已经失去了适用的实际价值。

特别值得注意的是，非法信访情节严重的，以往可以适用劳动教养，由于约束时间较长，惩罚效果明显，因此在遏制非法上访方面起到了较好的效果。但由于劳动教养制度本身缺乏足够的法理支持，2013年12月我国已经正式决定废除这一制度。劳动教养制度被废除符合依法治国的基本方略，但制度废除后遗留下一定的法律缝隙，客观上严重削弱了法律对非法上访的打击力度。

2. 处理非法上访面临巨大的舆论压力

一直以来，上访被认为是公民的基本权利而深入人心，有着广泛且深厚的群众基础，容易赢得社会舆论的普遍同情和支持，用法律手段处理和打击上访行为很容易引起社会舆论的极大反感。

譬如，2009年，深圳市中级人民法院、市检察院、市公安局、市司法局联合发布了《关于依法处理非正常上访行为的通知》。深圳市认为，有一些人员不愿通过正常渠道和方式反映问题，这些行为在一定程度上扰乱了机关、企事业单位工作秩序和社会公共秩序，影响了其他群众信访活动和国家机关信访工作的正常进行。如果不采取措施加以整治，势必会愈演愈烈，因此有必要依法规范全市的信访秩序。这种理由原本充分，也符合实际情况，却遭到了主流媒体的许多质疑："其实在笔者看来，深圳市政府列举的所谓理由不过是一些强盗逻辑，也是非正常的政府思维。他们已经将自己与这些上访者的利益置于对立面，而不是把自己的角色定义为服务者。且看他们规定的几种'非正常'行为，例如以信访为名，阻挠干扰企事业单位生产、工作、教学、科研等正常活动的行为。信访时采取呼喊口号、打横幅、穿状衣、出示状纸、散发上访材料、静坐等方式扰乱公共秩序的行为。且不说此种归类方法有多么流氓，只讲上访者的无路可走，他们要是喊冤有路，何必去费心、费财冒着危险去跳桥去静坐呢？这么简单的道理如果都不懂，那是不是说明我们的人民公仆太弱智了呢？"① 甚至连新华社这样的中央级权威媒体也发文质疑深圳的行为，认为"对待'非正常上访'，在疏不在堵"。② 这些评论让地方各级政府部门和有关政法机关在处罚缠访、闹访者时充满了各种顾虑。

四　湖北省应对涉法涉诉信访改革的政策建议

（一）从源头上狠抓办案质量，特别注重避免程序瑕疵

现在涉诉涉访案件全部由政法机关内部解决，避免了原本多个部门之间相互推诿的现象，但是会加大政法机关的信访工作量。为了减轻工作压力，政法机关应当更加积极主动地从源头上减少案件出现信访的可能性，这是解决涉法涉诉信访工作问题的最基本手段，虽无创新之处，但实属解决问题的根本之道。

一方面，以往湖北省各级法院试行的案件风险评估等工作机制已经取得了较好的实施效果，此类工作经验应当及时总结。

另一方面，法院对于处理案件时的程序问题一定要高度关注。和实体判决不公正相比，诉讼程序上的瑕疵是一种"低级错误"，比较容易

---

① 李千帆：《深圳严惩"非正常上访"的非正常逻辑》，《羊城晚报》2009 年 11 月 16 日。
② 黄冠：《对待"非正常上访"，在疏不在堵》，新华网，http：//news. xinhuanet. com/legal/2009 - 11/13/content_ 12464976. htm，2016 年 9 月 1 日。

避免。而且诉讼程序非常直观，当事人很容易知道司法机关的案件处理程序是否正确。因此，司法机关应当树立程序意识，严格按照法定程序办案，坚持透明、公开、公正，一旦做到这一点，就可以减少很多尴尬局面。

（二）在制度上将涉法涉诉信访和普通信访彻底剥离

中央要求将涉法涉诉信访从普通信访中剥离，课题组认为，这种剥离应当是彻底的，不能藕断丝连。

一般而言，基层司法机关比较"惧怕"上级交办的案件。在以往，领导专门批示对案件的影响十分巨大，信访者对这种情况也非常了解。根据课题组的统计，为了达到利用上级向下级施压的效果，不少信访者都愿意到高级别机关反映情况（见表4-13）。

表 4-13 信访者信访去向最高级别机关统计

单位：次,%

信访过的最高单位	频　次	有效百分比	累计百分比
县区级	14	12.4	12.4
地级市	34	30.1	42.5
省　级	43	38.1	80.6
中　央	20	17.7	98.3
说不清	2	1.7	100.0

2015年，中共中央办公厅、国务院办公厅联合下发了《领导干部干预司法活动、插手具体案件处理的记录、通报和责任追究规定》，至此，党纪与国法均不允许领导干部肆意干预个案。我们建议，这一规定应当得到严格落实，上级领导干部应当尽量避免就个案发表意见。与此同时，上级司法机关对下级机关的工作指导也要注意方式方法。不少司法机关工作人员提出，"如果上级能够只登记，不转办，不扣分就好"。课题组认为，这一诉求符合案件审判原理，也符合中央的改革精神，我们应当坚决避免一般信访的工作思维，杜绝上级对个案的直接干预，减轻基层办案机关不必

要的办案压力。

另外，在司法审判中，寻求救济是法律规定的公民权利，不应当以公民寻求救济作为考量司法审判机关工作成效的主要考评依据。有不少司法机关工作人员表示，对信访工作进行严格的打分制考评有利于督促信访工作机关更加积极地开展工作，但在司法领域，追究过严可能并不符合涉法涉诉信访的基本规律。涉法涉诉信访要独立，就必然是真正地剥离，彻底回归司法体制解决问题，探求新的问题处理办法，传统信访机制中的办案考核等内容应当适当做出调整。

（三）认真负责，态度为上，做好说服解释工作

在一般的法学课题研究中，心理态度这种跨学科的研究内容很少出现在实证调研之中，但此次调研在问卷调查时专门设置了心理学测试试题。根据课题组的研究，信访工作人员的态度对信访工作的效果有着较为明显的影响。调研中，有的信访者认为法院判决过程不透明，有的认为法院没有穷尽执行手段，有的认为法院不能公正执法。大多数时候，法院的处理结果原本没有什么问题，只是法院的处理态度引起了信访者对判决公正性的怀疑。

课题组对信访者和信访工作人员都通过问卷的方式进行了专业心理测试，根据心理学 SCL - 90 量表分析可见，信访者在强迫症状、焦虑、抑郁、人际敏感、偏执和敌对 6 个心理学因子值远高于普通成人，信访工作人员的这些数据虽然低于信访者，但是也高于普通成人（见表 4 - 14）。

表 4 - 14　信访者、信访工作人员与普通成人心理学六个因子分值因子对比

对　象	强迫症状	焦虑	抑郁	人际敏感	偏执	敌对
信访者	2.18	2.15	2.19	2.28	2.28	2.32
信访工作人员	1.92	1.66	1.81	1.78	1.73	1.76
普通成人	1.62	1.39	1.50	1.50	1.43	1.48

从表4-14可以看出，我们应当高度重视接访时候的工作态度，同时也应当重视信访工作人员的心理问题。前者可以通过比较宽松的问题解决环境、和缓的语速和表达方式、详细耐心的说服和解释等方式实现，法院在调解结案、执行困难等情况出现时，应当特别注意工作态度，耐心解释，充分说明处理理由。信访工作人员的心理卫生属于公务员职业心理健康范畴，应当纳入特殊工种的公务员心理疾病矫治体系中给予一定关注。当涉法涉诉信访独立之后，司法机关应当尝试吸纳心理学等人才充实政法干警队伍，这样不仅有利于缓解信访人员的紧张、焦虑和对立情绪，而且有利于政法干警内部的精神健康建设。

（四）坚守法律底线，不轻易动摇，否则容易形成恶性循环

由表4-15信访者对信访结果期待程度统计可知，有71.5%的信访人员相信，信访能够圆满解决或者部分解决自己的问题。与此同时，50.4%的信访工作人员认为只有10%～20%访民的信访理由比较充分。① 客观而言，一些访民存在投机心理。根据信访工作的经验，有相当一部分信访者"闹访"心理严重，一旦出现对自己不利的判决，就曲解法律，反复缠访；或者通过把事情闹大，引起领导重视的方式来获得谈判的筹码。因此，课题组认为，涉法涉诉信访问题的处理要扛得住外来压力，坚持自己的底线和原则，这样才能打破息访困难的怪圈，让涉法涉诉信访的处理体现出终局性，走上良性循环的道路。

此外，从对信访人员信访态度的调研也可以看出信访者的信访决心并不都是非常坚决，有42.5%的人处于一种观望状态。如果法律底线随意动

---

① 在我们的调查问卷中，第7题"您经手的信访案件中，您认为下列比例各占多少？"回答情况如下：58.5%的调查对象认为"无理取闹的"所占比例，其众值在20%以内；22.5%的调查对象认为"对判决不满意"的涉诉信访占30%～40%，18.9%的调查对象认为这一比例为10%～20%；75.6%的调查对象认为"对过程不满意的"众值在20%以内；66.6%的涉诉信访工作人员认为"对过程和结果都不满意的"所占比例集中在20%以内。

摇，很可能会将这些原本打算"看情况再说"的信访者推向坚决继续进行信访的道路。

表 4 –15　信访者对信访结果期待程度统计

单位：次,%

对信访结果的预期	频　次	有效百分比	累计百分比
问题能圆满解决	21	18.8	18.8
问题能部分解决	59	52.7	71.5
解决不了	21	18.8	90.3
没想过	11	9.7	100.0

根据调研，有60%左右的调查对象交往圈中有人曾经信访过（见表4–16），他们相互之间经常进行上访"经验"交流。如果地方政府在出现"闹访"时无原则地退让，不仅可能违反法律规定，同时有可能引发后续一系列的"闹访"情况，将负面影响不断扩大化。

表 4 –16　调查对象身边人群信访者数量统计

单位：次,%

认识的人中有多少人信访过	频　次	有效百分比	累计百分比
2 个以内	32	29.4	29.4
3 ~ 5 个	21	19.3	48.7
5 个以上	11	10.1	58.8
没有	45	41.2	100.0

涉法涉诉信访改革是一个新兴的研究课题，但涉法涉诉信访本质上仍然是国家机关如何处理和民众之间关系的一项活动。信访和诉讼之间的经验和教训存在较大的共同性，特别是在处理复杂案件的标准和程序等问题上，两者可以互通有无。在目前，信访制度在赢得民心方面的一些做法非常值得诉讼程序改革时加以学习和借鉴。

第二节 H省水环境类行政复议实证研究

一 环境类行政复议实效性的困局

在当前依法治国的大背景下，我国行政复议领域出现了一种比较奇特的现象，一方面，国家机关对环境违法行为的执法力度不断加大，理论上，行政执法主体和行政相对人接触的频率增加，发生纠纷的可能性也增大。特别是在当前，我国公民的法治意识显著提高，为了维护自己的合法权益，公民非常可能通过行政复议这一便捷、经济和高效的途径来解决环境类行政纠纷。另一方面，我国环境类行政复议的数量没有同样增长。例如，为了保护梁子湖的水环境，仅就鄂州市而言，"近两年来，流域内拒批建设项目近200个，从源头上控制了环境污染和生态破坏。市、区两级政府采取果断措施，实施关停并转，取缔流域内污染严重的五小落后企业300多家，关停非金属矿山40多家，关闭了鄂州独峰化工有限公司，今年内还将全部关停采石厂与黏土砖厂"。① 但与此同时，鄂州市涉及梁子湖水环境行政复议的数量却极少，不少年份甚至没有相关的行政复议出现。

笔者认为，虽然行政复议在我国的行政纠纷解决体系中的地位并不突出，但是其作用不可替代，近年来的发展趋势也表明，我国的行政复议制度整体上在经过种种改良之后，已经能够切实发挥作用，得到了公众的认可。但是在环境类行政复议领域，很明显出现了实效性缺失的不良现象，我们有必要对这一现象给予特别关注。

---

① 2014年暑期获取的鄂州市政协材料调研材料《完善机制、依法管理 全力打造梁子湖全国生态文明示范区》。

（一）行政复议的良好趋向

早在20世纪80年代，我国就提出"依法行政"这一基本原则，1990年，国务院发布了《行政复议条例》，行政复议制度正式建立。其后，1999年公布施行了《行政复议法》，2007年公布施行了《行政复议法实施条例》。可以认为，我国的行政复议法律法规体系已经初步形成，并且运行了较长时间。但作为解决各种行政纠纷的主要手段之一，行政复议远没有发挥出应有的作用。有学者总结："（行政复议）从数量上看一直处于低位，近年来一直维持在8万件/年的水平徘徊；从质量上看经不起诉讼检验，畸高的维持率、在诉讼中有1/3左右的复议决定被改变的事实，是导致70%的行政相对人摒弃这一'不收费、最高效'制度的重要原因。"①

从上述王莉博士梳理的数据来看，我国行政复议确实遭遇着功能困局。但笔者要指出的是，上文指出的各种问题可能更多地发生在2007年之前，随着《行政复议法实施条例》的颁布，加上我国对依法行政采取了各种实质性推动举措，我国近年来行政复议工作发生了较为显著的变化。2009~2013年各省份收到行政复议申请总量统计见表4-17。

表4-17　2009~2013年各省份收到行政复议申请总量统计

单位：件

年　份	2009	2010	2011	2012	2013
数　量	75549	90863	101060	105957	122464

从表4-17的数据可以看出，全国范围内，2009~2013年的行政复议案件数量有一个非常明显的增长。这种变化在局部表现得也非常明显，笔者在H省法制办和H省内的若干市县法制部门的调研数据都显示，行政复议案件的整体上升已经成为一个明显的趋势，甚至可以认为，这一

---

① 王莉：《行政复议功能研究——以走出实效性困局为目标》，社会科学文献出版社，2013，第2页。

增长的势头至今仍然没有停止。课题组的调研数据显示，H 省 2008 年行政复议案件申请数为 2570 件，2013 年为 3598 件，这期间每一年的案件数量略有波动，但是整体数量增长非常迅猛。因此，我们认为，在各种综合因素的推动下，至少从数量上来看，我国的行政复议已经开始在解决纠纷中发挥了越来越重要的作用，公众对行政复议的认可程度开始逐渐提高。

（二）环境类行政复议的泥淖

环保、国土、农业、水利等各领域都有涉及环境类的复议。课题组在调研时发现，有关湖泊保护、河道保护、地下水保护等各个领域，行政复议工作当前基本上都面临非常尴尬的局面。为了印证这一论断，笔者将在下文用数据和案例进行论证，2008～2012 年全国环境行政处罚数量及环境行政复议数量见表 4－18。

表 4－18 2008～2012 年全国环境行政处罚数量及环境行政复议数量

单位：件

年 份	行政处罚数量	行政复议数量
2008	89820	528
2009	78788	661
2010	116820	694
2011	119333	838
2012	117308	427

从表 4－18 可以看出，在数量上，我国环境行政处罚总量 2008～2010 年有一个飞跃式的发展，2010～2012 年保持了基本稳定。但在 2008～2012 年这 5 年中，我国的环境行政复议数量并没有和环境行政处罚数量同步增长。

一般而言，如表 4－19 中的数据，行政处罚是引发行政复议的重要原因，由于环境纠纷的特点，由行政处罚引发的案件数量较其他行政复议更多。但从表 4－18 的数据来看，我国的环境行政复议案件数量呈现一种相对无序的混乱变化。不管原因如何,环境行政复议的数量极低是不争的事实,特别是和数量庞大的环境行政处罚相比,环境行政复议的数量已经到了可以忽略不计的程度。当然,这并不是因为我国环保机关的执法十分高效、精确,也并不是因为我国群众对环境行政执法给予更多的宽容。在2012年,根据环保部的数据,当年电话或网络投诉数量为892348件,来信总数为107120件,来访量为53505批共96145人。一边是百万件以上的环境信访案件,另一边是长期停留在几百件的环境行政复议案件,两相对比可以得出结论:我国环境行政复议在解决环境纠纷问题上并没有发挥出充分的、应有的作用。至少和整个行政复议存在的良好发展势头相比,环境行政复议工作呈现较为滞后的态势,甚至我们可以认为,环境行政复议在解决环境行政纠纷方面的作用在近几年是不进反退的。

表 4 - 19　2013 年全国引起行政复议申请事项分类情况

单位:件,%

项　目	行政处罚	行政征收	信息公开	行政确权	行政确认	行政不作为	行政强制措施	行政许可	其　他
数　量	35111	16892	16546	11416	9859	9831	5752	4706	20424
占　比	26.89	12.94	12.68	8.75	7.55	7.53	4.41	3.61	15.64

上述的例证说明了全国范围内的情况,为了更好地论证,我们以涉及H省水利部门的相关行政复议数据做进一步说明。

由表 4 - 20 中的数据我们可以清楚地看出,2010~2013 年 H 省的水利类行政复议数量一直比较稳定,复议后应诉的数量也较低,而且由于该省行政复议案件的数量已经上升到 3000 余件,因此可以认为,该省的水利类行政复议是在很低数量层次上的一种稳定。正如上文所言,这并不是一种正常现象,最近几年该省采用各种措施大力加强对湖泊等水资源的保护,管理和治理力度也在不断加大,群众对水行政执法行为也并非没有意见,故而我们可以认为,水环境行政复议同样遭遇明显的适用困境。

表 4 – 20　H 省水利类案件行政复议和应诉情况统计

单位：件

年　份	行政复议案件数	复议后应诉案件数
2010	10	1
2011	10	0
2012	15	1
2013	16	1

二　环境类行政复议困境的原因分析

2010 年 6 月，我国将行政复议法的修订工作正式纳入国务院的立法计划，随后，学者们围绕行政复议的主体、机关、证据、程序和执行等很多方面提出了全方位的立法修改意见。但就环境行政复议而言，专门的研究并不多见，特别是建立在上述行政复议整体发展向好但环境行政复议整体较为落后基础之上的研究成果非常少见。因此，笔者将在下文对环境行政复议遭遇困境的原因进行专门分析。

（一）水资源保护等环境行政复议公信力较弱

水危机问题越来越受到人们的关注，水资源的保护也受到高度重视。但是不可否认，时至今日，我国的水环境保护仍然面临"要健康还是要增长更快的 GDP"之类的艰难抉择，更为遗憾的是，某些时候，地方政府对这一问题的实际处置，并没有符合十八大报告提出的"坚持节约优先、保护优先"政策。环境保护问题在我国得到高度重视的时间并不长，环境法治问题一直是我国依法治国中较薄弱的环节。众所周知，行政复议是行政机关的自我救济，在这种情况下，环境行政机关的自我纠错能力同样要经受大量的质疑。

在群众的认知和信任度方面，由于各种原因，群众对行政复议的熟悉程度很低，从课题组针对普通民众对环境行政复议认知度的调研问卷来看，仅有不超过10%的普通民众对环境行政复议有足够的了解。课题组针对环境执法工作人员的问卷访谈也支撑了这一论断。当然，由于长期的普法工作和当前较为良好的法治环境，普通民众如果想要了解行政复议这一制度，可以通过咨询律师、阅读相关书籍、查询网络等多种方式达到目的，所以在问卷调查人员向公众详细介绍行政复议的具体内容之后，很多群众并不坚决反对通过行政复议的方式解决纠纷。但这并不代表公众在遇到具体行政纠纷时会真正地选择行政复议，理想和现实之间会存在一定的差距。程金华博士进行的问卷调查发现，在我国各种解决行政纠纷的途径中，在"虚拟纠纷优先解决途径"这一项中，公众选择行政复议或者诉讼的有41.3%，但是，一旦真正涉案，考虑到熟悉程度、成本等多方面因素，实际上参与过行政纠纷解决的公众中，选择行政复议和诉讼的只有22.6%。总而言之，在当前，行政复议也许是维权意识觉醒、掌握一定法律知识的中国老百姓在解决环境行政纠纷时的一种方式，但仍然不是一个主要选择。

（二）维权与维稳存在协调困难

行政复议是一种救济手段，我国《行政复议法》第4条规定："行政复议机关履行行政复议职责，应当遵循合法、公正、公开、及时、便民的原则，坚持有错必纠，保障法律、法规的正确实施。"根据这一条，行政机关进行行政复议时，应当坚持"以事实为依据，以法律为准绳"的处理原则。事实上，也正是因为要求"有错必纠"，许多学者和实务界人士才认为行政复议的改革方向应当是"准司法化"。但是在实践中，出于各种原因的考虑，行政复议机关并不一定纯粹地依据事实和法律简单地做出复议决定。

从表4-21可以看出，进行行政复议程序之后，"确认违法"、"撤销"和"变更"等审理结果占整个处理结果的比重较低，这一点很容易打击群众通过行政复议来申请救济的积极性。课题组调研发现，在环境行政复议领域同样存在行政机关出现执法错误时，复议机关倾向于用

"和解协议""自愿撤回"等方式终止行政复议的做法。① 这种做法其实模糊了行政复议的本质，导致行政机关和当事人会有一种错误的认识：反正最终都是私下协商解决行政纠纷，为什么要通过非常正式的行政复议去解决？正是因为如此，不少环境行政执法者自身对环境行政复议都没有足够重视，认为其在解决环境行政纠纷的问题上没有特殊之处。

表 4 – 21　2013 年全国行政复议案件审理情况统计

单位：件,%

审理结果	总计	驳回	维持	确认违法	撤销	变更	责令履行	调解	终止				其他
									和解协议	自愿撤回	被申请人改变后撤回申请	其他	
数　量	106491	8132	59465	1551	5458	217	1596	2501	1350	16589	2506	1241	5885
百分比	100.00	7.64	55.84	1.46	5.13	0.20	1.50	2.35	1.26	15.58	2.35	1.17	5.53

（三）与环境信访的关系较为混乱

"大信访、中诉讼、小复议"的尴尬格局已经存在多年，为了保障群众利益，构建司法权威，自 2012 年开始，中央酝酿以涉法涉诉信访为突破口，对我国的信访制度进行较大幅度的改革。从目前的方案来看，信访作为解决矛盾的一种途径这一根本思路没有发生变化。不少行政法学者期盼"属于法律问题的争议，应通过法律途径来解决；不属于法律问题的争议，则可由信访解决。可以复议或诉讼的，信访就不再处理，信访应引导公众依法维权，更好地促进行政争议的化解"。② 但是从目前来看，行政复议和

---

① 行政机关的这种做法有着足够的利益驱动。例如，在讨论为什么我国环境犯罪的立法较多，但是实际中追究很少的问题时，有学者分析认为，执法者和违法者之间形成了一种奇怪的利益共同关系，"我们看到很多案件在追究违法企业污染环境罪的同时，也伴随着对环保部门渎职犯罪的追究"，正是因为如此，在环境执法中发现环境犯罪案件时，环保部门经常并不移送，"如果把它移送移交到检察机关或者公安机关，是不是伴随着对他自身的环境渎职犯罪的追究？会不会自身难保？"参见郄建荣《环境犯罪为何游离于刑事处罚之外》，《法制日报》2010 年 5 月 27 日。这种利益共同关系在行政复议中同样也有可能存在。

② 王比学：《打破"大信访小复议"格局》，《人民日报》2013 年 12 月 18 日。

信访之间的关系在短时间内可能并不容易厘清，无法预测每年超过百万件的环境信访有多少能够转化为行政复议。

此外，我们还忽视了群众对信访和复议等救济手段的认识程度。课题组在访谈中发现，信访和复议在实际工作中往往难以区分。有负责信访工作的同志声称："有些群众急于解决问题，在提交的申请材料中，既有投诉状、申诉状，又有行政复议申请，催促行政机关给出一个明确的答复。对于是通过信访方式还是行政复议的方式解决，既不清楚也不关心。"在这种环境信访和环境行政复议之间的转换制度没有建立的情况下，一味谈论减少信访的数量而加大复议的力度可能仅仅是一种奢望。

H省水利部门处理的一起典型案件能够说明这一论断。2009年，某人取得一地的河道开采经营权，于2010年将省水利厅、市水利局作为被申请人要求进行行政复议，2010年经过协调后撤回了申请书。这期间申请人既提起复议又没有放弃信访。在2010年就同一事项再次提起复议后，又是采取了边复议边信访的方法。这一案件引起了省政府法制办主任和水利厅厅长的直接重视，影响很大，该申请人并不是不知道行政复议和行政信访的区分，但这不足以让他做出最符合法律规定的选择。

（四）水行政执法机关本身执法力度偏小

大多数时候，出现行政复议的前提是执法机关执法不严，执法不明，群众无法信服，产生不满。但由于各种原因，不少时候H省乃至全国的水环境执法刚性有限。课题组在调研时得到有些执法部门的同志反馈，大多数情况下，对环境违法行为并不是以积极处罚为主要手段，即便是处罚也要考虑经济因素、社会因素等各种外来影响，从宽处罚的情况比较常见，重在批评教育。既然执法机关都已经有"放一马"的态度，行政相对人自然会"识趣"地不再提起异议。故而，我们能够搜集到的水环境行政复议的典型案例主要为行政许可案件，如2011年某沙石经销有限公司申请复议省水利厅采沙许可不作为案，但较少有对行政处罚、行政强制行为提起的行政复议。这也是水环境行政复议案件数量偏少的一个原因。

三 环境类行政复议未来发展的注意事项

以行政复议司法化的讨论为标志，我国对行政复议体制和机制进行的学理改造已经有十余年之久，各界提出的改革意见不胜枚举，学者建议稿也已经达到一定的数量。受限于篇幅，笔者无意在本书中对环境行政复议的改革思路进行全面叙述，仅从提高环境行政复议实际效用的角度，对该制度的改革重点注意事项进行重点阐述。

(一) 破除"准司法化"万能论的观点

行政复议是行政机关的自我纠错，站在行政相对人角度，这种体制存在着天然的信任局限。从世界范围来看，"虽然行使行政复议权的机关有各种各样的形式，但是无论如何，行政复议都是行政系统内由行政机关进行的权利救济。因此，和行政诉讼相比，独立性难以确保。特别是在复议结构属于基本模式二和中间模式的国家和地区，更是如此"[①]。

在我国，将行政复议制度进行"准司法化"是一个较好的改革方向，可以在一定程度上提升群众对行政复议的信任度，但我们也应当清晰地认识到，仅仅依靠或者主要依靠"准司法化"来弥补行政复议功能的缺陷并不现实。姑且不论在整个行政执法环境没有大的变动的情况下，通过设立较为独立的行政复议委员会等复议组织能在多大程度上保证复议机关的中立性，从直观的对比来看，在各方面因素的影响下，我国当前真正的司法

---

① 该学者所称的模式二中，复议机关和被申请人之间具有紧密的关联，申请人和被申请人难以成为力量均衡对抗的两级。中间形态中，复议机关和申请人有一定程度的联系，他们之间的关系不仅是个案中的审查者和被审查者的关系，还嵌套着组织法上的关系，因此复议机关同样不可能完全中立，此外，申请人和被申请人的地位对等，能够维持对抗关系。参见王莉《行政复议功能研究——以走出实效性困局为目标》，社会科学文献出版社，2013，第115页。

机关——法院和检察院都存在非常显著的信任危机。纯正的"司法化"在公众眼中的形象尚且如此，在这种大背景下，寄希望于"准司法化"来解决行政复议遭遇的种种难题有些强人所难。要解决这些问题，与司法机关提高司法公信力必然要采取多种举措一样，要通过多种手段构建综合性的措施体系，增加行政复议的过程透明度、提升行政复议决定书的说理性等都是有益的尝试。

（二）化解专业化问题沟通难题

在行政复议中，作为被申请人的行政机关会再次解释自己做出该行政行为的原因，同时，行政复议机关在做出复议决定时也应当阐述详细的复议决定理由，这样可以较大程度地提高行政复议决定的可接受性。不过长期以来，我国行政复议决定的说理性问题并没有得到实务部门的足够重视，并且在环境行政纠纷中，由于事实问题往往掺杂了大量的技术性因素，一般公众难以理解此类专业知识，与其他行政复议相比，环境行政复议面临群众对专业性问题难以理解的问题。

例如，课题组收集的颜某等 13 位申请人对被申请人做出《关于某地 110KV 某变电站扩建工程环境影响报告表的批复》的具体行政行为不服一案中，申请人认为某安全环保科技有限公司对涉案的变电站电磁环境影响采用类比预测分析的方法不科学，其通过参照武汉市 110KV 某变电站的类比推理得出无电磁污染的行为违法。做出行政行为的环保机关和行政复议机关都强调，根据国家现行技术规范，对涉案变电站扩建工程环评报告表采用类比方法正确。专家参照的变电站的工程规模、电压等级与所处环境与案件中某地 110KV 某变电站类似，类比采用的监测报告具有法律效力。但是对普通民众而言，即便是多次解释，其也并不一定理解这种专业性很强的说明性语言。

中立的鉴定意见是平息公众质疑的良好方法，但这方面工作我国目前非常薄弱。环境污染损害鉴定工作是环境类诸多鉴定中得到较多重视的部分。2011 年 5 月 25 日，环保部公开发布了《关于开展环境污染损害鉴定评估工作的若干意见》（环发〔2011〕60号），根据这一文件，2011～2012年为探索试点阶段，重点开展案例研究和试点工作，在国家和试点地区初步形成环境污染损害鉴定评估工作能力。2013～2015年为重点突破阶段，以制定重点领域管理与技术规范以及组建队伍为主，强化国家和试点地区环境污染损害鉴定评估队伍的能力建设。2016～2020年为全面推进阶段，完善相关评估技术与管理规范，推进相关立法进程，基本形成覆盖全国的环境污染损害鉴定评估工作能力。损害鉴定工作的进度尚且如此，我国的环境类鉴定的标准、制度等建设整体上还处于起步阶段，至少在短时间内，大规模地通过可靠的鉴定意见去提升公众对行政复议工作的信任度是比较困难的。但这是一种行之有效的方法，是行政复议制度完善的必由之路，我们应当在专业性问题和群众认知之间的连接方面进行更多更加有效的努力。

（三）妥善处理与环境信访的关系

环境复议和环境信访之间的关系值得专门重视。行政复议制度是一种内部监督机制，是一种上级行政机关对下级行政机关违法的或不当的具体行政行为的纠错机制。信访是群众采用书信、电话、走访等形式，向有关部门反映情况，提出意见、建议和要求，进行投诉等活动。这其中不乏信访人认为自己或他人的合法权益，或者社会公共利益受到了不法侵害，要求有关部门予以处理或纠正，因此行政复议案件的受理范围与信访案件存在很大交叉。

当前群众对行政复议这一解决行政争议的法定渠道并不十分了解，当他们遭遇纠纷时经常不知道该向谁提出和怎么提出诉求，因而走入"凡事找政府，遇事就信访"的误区。绝大多数的行政争议未经过滤直接进入信访渠道。许多本应由复议、诉讼等法定途径解决的纠纷进入信访程序，一方面很可能造成问题在相关部门中得不到妥善处理或者久拖不决，另一方面又延误了法定申请救济时效，给当事人带来不必要的损失。矛盾得不到解决就可能导致非理性上访。因此，将信访事项中的行政争议通过法定渠道分离出来，既能将行政争议依法化解在基层、化解在初发阶段、化解在行政系统内部，又可减少信访总量。但一直以来，我国讨论环境行政复议和环境诉讼之间关系成果较多，研究与环境信访之间衔接关系的成果较少。我们不太可能在不考虑信访问题的情况下找到行政复议问题的完美解决路径。我们认为，基层环境执法部门应当做好宣传工作，提高公众对行政复议的认知度，尽最大可能让行政复议成为环境信访的有效分流途径。加大对行政复议制度的介绍力度是一个基础性工作，也会是一项很有效的工作。

第三节　我国强制性戒毒措施实证研究

2007 年 12 月 29 日，全国人大常委会通过了《中华人民共和国禁毒法》（以下简称《禁毒法》，该法于 2008 年 6 月 1 日起正式实施）。《禁毒法》是我国第一部系统规范禁毒工作的法律。以这一部法律为龙头，国内禁毒的主要法律法规进行了全面的更新和完善。《禁毒法》第四章中依次规定了社区戒毒、强制隔离戒毒和社区康复三种强制性戒毒措施（2011 年国务院颁布的《戒毒条例》对此进行了细化）。在《禁毒法》颁布之前，我国关于戒毒的立法不够科学化、规范化和体系化，各种规定散见于国务院行政法规及公安部、司法部等部委的部门规章中。对于吸毒成瘾者，我国虽然没有将其行为规定为犯罪，但是对他们设定了严厉的强制性戒毒措施，通过强制戒毒、劳教戒毒两种方式对吸毒成瘾者，特别是情况比较严重的吸毒成瘾者进行强制性戒毒。"在中国，强制戒毒和劳教戒毒是最主要的戒毒方法，强制戒毒所和劳教戒毒所是教育挽救吸毒人员的特殊学校。"[1] 长期以来，剥夺吸毒成瘾者人身自由的戒毒措施在我国有着非常重要的历史地位。但由于强制戒毒和劳教戒毒完全剥夺了戒毒人员的人身自

---

① 人民网，http://www.people.com.cn/GB/channel2/10/20000910/226317.html，2012 年 2 月 5 日。

由，在人权保障呼声日益高涨的今天，其合理性逐渐受到质疑，与法治时代的要求渐行渐远。基于上述原因，《禁毒法》明文废止施行了多年的强制戒毒和劳教戒毒，代之以社区戒毒、强制隔离戒毒和社区康复这三种强制性戒毒措施。

《禁毒法》新确立的三种强制性戒毒措施中，强制隔离戒毒的人身强制性很大，是对戒毒人员人身自由的剥夺，而社区戒毒和社区康复的强制性稍弱，是对戒毒人员人身自由的限制。[①] 无论是强制隔离戒毒还是社区戒毒（康复），对我国来说都是全新的戒毒方式，特别是社区戒毒（康复），基本上是借鉴国外经验的产物。在《禁毒法》草案审议过程中，全国人大法工委明确指出："从整合戒毒资源、提高戒毒效果考虑，应对现行的隔离戒毒和劳教戒毒体制进行改革。但是，这项改革还需要进一步总结实践经验，确定具体方案，有步骤地推行。"[②] 在这种"宜粗不宜细"立法思想的指导下，《禁毒法》在制度设计上比较简略，在一些细节问题上缺乏具体的可操作性。从实施效果来看，强制隔离戒毒、社区戒毒和社区康复这三种新的戒毒措施违背了立法者的初衷。实践中，强制隔离戒毒只是对传统的劳动教养和强制戒毒这两种方式的简单承继，并没有实质性突破；社区戒毒、社区康复远未发挥预期功能。虽然《禁毒法》新确立的三种戒毒措施在实施中出现了一些问题，但是由于该法的实施时间较短，实证调查存在诸多不便，因此，学界对这些问题还缺乏全面的了解，深入研究完善我国强制性戒毒措施的学术文章更是鲜见。基于上述原因，笔者在实证调研的基础上，对《禁毒法》中规定的三类强制性戒毒措施的适用情况进行评析，然后提出完善我国强制性戒毒措施体系的改革建议，以期引起法学界对新的强制性戒毒措施的关注，同时为进一步完善我国的戒毒措施体系提供立法参考。

[①] 从目前操作来看，社区戒毒和社区康复除了管理对象不同外，在管理主体、管理方式、管理效果等诸多方面没有区别，所以本书除特别需要外一并加以论述。

[②] 全国人大常委会法制工作委员会刑法室编著《〈中华人民共和国禁毒法〉释义及实用指南》，中国民主法制出版社，2008，第30页。

一　强制隔离戒毒——承继有余，突破不足，缺乏前瞻性

"根据实践经验，为了整合戒毒资源，也是提高戒毒的效果，把过去的强制戒毒和劳动教养戒毒这两种措施合并为一种强制隔离戒毒措施。"①由此可知，从立法者的最初意愿来看，《禁毒法》中确立强制隔离戒毒与传统的强制戒毒以及劳动教养戒毒应当有很大不同。但是，《禁毒法》运作的实践似乎表明，强制隔离戒毒与以往的强制戒毒和劳动教养并无明显区别。社会各界早就有对强制隔离戒毒本身是不是一种新的强制性戒毒措施的争议，有的主流媒体在报道中甚至直言不讳地表达了"立法突破还是文字游戏"的质疑。②我们认为，强制隔离戒毒制度是对以往两种强制性戒毒措施的简单复制，并没有实质性的立法突破。这不仅使以往对强制戒毒和劳动教养戒毒的种种质疑和批评直接转嫁到新的强制隔离戒毒制度中来，而且和当前整个行政强制措施（特别是劳动教养制度）进行的跨越式立法改革显得格格不入。具体分析如下。

（一）执行主体没有实质性变更

《禁毒法》通过设立强制隔离戒毒所来取代以前公安机关的强制戒毒所和司法行政部门的劳动教养戒毒单位［为戒毒劳动教养所和劳动教养管理所戒毒大（中）队］。对此，《禁毒法》第41条规定："对被决定予以强制隔离戒毒的人员，由作出决定的公安机关送强制隔离戒毒场所执行。强制隔离戒毒场所的设置、管理体制和经费保障，由国务院规定。"2011年6月国务院颁行的《戒毒条例》中虽然没有对强制隔离戒毒所的设置做出进一步规定，但克服强制戒毒所和劳动教养所的弊端无疑是《禁毒法》

---

① 全国人大常委会新闻发布会，中新网，http：//www.china.com.cn/zhibo/2007 - 12/29/content_ 9422511. htm，2012 年 2 月 5 日。

② 虞伟：《禁毒法率先取消劳动教养——以强制隔离戒毒取代劳教措施，是立法突破还是文字游戏惹争议》，《南方都市报》2007 年 12 月 30 日。

设置强制隔离戒毒所的本意。不过,《禁毒法》实施九年的实践表明,强制戒毒的执行主体并没有实质性的变化。强制隔离戒毒所只是对原有的强制戒毒所和劳动教养戒毒单位的简单继承,并没有实质性变更。

首先,公安机关强制戒毒所虽然进行了调整,但在大多情况下只是改变了称谓,依然由其承担一部分强制隔离戒毒的职能。有的地区对强制戒毒所的资源进行整合,如云南省将州(市)、县 70 所整合到 29 所。有的地区公安机关强制戒毒所被保留,直接更名为现有的公安机关强制隔离戒毒所,如"日前,金华市强制戒毒所更名为金华市强制隔离戒毒所。今年(2008 年)6 月 1 日正式实施的《中华人民共和国禁毒法》规定,对吸毒成瘾人员可以通过社区戒毒或强制隔离戒毒的戒毒措施来戒除毒瘾,现行的强制戒毒措施改为强制隔离戒毒措施。根据省政府和公安部有关文件精神,金华市强制戒毒所予以更名"。①

其次,司法行政部门新成立的强制隔离戒毒所基本上是在原有劳动教养戒毒单位基础上"挂牌"成立,即"两块牌子,一套人马"。《禁毒法》颁布之后,从司法部劳教局开始,各地劳教局和各地接受强制隔离戒毒任务的劳教所陆续加挂了强制隔离戒毒局或者强制隔离戒毒所的牌子。同时,有的司法行政机关的强制隔离戒毒所还承担了一些原来由公安机关负责的强制戒毒任务,如浙江省"对丽水、衢州、舟山、湖州、平阳、永嘉等 6 个公安机关强制戒毒所进行压缩或停办,从(2009 年)7 月 1 日起,上述戒毒所不再接受新的戒毒人员,改由相应的司法机关强制隔离戒毒所直接接收"。②

无论是公安机关还是司法行政机关的强制隔离戒毒所,基本上不是通过新设产生的,而是对原有戒毒单位的继承。对很多管教民警来说,戒毒管理体制上的变革只是行文称呼的变化,对执法工作没有太大的影响。有记者采访了江苏、广东等六省份的基层民警,他们认为,强制隔离戒毒和

---

① 骆光业:《市强制戒毒所更名》,《浙中新报》2008 年 10 月 8 日。
② 王骏:《舟山强制隔离戒毒所今揭牌 职能从公安移至司法机关》,《舟山日报》2009 年 9 月 28 日。

以往的劳动教养相比是"换汤不换药"。①

因此，我们看到，尽管在立法理念上，《禁毒法》颁布后新确立的强制隔离戒毒应当和以往的强制性戒毒措施有较大不同，但考虑到执行机关的人员配置、管理场所和设施装备等客观条件较以往的强制性戒毒措施均没有大的变动，强制戒毒和劳教戒毒等旧时期的工作思路不可避免地延续下来，这使强制隔离戒毒制度在执行中和以往的戒毒措施没有太大的区别，《禁毒法》的立法理念难以得到有效落实。

（二）执行程序没有实质性的变化

有的同志认为，强制隔离戒毒与劳教戒毒存在法律依据不同、强制程度不同、教育内容不同、治疗过程不同和关爱程度不同五项重要区别。②这些确实是我国《禁毒法》所希望达到的立法效果。但由于相关法律制定的保守性，新确立的强制隔离戒毒措施中的主要程序性内容和以往相比，没有发生本质的变化，这引发了人们对强制隔离戒毒实施效果的担忧。

首先，执行的具体内容和以往没有区别。虽然现有《禁毒法》《戒毒条例》等法律法规没有直接规定强制隔离戒毒的具体执行内容，但是我们通过分析国家对强制隔离戒毒所任务的设定，不难得出强制隔离戒毒执行的主要内容是"提供科学规范的戒毒治疗、心理治疗、身体康复训练和卫生、道德、法制教育，开展职业技能培训"。《戒毒条例》第 29 条规定："强制隔离戒毒场所应当配备设施设备及必要的管理人员，依法为强制隔离戒毒人员提供科学规范的戒毒治疗、心理治疗、身体康复训练和卫生、道德、法制教育，开展职业技能培训。"2011 年 9 月 19 日通过的《公安机关强制隔离戒毒所管理办法》第 2 条规定："强制隔离戒毒所是公安机关依法通过行政强制措施为戒毒人员提供科学规范的戒毒治疗、心理治疗、身体康复训练和卫生、道德、法制教育，开展职业技能培训的场所。"

---

① 虞伟：《禁毒法率先取消劳动教养——以强制隔离戒毒取代劳教措施，是立法突破还是文字游戏惹争议》，《南方都市报》2007 年 12 月 30 日。

② 王晓钦：《强制隔离戒毒工作亟待解决的问题及对策》，《中国司法》2011 年第 6 期。

在以前，强制戒毒和劳动教养戒毒的具体内容大致也是如此。譬如，1995 年国务院《强制戒毒办法》第 13 条规定："强制戒毒所对戒毒人员进行药物治疗、心理治疗和法制教育、道德教育外，可以组织戒毒人员参加适度的劳动。" 2003 年司法部《劳动教养戒毒工作规定》中第 8 条规定："……进行道德、法制、文化教育和职业技能培训，组织开展文体活动和参加习艺性劳动……"通过新老法条比较，可以很明显地看出，戒毒治疗、文化教育、技能教育等内容都是我国新旧强制性戒毒措施的主体内容，并且新的强制隔离戒毒制度在执行内容上并无创新之处。

其次，执行时间的规定和以往没有本质区别。强制性戒毒措施法定期限的立法非常关键，《禁毒法》规定，一般情况下，强制隔离戒毒的期限为两年。戒毒人员在戒毒措施执行一年后，经诊断评估符合条件的，可以提前解除；需要延长戒毒期限的，最多可以延长一年。也就是说，强制隔离戒毒的实际执行期限一般为 1～3 年。这个期限和之前劳动教养戒毒 1～3 年，特殊情况可延长 1 年的期限规定没有质的差异。以往学者对劳动教养戒毒期限过长的质疑几乎可以照搬到强制隔离戒毒中来。

此外，适用于公安机关强制戒毒的原《强制戒毒办法》第 6 条规定，强制戒毒期限为 3～6 个月，如果延长，最长不超过 12 个月。新的《戒毒条例》第 27 条规定："被强制隔离戒毒的人员在公安机关的强制隔离戒毒场所执行强制隔离戒毒 3 个月至 6 个月后，转至司法行政部门的强制隔离戒毒场所继续执行强制隔离戒毒。执行前款规定不具备条件的省、自治区、直辖市……在公安机关的强制隔离戒毒场所执行强制隔离戒毒的时间不得超过 12 个月。"《戒毒条例》中 3～6 个月，最长不超过 12 个月的时间规定，很明显是对公安机关以往强制戒毒时间的简单继承，这种时间安排上的高度巧合，很容易让人产生"由公安机关执行的强制隔离戒毒就是以往的强制戒毒"的看法。

总而言之，新设的强制隔离戒毒制度立法构想比较进步，但立法的诸多细节性内容相当落后，没有吸收先进的法理思想。考虑到强制隔离戒毒制度在执行主体、执行内容、执行时间等关键问题上和以往强制性戒毒措施基本没有区别，我们有理由认为，强制隔离戒毒制度并不是新创的制度，更多是对以往戒毒制度的一种简单复制。在劳教制度已经被废除的情况下，立法刚刚确立的强制隔离戒毒完全继承了劳动教养制度的衣钵，这种立法思路过于保守，前瞻性不足。

二　社区戒毒（康复）——基础薄弱，难以承担职能

从禁毒法律法规对社区戒毒和社区康复的规定来看，立法者试图将社区定位成我国戒毒首要的和主要的阵地。以社区戒毒为例，《禁毒法》第33条规定："对吸毒成瘾人员，公安机关可以责令其接受社区戒毒，同时通知吸毒人员户籍所在地或者现居住地的城市街道办事处、乡镇人民政府。社区戒毒的期限为三年。"该法第38条又进一步规定："吸毒成瘾人员有下列情形之一的，由县级以上人民政府公安机关作出强制隔离戒毒的决定：（一）拒绝接受社区戒毒的；（二）在社区戒毒期间吸食、注射毒品的；（三）严重违反社区戒毒协议的；（四）经社区戒毒、强制隔离戒毒后再次吸食、注射毒品的。"可以认为，社区戒毒实际上已经成为首选的强制性戒毒措施，而强制隔离戒毒则处于一种补充的地位。虽然法律给了社区戒毒（康复）如此重要的法律地位，但由于我国社区工作基础薄弱，当前社区戒毒（康复）工作存在诸多阻碍，导致立法预设的效果难以实现，分述如下。

（一）社区戒毒（康复）理念尚未得到广泛认同

我国现有的法律法规较为详细地规定了社区戒毒（康复）的工作内容，但社区戒毒（康复）在我国毕竟是一个全新的事物，目前还没有得到社会公众的广泛认同，相关工作开展缺乏有力的群众支持。例如，武汉某居委会想在小区内的空地上修建办公场所，仅仅因为有谣传说要建立社区戒毒（康复）工作站，就遭到了小区居民的强烈反对，以至于建筑计划三次被搁浅。其实，据居委会主任称，居民所提到的社区戒毒（康复）工作

站，那只是按上面的要求挂在社区的一个牌子。因为他们社区到目前为止还没有出现一名吸毒和戒毒人员。① 这种尴尬局面的出现主要有以下两个原因。

一方面，社区工作开展时间短，制度本身还不完善。进入 21 世纪以来，我国的社会工作理论得到了较大发展，社会工作实务方面也积累了一定的经验，但整体来看，我国社会工作本土化的理论研究以及实务模式研究还处于相当薄弱的阶段。② 就社区工作这一大的领域而言，相关立法工作的全面启动较晚，有关社区工作最早的全国性文件大约是 2000 年的《民政部关于在全国推进城市社区建设的意见》，虽然从那时起社区工作逐渐取得了不少成绩，但我们也要清醒地看到，短短的十余年时间很难让一个复杂和庞大的工作体系真正成熟。在社区戒毒（康复）工作中，很多细节性的操作规程都没有制度化和规范化，特别是在很多经济欠发达的城镇地区和广大农村地区，以往的工作基础几乎是空白。

另一方面，戒毒措施的适用观念在短时间内难以转变。社区戒毒（康复）是一种全新的强制性措施，真正落实了"重治疗、轻惩罚"的戒毒理念，但这和我国长达几十年的强制戒毒和劳动教养戒毒树立的戒毒理念有着很大的差别。社区戒毒（康复）是一个舶来品。"自清末以来，中国法律制度的变迁，大多数都是'变法'，一种强制性的制度变迁。这样的法律制定颁布后，由于与中国人的习惯背离较大或没有系统的习惯管理的辅助，不易甚至根本不为人所接受，不能成为他们的行动规范。"③ 社区戒毒（康复）虽然符合先进的戒毒理论要求，但因为"与中国人的习惯背离较大"，所以要为人们所接受还需要较长时间的宣传和教育工作。

社会公众对社区戒毒（康复）的认识和支持是这一制度得到落实的重要支柱，得不到社区公众的支持，社区戒毒（康复）将失去其制度存在的

---

① 汪文汉：《小区将建戒毒康复站 居民恐慌》，《武汉晨报》2011 年 1 月 12 日。
② 文军：《当代中国社会工作发展面临的十大挑战》，《社会科学》2009 年第 7 期。
③ 苏力：《法治及其本土资源》，中国政法大学出版社，2004，第 13 页。

意义。而在我国，社会似乎还没有做好接受社区戒毒（康复）这类崭新的强制性戒毒措施的准备，公众对戒毒工作的支持还很不到位，这些现状都值得我们高度重视。

（二）社区戒毒工作缺乏人员装备等物质条件

社区戒毒（康复）属于新设的制度，对人、财、物有较高的要求，但是因为客观条件的限制，当前社区工作在人员配置、物质保障等方面存在比较大的困难。这些困难在一定程度上阻碍了我国社区戒毒（康复）工作功能的实现。具体表现如下。

首先，工作人员专业素质不高，工作待遇较差。社区戒毒和社区康复工作的具体执行人员主要为戒毒社工。但当前，社区工作人员普遍缺乏专业意识与专业知识，工作理念落后，工作随意性大，难以提供专业化服务。加之，社工身份难以落实，待遇较低，社工难以安心工作，流动性大。[①] 例如，2003 年上海市自强社会服务总社成立，成为全国首家专门从事禁毒社会工作的政府背景民间组织。如今，这个领域的社工已达到 460 人。但到 2008 年为止，每年社工的离职率始终都在 5% 到 8% 之间。该项工作服务对象的情况复杂、前途不明、工作难度大，与此相对应，工资却很低。工资基本是大专生每月 1500 元左右，本科生每月 2000 元左右，故而，年轻人感到"没奔头"。[②] 这种情况至今仍然没有本质的改变。在 2011 年海口市的《美兰区公开招聘社区戒毒（康复）专职人员工作方案》中，截至 2011 年 10 月 30 日，报名的海口市美兰区社区戒毒（康复）专职人员的工资待遇每月仅有 1200 元，编制、晋升等问题一如既往地没有提及。[③]

其次，社区戒毒（康复）财力保障不足。戒毒工作的开展肯定需要经

---

① 刘建强：《我省社区戒毒和社区康复工作研究》，《四川警察学院学报》2011 年第 4 期。

② 宋宁华：《禁毒社工为何每年流失 5%》，《新民晚报》2008 年 6 月 29 日。

③ 参见佚名《美兰区公开招聘社区戒毒（康复）专职人员工作方案》，http://www.haikou.gov.cn/root9/QS01/201110/t20111018_380731.htm，2012 年 2 月 5 日。

费的支持，而且与其他社区工作（如社区矫正）相比，社区戒毒（康复）由于工作对象的特殊性，对财物的要求更高。在西方国家，医疗保障体系高度完备，他们戒毒工作的开展几乎不存在经费方面的障碍。例如，英国国民医疗系统 NHS（北爱尔兰部分称为 NSC）是公民公费医疗的典型代表，英国国民可以轻松享受免费的福利医疗，甚至连外国人满足在英国合法居住 12 个月等条件后，都可以享受他们的福利医疗。[①] 由于早在 1964 年英国毒品法案等法律中，就已经将海洛因等毒品滥用者纳入医疗救治体系之中，故而，英国吸毒者的治疗不存在经费上的问题。同时，西方社区概念非常成熟，社区是人们生活的基本载体，人们对社区有着很强的认同感，除了官方的资金支持，社区戒毒工作还能获得相当大数量的地方捐款，这其实也是很多从事戒毒的志愿者组织能够长期开展工作的重要原因。[②]

但我国国情比较特殊，民间捐款和红十字会等慈善机构资金的数量和流向都很不稳定，不足以成为社区戒毒的主要资金来源，故而当前社区戒毒基本上只能依靠政府拨款，但政府层面的资金投入和社区禁毒工作的实际需要相差较大。以武汉市为例，2009 年，《武汉市第十二届人大常委会第十二次会议审议意见》中提到，武汉市虽已将禁毒经费列入市级财政预算，但每年仅有 100 万元，只能勉强维持市禁毒办的运转，经费缺口很大，远不能满足禁毒工作需要。在 2009 年之后，武汉市在社区戒毒方面加大了投入，但经费问题仍然远没有解决。截至 2011 年，武汉市每年落实 300 万元用于社区戒毒康复工作，各区按照 1∶1 进行配套。与此相对应，全市排查录入吸毒人员 38159 人，全市有 3476 名吸食传统毒品人员被纳入社区戒毒，2302 名吸食新型毒品人员被依法纳入社区康复。戒毒方面配备专职社

---

① Gorsky, Martin, "The British National Health Service 1948 – 2008: A Review of the Historiography," *Social History of Medicine*, Vol. 21, Issue3, Dec. 2008, pp. 437 – 460.

② 例如，Release 作为一个成立于 1967 年的立志于戒毒、戒毒法律帮助和戒毒政策建议的民间组织，通过接受捐款、义卖等方式来维持几十年的运作。http://www.release.org.uk/about/history - of - release。

工 163 人、兼职社工 1285 人，实现城区每条街道、远城区城关街道至少 1 名专职社工。① 两组数据相对比，即便是政府投入的 600 万元经费完全到位，相对于全市近 6000 名戒毒人员的戒毒费用、1400 多名社工的工资费用及其他相关开销，这笔经费明显也并不宽裕。

三 强制性戒毒措施的改革之路

《禁毒法》构建的新型戒毒矫治体系反映了我国禁毒立法的理念开始实现从惩罚到矫治的转变。② 好的政策需要好的制度去落实。当前我国的强制性戒毒措施有着良好的外部发展机遇，我们可以有针对性地对这一新兴制度进行完善，以期早日形成良性运作的有中国特色的强制性戒毒体制机制。

（一）确立"社区为主，隔离为辅"的强制性戒毒体系

我国对毒品和吸毒行为的排斥在思想上已经根深蒂固，长期以来，已经习惯了将对戒毒人员进行高度人身强制作为主要戒毒方式，很多基层干部群众对吸毒人员谈虎色变，脑海中已经形成了不劳教就不足以达到惩罚目的，不监禁就不足以维护社区稳定，不强戒就不足以彻底戒除的错误观念。

为了新的戒毒制度真正实现"从惩罚到矫治"的转变，笔者认为，在当前我国确立的强制性戒毒措施中，社区戒毒（康复）制度和强制隔离戒毒制度之间并不应当是并列的关系，我国应当确立"社区为主，隔离为辅"的强制性戒毒体系，虽然强制隔离戒毒有着见效快的优点，但是我国更应当重视社区戒毒（康复）的适用，理由有三。

首先，人权保障的刚性需求。我国新的戒毒体系建立的基础是"人本

---

① 秦千桥、李红：《武汉：建立社区戒毒康复机制》，《人民公安报》2011 年 6 月 24 日。
② 姚建龙：《禁毒法与我国戒毒体系之重构》，《中国人民公安大学学报》（社会科学版）2008 年第 2 期。

理念"，是对吸毒人员人格尊严和身体健康的真正重视。因此，人权保障应当成为我国戒毒措施适用时必须考虑的重要因素。无论如何宣扬其教育功能，强制隔离戒毒所都是一个封闭的监管场所，戒毒人员的人身自由受到了一种外来的限制。相对于强制隔离戒毒而言，社区戒毒（康复）对戒毒人员的人身约束要弱很多，戒毒人员享有更多的人身自由，尊严得到尊重，不存在太多的人权质疑。

其次，戒毒规律的客观要求。众所周知，吸毒成瘾者要彻底戒毒需要一段较长的时间。2009 年卫生部印发的《阿片类药物依赖诊断治疗指导原则》从医学角度指出，在临床表现上，海洛因的戒毒症状能够持续 7 ～ 10 天，长效药物如美沙酮的戒毒症状能够持续 2 周左右，这个生理戒毒的过程并不长。该文件中又强调，阿片类药物依赖是一种慢性、高复发性疾病，其治疗是一个长期过程。后继心理治疗需要更长的时间，戒毒人员也需要更多的关爱，这是戒毒工作的基本规律。既然我们强调对吸毒人员重在教育和救治，那么我们必然要真正重视戒毒人员生理戒毒后的身心康复和重返社会等工作，而这些无法通过强制隔离戒毒得到实现，最终仍然要落脚到社区戒毒（康复）上。故而，我们应当重视社区戒毒（康复），让戒毒人员在社区的生活、学习和工作中从心理上逐渐和毒品划清界限，这种方式取得成效所需的时间较长，但能够达到使戒毒人员彻底戒毒的效果，促使戒毒人员真正回归社会。

最后，立法发展的必然结果。强调"社区为主，隔离为辅"的思想也是我国法律发展的一种必然选择。《戒毒条例》中提出，"戒毒工作坚持以人为本、科学戒毒、综合矫治、关怀救助的原则"，其中蕴含的人文关怀不言而喻，后继立法应当延续这种规定，立法应当"从轻"和"从缓"。与强制隔离戒毒在法理上遭遇的种种尴尬不同，社区戒毒（康复）的立法前景要好得多。由于有着保障人权、经济节约、社会和谐等诸多利好因素，社区戒毒（康复）工作不存在难以克服的法理障碍。实际上，由于符合现代法治精神，我国目前整个社会工作的立法正处于黄金时期，发展非常迅猛。例如，如果以 2003 年 7 月 10 日最高人民法院、最高人民检察院、公安部、司法部联合下发的《关于开展社区矫正试点工作的通知》为起点，2011 年《刑法修正案（八）》中就已经将《刑法》第 76 条修改为："对宣告缓刑的犯罪分子，在缓刑考验期限内，依法实行社区矫正……" 短短八年时间，连《刑法》这种极为重要的基本法都对社区矫正进行了正式认可，这充分说明了社区工作相关立法在未来我国法律体系中将占有一席之地。

除了以上原因，还有一些其他支撑我们确立"社区为主，隔离为辅"戒毒模式的理由。例如，"温和的法律能使一个民族的生活方式具有人性；政府的精神也会在公民中间得到尊重"。[①] 从协调政府和民众关系、维护社会稳定的角度出发，社区戒毒（康复）比强制隔离戒毒更加适合和谐社会的构建。

（二）加大社区戒毒（康复）的投入力度

社区戒毒（康复）在现有戒毒体系中的地位极其重要，同时社区戒毒（康复）在我国的基础又十分薄弱，故而加大社区戒毒（康复）的人、财、物投入力度是今后较长时间内的必然选择。

首先，加强社区戒毒（康复）人才队伍建设。专业禁毒社工在社区戒毒（康复）中的重要作用已经被证实。在南京，对戒毒人员的调查中问及"社区、禁毒社工的帮教能否成为你回归社会最关键的因素"时，79% 的受访者认为"能"。[②] 虽然目前禁毒社工的数量和素质都还不能满足社区戒毒（康复）的需要，但我国目前正好面临一个社会工作专业人员培育发展的重大良好契机。2010 年，中央发布《国家中长期人才发展规划纲要（2010～2020 年）》，将社会工作专业人才提升为与党政人才、企业经营管理人才等相并列的主体人才，明确了到 2020 年培养 300 万名社会工作专业人才的发展目标。2011 年 11 月，中央组织部、中央政法委、民政部等 18

---

① 〔英〕边沁：《立法理论——刑法典原理》，孙力等译，中国人民公安大学出版社，1993，第 150 页。

② 韩丹：《多元整合视野下的社区戒毒模式——一项基于江苏南京的实证研究》，《青少年犯罪问题》2011 年第 4 期。

个部委联合发布了《关于加强社会工作专业人才队伍建设的意见》，这是中央第一个关于社会工作专业人才的专门文件，在我国社会工作事业发展史上具有里程碑意义。该文件将培养造就一支高素质的社会工作专业人才队伍提升到"重大而紧迫的战略任务"高度。可以预见，有了如此大力度的人才政策支持，困扰我国社区戒毒（康复）的专业人才问题应当可以在不久的将来得到有效解决。

其次，加大社区戒毒（康复）经费投入。在前文所举的武汉市戒毒投入中，笔者推算出政府的600万元经费尚不足以支撑戒毒费用、社工工资及其他相关开销。除此之外，戒毒经费还可能面临资金落实不到位的情况。经费问题看似严峻，但我们认为，当前社区戒毒（康复）的经费问题更多的是一种观念问题而不是一种能力问题，《禁毒法》第6条明文规定将禁毒经费列入各级人民政府的财政预算。有雄厚的财政收入做支撑，各地政府应当有条件适当加大禁毒资金的投入，满足社区戒毒（康复）的资金要求。

以南宁市为例，该市禁毒经费2001年为60万元，2006年为80万元，从2008年起增加到100万元。该项经费主要用于禁毒宣传教育、禁吸戒毒基础设施建设、侦查办案、查缉毒品装备购置及禁毒表彰奖励等工作。南宁市财政局承认，"禁毒工作经费仍稍嫌不足"，故而将会"集思广益，采取各种办法，多方筹措资金，如鼓励社会各界人士以捐赠形式支持禁毒工作等"。实际上，抛开社会捐赠等方式不谈，仅以南宁市财政收入来支持禁毒支出并不存在太大的困难。根据统计，2008年南宁市财政收入为191.17亿元，但到2011年时，全市财政收入已经达到363.52亿元，增长近一倍。财政收入的高增长在全国范围内是一种普遍现象，2008年我国全国财政收入突破6万亿元，而2011年这一数字已经突破10万亿元。① 由此可见，我国具备对社区戒毒（康复）加大投

---

① 南宁市禁毒数据参见南宁市财政局向公众公开的《南宁市关于贯彻实施〈中华人民共和国禁毒法〉的情况报告》，南宁市及全国经济数据参见相应年度统计年鉴。

资的财政条件。更何况，由于要进行办公场所建设、办公硬件投入等原因，初始阶段资金投入可能较大，但后期的禁毒和康复工作的费用应当会稳定在一个相对较低的水平，并不会给地方财政带来长期的、较大的压力。

（三）借助劳教制度改革，弱化强制隔离戒毒的强制性

为了符合现代法治精神的需要，强制隔离戒毒制度应当进行弱化其强制性的相关改革。

"专家认为，在吸毒成瘾人员中，对出现急性戒断症状，行为失控的人员，必须在管理严格的封闭环境中进行戒毒。此外，对于吸食、注射毒品尤其是吸食 K 粉、摇头丸等新型毒品，导致出现精神病症状，如出现幻觉、妄想或者表现出明显的暴力、伤害和杀人犯罪倾向的人员，也必须隔离治疗。"[1] 因此，强制隔离戒毒有着其存在的必要性，不能轻言废除。劳动教养制度的改革思路能为我们优化强制隔离戒毒措施提供有益的参考。

2004 年形成的《违法行为矫治法（草案）》中，根据马怀德教授的介绍，有几个方面和原有的劳动教养制度具有实质区别，其中之一是管理违法行为的矫治场所是半开放和开放式的。按照该法草案，半开放式是指在矫正单位内部开放，对外是不开放的，矫治对象在场所内可以自由活动。而开放式指的是，矫治对象周末可以回家，平时可以请假回家。[2] 在这个大背景下，笔者认为，借助劳教制度改革的契机，我们具备了弱化强制隔离戒毒制度强制性的条件。至少我们在管教方式上可以做更多的人性化改革，也可以考虑对强制隔离时间进行一定的缩减。

综上所述，由于我国新的禁毒体系形成不久，当前的强制性戒毒措施还存在一些制度上的缺陷。我们应当分清强制性戒毒措施之间的主次关

---

① 全国人大常委会法制工作委员会刑法室编著《中华人民共和国禁毒法释义及实用指南》，中国民主法制出版社，2008，第 197 页。

② 段芳宇、经淼：《违法行为矫治法将取代劳教制度》，《华商晨报》2005 年 3 月 14 日。

系，树立符合时代要求的矫治理念，并对社区戒毒（康复）制度及强制隔离戒毒制度从技术层面进行完善，力争建立起既符合世界发展潮流，又符合我国实际的戒毒制度。①

第四节　宜昌市社会矛盾化解机制实证研究

一　社会矛盾是当前重点问题和热点问题

邓小平同志说："中国的问题，压倒一切的是需要稳定。没有稳定的环境，什么都搞不成，已经取得的成果也会失掉。中国一定要坚持改革开放，这是解决中国问题的希望。但是要改革，就一定要有稳定的政治环境。"② 改革开放之后，党和政府对社会矛盾问题高度重视，但是，主客观环境的变化使我国社会矛盾发生了一些变化。正如党的十六届六中全会文件《中共中央关于构建社会主义和谐社会若干重大问题的决定》所述："我国已进入改革发展的关键时期，经济体制深刻变革，社会结构深刻变动，利益格局深刻调整，思想观念深刻变化。这种空前的社会变革，给我国发展进步带来巨大活力，也必然带来这样那样的矛盾和问题。"为了更好地化解社会矛盾，各地进行了很多有益的尝试。课题组在湖北省宜昌市进行调研发现，宜昌市形成的"宜昌经验"充分调动了基层的积极性，通过网格化管理在服务群众的同时化解社会矛盾，提升群众的满意度，成为我国基层社会矛盾化解的模范标本。本源上，刑事诉讼也是化解社会矛盾的一种程序，故而一般性的社会矛盾化解机制对刑事诉讼程序应当会有一定的启发意义。

---

① 本节内容为与导师张泽涛教授合作研究成果。
② 《邓小平文选》（第 3 卷），人民出版社，1993，第 284 页。

二　宜昌市社会矛盾的特殊性

（一）民生类矛盾越发明显

在改革开放之前，由于阶级斗争思想等政治因素的影响，我国的社会矛盾主要从敌我矛盾和人民群众内部矛盾的角度进行理解。改革开放初期，社会矛盾往往被浅层次地理解为社会治安矛盾。但是在当前，由于社会经济文化的发展，特别是由于法制意识的觉醒，人民群众对生活质量的要求越来越高，群众对社会矛盾的理解已经从严重危及人身财产安全的危害公共安全类案件扩大到与生活舒适性密切相关的诸多其他领域。例如，宜昌市西陵区是宜昌市的政治、文化、商贸中心和旅游服务功能区，2013年全区调处社会矛盾 2807 件。2013 年西陵街道矛盾类型分析见图 4-1。

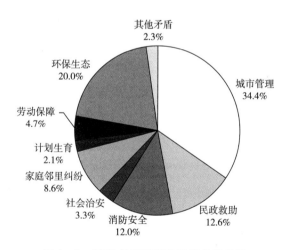

图 4-1　2013 年西陵街道矛盾类型分析

从图 4-1 可以看出，"社会治安"属于传统意义上的社会矛盾范畴，影响很大，历来是基层工作的重点，但数量占比较小。"城市管理""环保生态""民政救助""消防安全"等内容虽然均为民生类琐事，但是和群众的生活联系最为紧密，关切度高，同时数量庞大，在基本社会矛盾中已经占据主要地位。

（二）政府服务的供给和需求存在偏离

长期以来，我国政府对公民承担责任的形式近乎"无限责任"，"民众对政府有着一种心理和行为的惯性依赖。在这样的情形下，作为一种没有办法的理性选择，同时也是作为民众传统心理的一种延续或者是一种路径依赖，民众自然就会向政府表达大量的甚至是各种各样的利益诉求"。① 这种客观存在的重要原因在中国延伸出了一系列的社会问题，最为典型的就是"信访不信法"在我国成为一种普遍现象。同样，如前文所述，各种社会矛盾出现时，公众对政府有一种过度的依赖，而在当前，我国政府正在从管理型政府向服务型政府转变，政府的过分干预不仅会给自己增加极大的额外负担，而且很可能逾越法律的界限。简而言之，公民的需求和现代法治政府的供给之间出现了较大偏离，群众的诉求时常并不能得到政府的积极响应。如果不能妥善解决这一问题，社会矛盾不能得到及时化解，政府的公信力会不断下降，不利于群众的福祉和基层政权的稳定。

（三）矛盾信息收集的难度较大

要想解决矛盾，首先应当掌握矛盾的基本线索，而当前收集信息的难度越来越大。一方面，如前文所言，社会矛盾的数量大幅度增加，而政府机关受限于人、财、物的配备以及服务方式，难以同步发现矛盾。另一方面，虽然民生类矛盾是当前社会矛盾的主体，但是在"事不关己，高高挂起"的传统思想影响下，群众不太会积极主动地反映身边和自己不是特别相关的小事。例如，某些小区存在物业公司随便占用公共绿地修建停车位谋利的情况，但小区居民基本不关心。不过如果涉及对小区居民增加收费等关系到居民切身利益的事项，群众往往会有激烈的意见反馈。矛盾信息收集困难的背后是公民意识的缺失，这一点在短时间内较难得到根本性扭转。

---

① 吴忠民主编《中国改革进程中的重大社会矛盾问题》，中共中央党校出版社，2011，第5页。

三　"宜昌经验"化解社会矛盾的具体做法

社会矛盾的化解是一项系统工程，面对纷杂的社会矛盾，各地在社会治理上有很多创新之处，限于篇幅和主题，我们仅对"宜昌经验"在化解社会矛盾上的特殊做法进行分析。

2012 年，宜昌市系统收集社会矛盾 38879 件，排查化解率为 97.6%；2013 年，收集社会矛盾 26215 件，排查化解率为 99.7%。宜昌市 98% 左右的社会矛盾是在基层解决。宜昌市社会矛盾"发现早，处理快，效果好"等特点表现得非常明显，这和"宜昌经验"在社会矛盾化解中的实施有着密切关系。根据宜昌市创新办和网格办领导同志的介绍，我们认为，"宜昌经验"在社会治理上的创新主要有三点。

首先，确保信息收集的渠道通畅。宜昌市依托网格化管理平台，将社会矛盾信息收集、排查、化解的关口延伸到社区（村）、楼栋（组）。之所以能够实现这一点，正是因为宜昌市的网格化管理工作打下了扎实基础。宜昌市将城区 112 个社区划分为 1110 个网格，为每个网格配备一名网格管理员，"每日两访"，做到对辖区内各种情况的"一口清"。网格管理员履行信息采集的重要职责，通过这种信息收集和对比，公安部门准确掌控了流入城区的有违法犯罪前科人员 933 名，抓获在逃人员 685 名。同时，宜昌市打破公安、人社、教育等 11 个部门之间的信息壁垒，建立"一方采集、多方响应"的信息关联比对机制，各类基础信息实现了从静态管理到动态管理，从各自为政到融合共享，这样才能够保证信息收集的及时性和正确性。

其次，简化矛盾解决的流程。宜昌市将社会矛盾处理从社区、街办、区、市多层次逐级上报转变为"扁平式"联动操作。一般情况下，将矛盾在社区解决；对社区无法解决的矛盾，实行"扁平操作"，直接分流送至街道、区直或市直部门解决，实现社区、街道、部门三级联动化解。为了落实这种"扁平操作"，宜昌市已将 34 个市直及部分省级单位、112 个区直单位、16个街办、105个社区，共267个单位列为城区社会矛盾联动化解责任单位，这种做法保证了矛盾反馈后能够有条件得到迅速解决。

最后，最大限度地方便群众，从源头上化解矛盾。根据经济学中的"信息不对称理论"，信息不对称现象的存在使交易中总有一方会因为获取信息的不完整而对交易缺乏信心。同样，信息沟通的不顺畅也是产生各种矛盾的重要原因。宜昌市基于健全的网格化管理，通过大量的代理式主动服务，方便了群众，从源头上避免了矛盾。例如，在以往，社区通知办理老年优待证等证照一般都是通过在社区张贴通知的方式，信息的告知效果有限，一旦居民因为没有及时获知消息而丧失证照办理机会，便很容易产生纠纷，影响干群关系。但在宜昌，网格化管理实现了居民信息的全面掌握，网格管理员的手持终端会有各种提示，使他们能够及时地、有针对性地为特定对象提供各种信息。实际上，基于良好的信息平台，大量的基本公共服务已经被纳入社区的综合服务管理平台，社区能够统一受理或办理政府延伸下沉的社会管理和公共服务事项，社区能够为居民提供教育、医疗、低保、养老等一站式便民服务，甚至是各种代办服务，既然群众反映的问题或者相关事项已经由网格管理员或者社区代为办理、代为监督，群众自然不会出现事情是否办妥之类的忧虑，避免了矛盾的出现。

四　宜昌市社会矛盾化解特点分析——以网格管理员为中介

"宜昌经验"的形成并非一朝一夕，我们发现，宜昌市在化解社会矛盾方面之所以能够取得较为突出的成果，是因为"宜昌经验"存在以下几个特点，符合矛盾化解基本原理。只有理解"宜昌经验"的精髓，才有可能复制宜昌成功的真正经验。

实施网格化管理是"宜昌经验"的基石。网格化管理在我国不少城市均有试点，如北京、上海、深圳等地。宜昌是全国35个社会管理创新综合试点城市，在网格化管理上形成了自己的特色。我们认为，在"宜昌经验"中，网格管理员（被群众昵称为"格格"）这一群体发挥着至关重要的作用。

按照"一格一员"的标准，宜昌市面向社会公开招录了1203名网格管理员，明确了"信息采集、综合治理、劳动保障、民政服务、计划生育、城市管理、食品安全"七项职责，在管理模式上，对他们实行"统一购买服务、统一薪酬待遇、统一综合履职、统一考核管理"。经过实践，他们由原来的政府助手的单一角色，开始逐渐调整职能，变成社会治理中一股特殊的力量。网格管理员这一群体在社会治理中发挥了极为特殊的作用，特别是他们体现出的创新价值，值得高度重视。

（一）变革了传统的社会治理模式

在网格化管理中，网格内基本信息的收集和动态更新是盘活网格化治理的基础，也是工作的难点。在"宜昌经验"中，网格管理员的主要工作职能之一是对网格内各种信息进行动态收集，他们能够通过手持移动终端将关系民生的重要事项直接上传到市级统一指挥中心，不需层层上报，这种扁平化管理可以有效避免部门之间相互推诿的窘境，可以在最短的时间内解决出现在网格内的问题，极大地提高了政府的工作效率，提升了群众的满意度和幸福感。更为重要的是，因为网格管理员和政府部门之间没有隶属关系，加上职能中有反馈问题和监督问题落实的内容，因此他们有条件成为群众利益的代言人。实际上，网格管理员这一组织可以成为对政府部门进行监督的重要环节，有利于基层群众及时表达民生问题，也有利于迅速解决小微矛盾。

（二）设立了政府购买公共服务的新方式

在宜昌，网格管理员群体是以政府购买服务的方式存在的。宜昌市政府跳过了委托第三方社会组织作为中介这一环节，使用市、区两级财政直接向招录在岗的网格管理员公开购买社会公共服务。网格管理员属于政府雇用，在身份上不担任行政职务，仅在合同约定的范围内履行职责。在网格建设初期，网格管理员主要承担"信息采集和上报"工作，其行为多少带有行政色彩。但是在后期工作中，网格管理员们辛勤的付出，为社区居民提供"零距离""全天候"的贴心服务，拉近了政府与百姓之间的距离，他们被社区群众亲切地称为"格格"。网格管理员这种"类组织"扎根社区，对社区民情了然于心，非常接地气，俨然成为社区居民诉求的代言人，很好地发挥了社会服务的职能。

党的十八届三中全会指出，"适合由社会组织提供的公共服务和解决的事项，交由社会组织承担"。这是一种国际上常见的做法，符合现代社会治理趋势，我国的北京、广州和深圳等一线城市政府购买社会组织服务已经并不鲜见。在大部分城市，社会组织的发展虽然很快，但是这些第三方社会组织是否具备草根性，能否接地气，能否真正有效地为公众服务还有待观察。虽然这种通过政府向社会组织购买公共服务的方式将来很可能会成为我国社会治理的主要内容，但是它并不能一蹴而就。对于广大的内陆地区而言，如何有效地开展政府购买公共服务工作，中间应该有一个过渡阶段，"宜昌经验"应该说为此过渡阶段提供了一条可以参考和借鉴的道路。

（三）创新了向公众提供社会服务的方法

宜昌以网格管理员这一群体作为媒介改变了社会为居民提供服务的方法。在实施网格化管理以前，社区居委会主任、社区专干都是在办公室等着社区居民前来寻求服务和帮助。建立了统一的信息共享平台后，宜昌市推动网格管理员依托平台，化被动为主动，化烦琐为简便，积极为群众提供各种社会服务。

例如，在计生方面，某一育龄妇女在医院生育孩子时，其所属网格的网格管理员可以通过社区E通的提醒在第一时间主动联系新生儿家长办理新生儿的城镇居民医保，以有利于其减少新生儿医疗开支。宜昌的网格化管理还通过网格管理员的真诚工作衍生出众多"为居民群众代办事宜"等贴心和人性化的服务，如社区E通每天可以显示社区新达到60岁老人的信息情况，网格管理员会主动提醒老人办理"老年人优待证"。对行动不方便的社区居民，还会主动上门收集资料，提供代办服务。这些做法真正将服务延伸到居民家中，受到了社区民众的称赞。

（四）创新了培育社区自治能力的方式

社区自治的主体是多元化的，它包括社区居民、社区自治组织（志愿者组织）和其他社区社会组织（如社区养老机构）等。如果按照西方的套路，政府不应插手干预，完全通过民间的自我成长和发展来完成各种社区自治，但这条路径在中国当前的经济社会条件下并不现实。宜昌的网格化管理员群体充当了联系政府和社区基层的纽带的角色，能够有效地促进社区自治能力的培育，提供了一种新的问题解决思路。

在培育社区居民自治方面，"格格"们的工作增强了政策的透明度，扩大了社区居民的知情权、参与权和选择权。网格管理员利用社区公共服务电子平台主动联系居民，可以让公民更加有效地参与社会事务，更好地反馈各种意见。

在促成社区志愿者队伍建设方面，宜昌市非常重视网格内志愿者的作用。网格管理员会主动做工作，动员网格内有条件的居民成为社区志愿者，对社区进行服务，宜昌城区的很多社区居委会办公楼里都张贴了社区志愿者的事迹和信息并进行志愿之星的评比。虽然精神鼓励多于物质奖励，但这一系列措施极大提高了志愿者服务的热情，促进了社区居民自治能力的发展。

在培育社区社会组织方面，宜昌的网格管理员和其他社区工作人员会在场地、设备等方面提供条件，在社区居民中进行宣传，鼓励他们自愿建立社区社会组织。宜昌城区主要有四种"社区型"社会组织类型，分别为公益类、互助类、服务类和其他类社会组织，网格管理员会依托这些从社区内部孵化出来的社会组织动员和发动社区群众参与社区事务管理，开展互助合作服务。例如，在宜昌的七里新村社区，由网格员牵头成立了"七里晨光璐璐工作室"等社会组织，无偿或低

偿为社区青少年开展课业辅导、书画培训、心理疏导、健康教育等
活动。

五　网格化管理在矛盾化解机制的完善趋向

虽然取得了较为突出的成就，但是制度总是在不断地发展和完善。经
过分析，我们认为，类似宜昌市网格化管理的矛盾化解机制可以在以下几
个方面进一步加强，以取得更大的突破。

（一）保证网格管理员职能的稳定发挥

"宜昌经验"成功的基本前提是扎实的基础信息。这一工作并不是简
单的"硬件"建设，更为重要的是网格管理员这一"软件"建设。宜昌市
建立了打卡考核、错时工作等制度，要求网格管理员做到"信息全摸清、
矛盾全收集"。据估计，宜昌的网格管理员每天平均收集至少 2000 条人口
变动信息，网格管理员还可以通过发展辖区内信息志愿者的方式，提供大
量紧急事件、私搭乱建、食品安全等方面的信息，为政府职能部门及时履
行职能创造条件。有的地方重视"硬件"建设，轻视"软件"建设，患有
"网络依赖症"，认为先进的信息化手段就是社会治理创新，就可以解决社
会治理中的问题，这是一种典型的认识错误。"宜昌经验"的实质不仅是
管理，更是服务，建立在信息化基础之上的服务更是需要网格管理员去
落实。

但是网格管理员的身份定位并不清晰。在当前强调政府行政职能转
变，强调社会共治和基层自治的趋势下，网格管理员的身份定位模糊很可
能会使其丧失社会自治方面的基本价值。此外，网格管理员在基层不可避
免地会协助公安、城管、司法、工商等部门开展执法工作，如果其身份定
位不准确，将会影响其参与执法的合法性。此外，网格管理员的身份定位
不明还影响了队伍的稳定性。我们分析网格管理员的离职原因后发现：有
的网格管理员认为该岗位没有得到官方的明确定性，是一种随时都有可能

被撤销的临时性岗位，职业不稳定；有的网格管理员无法理解岗位"公益性"的性质，因此不能为居民主动提供服务，背离了岗位设置的初衷；有的网格管理员对工作岗位的发展前途很茫然，认为没有上升的空间。

我们认为，网格管理员为社会公众提供大量综合服务的同时也履行了一部分政府部门的职能，当前无法被政府部门、社会组织等其他主体取代，故而应当正视网格管理员在社会治理创新方面的独立作用。在当前，我国基层居民自治的参与性还较弱，基层社会组织的发育还不成熟，要发动基层社会力量参与到社会治理中，网格管理员是一个非常重要的环节，他们在政府和居民之间起到了纽带的作用，我们应当承认其作为社会治理主体的身份，丰富社会治理主体体系。

一方面，鉴于网格管理员是社会治理主体之一，在网格化管理中发挥重要作用，因此，我们在制定网格化管理的具体规则时应当将网格管理员的队伍建设作为其中的一个独立内容给予足够重视；另一方面，网格管理员队伍建设的相关研究还比较薄弱，有必要专门针对网格管理员进行专项试点，宜昌市在这一方面有较好的基础，可以作为开展此项试点的城市之一。

（二）探寻司法类矛盾化解新路

司法行政机关是政法系统和政府部门的重要组成部分，在化解社会矛盾、维护社会稳定中具有不可替代的作用。2012 年之后，宜昌市司法行政机关抓住全市社会管理创新综合试点这一契机，大力实施"法务网格工程"，创新建立司法行政网格化服务管理新体系。

在具体做法上，宜昌市司法行政部门在化解社会矛盾上的主要手段有三种。首先，基于网格化管理构建矛盾化解平台。宜昌市司法行政部门主动对接工作职能，打造了法务工作的"三级平台"：一是依托街道（乡镇）综治信访维稳中心建立"法务指导中心"；二是依托社区（村）综治信访维稳站建立"法务工作站"；三是依托网格（农村治调中心户）建立法务工作网络。其次，基于网格构建人民调解员队伍。每个网格选聘 1~2 名义务调解员，协助化解矛盾纠纷。此外还整合系统内法律服务力量，每个网格确定一名法律服务专业人员。最后，基于网格管理员及时发现矛盾。网格员履行网格管理责任，组织信息员、调解员及时排摸网格内人口、治安、矛盾纠纷等各种情况。

从实施效果看，宜昌市实现了"法务网格工程"城乡全覆盖，加强了司法行政基层的领导和组织保障，有利于整合法务资源，为做到及时化解矛盾打下了良好的基础。但司法类矛盾和民生类矛盾有着较为明显的区别，对国家机关有着更多的要求。一般情况下，民生类矛盾属于就事论事的"技术型"矛盾，矛盾发生有针对性，及时找到职能部门就能够较为轻易地解决。城市依托网格化管理，能够及时发现矛盾、通知矛盾、传达问题，较为妥善地化解矛盾。而司法类矛盾往往属于带有衍生性的"事务性"矛盾，涉及的矛盾在事实上有争议，解决难度大，更何况很多时候在法理之外还夹杂着人情，即便是专业的法律人才也不能轻易做到"案结事了"。与民生类矛盾化解相比，城市的网格化管理虽然能够及时收集矛盾，但是解决此类矛盾的能力没有明显提高。这是网格化管理之外司法行政部门需要正视的问题。

（三）正视农村地区化解矛盾的特殊性

我国各地已有的网格化管理基本上是依托于大中城市，农村网格化建设的实践较少。但社会治理不分城乡，广大乡村同样需要社会治理，需要综合服务。宜昌市大胆创新实践，在顶层设计时统筹推进城乡网格化管理，探索长效管理机制，取得了不少成绩。

譬如，宜昌市夷陵区位于鄂西北山区，农业人口和农村面积均占全区的80%，属于典型的"小城区、大农村"格局。该区依托网格化管理前移安全防范关口，将综治维稳、公共安全及自然灾害防范关口前移到网格、家庭，从源头掌控信息。充分发挥网格队伍的作用，全面收集社情民意等各类信息。利用QQ、微博、微信等现代网络手段，第一时间将信息传递上报，第一时间采取处置措施，早发现、早上报、早预警，真正做到信息全掌握、服务全方位、隐患早排除，将问题解决在萌芽阶段。夷陵区依托信息化支撑，研发出"三三制"矛盾纠纷联动化解信息管理系统，2013 年1～10 月，经过网格中心户、村治调小组、乡镇调处中心三个级别九道关口的层层化解，将问题解决在第一现场，将矛盾化解在田间地头，全区矛盾纠纷总量比上年同期下降了 16.4% 。

宜昌市注意到城乡网格化管理的差异之处，并有针对性地进行了调整。例如，宜昌市城区的网格管理员主要通过招聘产生，而农村网格管理员主要通过推选产生，这样保证了农村网格管理员队伍更加熟悉农村的基本情况，能够融入当地，准确收集到各种信息，并且在调解村民矛盾、引导村民自治、向村民提供各种服务信息方面发挥实质性的作用。

但农村地区的矛盾化解工作仍然存在一些较为明显的问题。例如，农村地区矛盾信息收集的真实性和及时性存疑，因为网格管理员是本地区的熟人，巡查频率较低，有可能不愿上报矛盾或者无法及时发现矛盾。再如，农村网格管理员解决矛盾纠纷的能力相对较低。宜昌市探索农村人口分类服务管理机制，把农村"三留守"人员以及刑释解教人员、社区矫正对象、不良行为青少年、吸毒人员、艾滋病人、易肇事肇祸精神病患者等特殊人群纳入网格，实行跟踪管理、跟进服务，但是由于基层社会资源具有稀缺性，对这些人群进行监管和服务的难度很大，从源头上遏制矛盾发生的客观困难较大。

第五章　促进认同思维的培育和形成

从法律职业工作者素质养成角度而言，促进公众认同是一种思维，最好从接受法学教育之初就开始培养。作为培养法学人才基地的高等学校，在法学教育中应当重视法科学生的实践能力，让学生更多地了解司法实务，了解我国司法现状，在当前的课程培养体系下，诉讼法类课程可以作为很好的改革突破口。当前，司法考试成为影响普通高校法学本科教育不可回避的内容，促进公众认同的思维训练可以和应对司法考试有效结合，达成一石二鸟的实际效果。

第一节　坚持以学生实践能力培养为取向

一　实践能力对法学专业学生的重要性

虽然现在高校中绝大多数学科、专业都强调学生的动手能力、实践能力，但是在社会科学领域，法学专业对学生实践能力的要求之高仍然是罕有可相比拟者。形象地讲，法学专业学生解决的都是别人无法解决的矛盾，因此不仅需要专业知识，还需要社会经验、处世技巧。正是因为如此，如何拉进"法学院"和"法院"之间的距离，一直是需要法学教育工作者认真思考的重要问题。①

---

① 邱春艳：《从法学院到法院有多远》，《检察日报》（法学院增刊）2008年1月4日。

更为棘手的是，法学类工作的特点要求毕业生能够迅速完成从校园到职场的转变，中间几乎没有实习过渡期。譬如，某一财经专业的同学到银行就业，入职之初都是从最简单的岗位做起，如从事柜台存储业务办理，这些基础性工作的技术含量不高，但可以了解银行最基本的操作，提升专业技能，同时让实习生学习待人接物的方法，为今后转为客户经理或者转入其他部门工作打下基础。故而，即便是此类学生在校期间相对欠缺实践能力的锻炼，进入职场之后也有时间适应工作环境。

但法学专业的学生面临的情况完全不同，如果一个法学毕业生到法院或者检察院工作（这也是最为"正统"的法学专业学生的就业途径），其初始身份一般为书记员，表面上看，书记员主要承担案件笔录和档案整理两大工作，但实际上，由于我国司法机关长期人员缺编，工作压力较大，书记员基本上会被当成半个法官或半个检察官对待，几乎会参与正式编制法官或检察官的所有工作。许多毕业生到法院、检察院报到的当天就会被要求和同事一起进行提审、送达司法文书甚至开庭等专业性很强的工作。如果法学毕业生从事的是法律自由职业，如到律师事务所或者其他企业从事法务工作，则他们的工作压力更大，基本上工作开始的第一天就必须要解决他人无法解决的各种专业性问题。不少毕业生接手的第一项任务就是审查企业合同、代理企业诉讼，甚至参加商务谈判等程序复杂、技术含量较高的重要工作。对这些毕业生而言，机会稍纵即逝，工作不容挑选，他们很难有机会从简单工作开始做起，循序渐进，慢慢积累经验，只能勇敢接受挑战。

综上可以得知，法学专业毕业生在校园和职场之间缺乏一个必要的缓冲期，因此，学校应当特别重视在校学生的实践能力培养工作。实际上，正是因为法学需要较多的社会经验和较强的工作能力，因此在美国，其甚至不在本科中设法学专业课程，学生只有先取得了一个其他专业的学位之后，才能报考法学专业。[①]

---

① 薛涌：《法律精神没有专业边界》，《东方早报》2005 年 8 月 19 日。

基于以上原因，我国开设法学专业的 600 多所高校中用各种方式强调对学生实践能力的培养，但不能否认的是，不少高校的工作成效相当有限，法学院和法院之间脱节的现象仍然普遍存在。原因主要有以下两点。一方面，法学专业的课程内容太多，教师没有余力兼顾对学生实践能力的培养。在我国，法学专业核心课程有 16 门，而且实际上，每一门核心课程本身就是一个二级学科，包含的内容极其丰富，有大量的知识需要学生掌握。例如，在民法这一课程中，学生除了要掌握《民法通则》的内容之外，还要掌握《物权法》、《合同法》和《担保法》等诸多法典及司法解释的内容，当前较为主流的民法教材都在千页以上，而且"字字珠玑"，教师无法随便删减教学内容。与此同时，大学授课的学时受到严格限制，即便是教师确实想提升学生的实践能力，也无法在有限的课时内提升学生的专业实践能力。另一方面，学生素质参差不齐，落实教学目的难度较大。高校经过长期扩招之后，高考的录取率已经达到较高的水平，不同类型院校之间的生源质量非常不平衡。"985""211"高校的学生与省属二本院校学生的生源质量不同，三本院校学生和其他类型的高校学生又有较大不同。在当前数量占绝对多数的二、三本院校中，学生的学习态度、学习方法和学习能力都与重点院校有较大差距，他们能够领会教师课堂教学的内容就已经相当不易，即便是教师额外提出提升实践能力和综合素质的教学要求，往往也很难得到学生主动、有效的落实。这种情况如果不进行改革，那么让学生了解社情民意、妥善处理案件、促进公众认同就必然是一种奢望。

二 诉讼法课程教学对实践能力的贡献力度

（一）诉讼法课程对学生实践能力的重要意义

从前文的论述可以看出，在现有的法学人才培养模式下，对大部分二本、三本院校的法学专业而言，提升学生的实践能力似乎陷入了僵局，高校的种种努力很容易会因为学生素质、教学时间等客观原因而失去效果。实际上，这一问题并非没有破局之法，在法学 16 门核心主干课程中，适当调整刑事诉讼法、民事诉讼法和行政诉讼法这三门核心课程的教学内容，可以在不大幅调整法学专业培养计划的情况下，较好地实现提升学生实践能力的培养目的，具体论证如下。

在我国，法学学生学习的 16 门核心课程具体包括：法理学、宪法、中国法制史、刑法、民法、商法、知识产权法、经济法、行政法与行政诉讼法、民事诉讼法、刑事诉讼法、国际法、国际私法、国际经济法、劳动与社会保障法、环境与资源保护法。除了法理学之外，其他 15 门课程内容可以划分为实体法和程序法两大类。从严格意义上讲，实体法课程中可能包含一些程序性内容，程序法课程中也可能包含一些实体法内容，但这种现象不影响两大种类的划分。

对法学学生而言，实体法的内容是今后从事法学工作的理论基础，如果没有共同犯罪的理论作为支撑，学生自然无法理解为什么一个盗窃团伙中只负责驾驶车辆的嫌疑人最终也会被定盗窃罪。这些理论成果如何运用就属于实践能力的范畴，需要通过实践的方法去锻炼。譬如，大家都知道欠债还钱的基本道理，但是一般人并不知晓如何通过法院保障自己的权益，这些内容正是诉讼法课程的核心知识点。

程序正义有着非常悠久的历史，也有着复杂的理论支撑，因此，三大诉讼法的课程可以讲得具有较强的学理性。例如，仅仅一个疑罪从无原则，教师在授课时可以上溯到罗马法时期的"存疑有利于被告"原则，从大陆法系和英美法系的立法评析总结出国外这一原则的基本做法，同时还可以结合湖北京山佘祥林杀妻冤案、河北聂树斌案等具体案件，论证我国这一原则的适用现状，甚至可以鼓励学生进行讨论，进一步分析在我国某些地方这一原则被架空的具体原因，并在此基础上提出解决问题的办法。这种安排可以大幅挖掘学习深度，对学生继续深造非常有用，但这些教学内容毕竟偏重于理论，对绝大部分二本和三本学生来说，他们需要的是在毕业后能够迅速进入工作角色，过于理论化的教学内容既无益于他们通过司法考试，也不利于他们迅速掌握诉讼基本程序以处理具体案件。因此，三大诉讼法的教师在授课时应当将授课重点向诉讼程序性内容倾斜，用庭审视频、模拟法庭等各种方式，锻炼学生解决问题的能力。

我国当前通行的教材大部分内容是原理性内容。从提升学生实践能力的角度考虑，笔者认为，二、三本院校过多讲授诉讼法基本理论既无必要，效果也并不明显，而且这种做法还减少了程序性内容的教学时间，机会成本很高。因此，笔者认为，可以通过改变诉讼法课程的教学内容，将诉讼法课程的内容向诉讼程序倾斜的方式来实现提升学生实践能力的效果。一般情况下，如果三大诉讼法都重视了学生解决具体问题的程序性内容的讲授，那么即便是学习能力较差的同学也能够较大幅度地提升自身的实践能力，在就业时很快适应工作。

（二）刑事诉讼法对普通省属高校法学人才实践能力培养的重要性分析

社会对法学人才的需要是比较多元化的，因此，我国《21 世纪中国法学教育改革与发展战略研究报告》中指出，普通高等法学教育的培养目标有两个：一是培养学术类人才；二是培养应用型人才。不同学校会结合自身的特点，对本校法学人才培养模式进行合理定位。只是有的高校的学生生源质量较高，综合能力较强，所以学校只是给本科生提供各种资源，鼓励学生自我发展、自由选择，不会刻意在刑事诉讼课程上做出专门的指引。在北京大学、中国人民大学等国内一流大学，其本科生在数量上已经不是学校教育的最主要群体，如中国人民大学法学院现有注册学生 3000 余人，以研究生为主体，本科生约占 1/5。学校的研究环境和资源让本科生学习刑事诉讼理论有了极其优厚的条件。在专业实践领域，由于学校本身的社会影响和生源质量等原因，一流院校的学生很容易获得高质量的实践机会，这些高校也有能力为学生提供更多、更好的接触司法实务的资源。除了这些顶级高校之外，大部分教学水平较为普通的院校，特别是省属院校对法学人才的培养定位则非常谨慎和认真，比较强调自身特色。就目前的文献来看，虽然作为普通院校的省属高校对人才培养的内容没有统一的规范，但在培养目标的指引下，大致不外乎两个方面的内容：要么是培养学生的法律素养，提升学生的法学理论水平；要么是培养学生的应试能力，以司法考试为本科教学的终极目标。

一流高校的法学专业教育不是本书论述的重点。除此之外，无论是以提升学生理论水平为主还是以应对司法考试为主的省属高校本科教学中，刑事诉讼法课程的教学对人才培养的重要性都是不可忽视的。

在本科法学学生法学素养及理论水平的提升方面，刑事诉讼法的作用非常明显。笔者并不认同大学本科的教学仅以司法考试为目的，这种培训班式的教学方式比较枯燥，短期内可能会让学生掌握较多的法律知识，但是长期来看不利于学生法律素养的提升。法律职业是一个对法律道德、法律素养和法律精神要求极高的职业，很难想象，没有法律精神的法官是一个好的法官，没有职业操守的律师是一个好律师。众所周知，法治社会不仅是一种实体法治，更是一种程序法治。在我国当前社会主义法律体系已经初步建立的情况下，如何执法和司法成为今后我国法治建设的重要内容，掌握刑事诉讼的程序法治理念，对学生今后的法律素养提高有着极大的帮助。而且，诉讼法是我国研究生教育的一个重要专业，重视刑事诉讼法的理论教学工作，可以扩宽学生在大三、大四时的人生规划道路，有利于学生个人更好地发展。

从学生应试和应用的角度，刑事诉讼法的地位同样举足轻重。为了提高就业率，有的学校非常务实，会以司法考试作为唯一的指导，忽略对学生法学基础理论的训练，甚至从大一开始就鼓励学生准备司法考试。据笔者了解，武汉至少曾经有两个高校采取了法学院和司法考试培训机构联合办学的方式，不仅在专业课程的教授过程中用司法考试的内容覆盖了教学的所有环节，甚至还对大三的学生开设司法考试强化类的课程。这种做法是否妥当很值得商榷，但即便是以这种最极端的应试目的为出发点，仍然可以发现刑事诉讼法的教学工作不能被忽视。根据对每年司法考试的试卷分值分析，我国司法考试满分为 600 分，刑事诉讼法的分值近几年一直稳定在 72 分左右。加上和刑事诉讼法密切相关的民事诉讼法，整个诉讼法的分值大致为 150 分。事实上，刑事诉讼法和民事诉讼法从来都是司法考试中仅次于民法和刑法的重要考试内容，没有任何一个辅导机构会否认刑事诉讼法对整个司法考试的重要影响。

此外，抛开理论研究和司法考试不谈，实际上，只要是学生今后走上工作岗位，从事法律相关职业，那么必然会面对复杂的操作程序问题，这体现着诉讼法对法学专业学生的普遍影响。因此，无论从哪一个角度来看，刑事诉讼法的教学对法学专业人才的培养都是极为重要的。

第二节　重视诉讼类课程的教学改良

一　刑事诉讼法教学特点概述

（一）刑事诉讼法课程简介

自 1999 年进行大学本科教育专业调整之后，我国法学类本科只设单一的法学专业，按照一个专业（可分不同专业方向）招生。在国家对法学本科学生的课程安排中，刑事诉讼法一直占有非常重要的地位。1998 年，教育部高教司出台了《全国高等学校法学专业核心课程教学基本要求》，列举了 14 门核心主干课程，时至今日，这些专业课程虽然略有调整，但是刑事诉讼法一直作为法学专业的核心课程在法学人才培养体系中占据重要地位。

在授课内容上，刑事诉讼法的教学应该是对我国刑事诉讼程序的一种基本介绍。授课教师应当依托《刑事诉讼法》及其重要的司法解释，对我国各种基本的刑事诉讼制度进行讲解。从刑事诉讼法的教学规律来说，在具体的制度讲授中，任课教师至少要以 2012 年《刑事诉讼法》为蓝本，讲授以下若干知识点：刑事诉讼目的、刑事诉讼模式、刑事诉讼基本原则、刑事诉讼的管辖、回避、辩护和代理制度、强制措施、证据理论（包括证据、证明和证据规则）、附带民事诉讼、立案、侦查、起诉、审判（一、二审程序）、死刑复核、审判监督、特别程序等。但毕竟本科教育不同于职业教育，刑事诉讼法的教学并不能仅仅停留在注释法学的层面上，应当有一定的理论拓展。经过几十年的发展，我国的刑事诉讼法学已经发展得比较成熟，形成了特定的研究对象。根据学界的通说，刑事诉讼法学的研究对象和教学内容一般包括以下四个方面：刑事诉讼法律规范，刑事诉讼理论，刑事诉讼实务，古今中外的刑事诉讼制度、司法实践和刑事诉讼理论。因此，本科生的教学内容不可能过分单一。

实际上，刑事诉讼法的内容带有非常明显的实践性特点，这对老师的讲授和学生的学习都提出了较大的挑战。一方面，和其他课程一样，刑事诉讼法的课程必须使学生较全面、系统地掌握刑事诉讼法学的基本概念、基本理论，而且在当前的状况下，还必须至少以通过司法考试为目标，让学生能够熟悉刑事诉讼法律条文及相关司法解释。另一方面，课程的教学还应当尽可能地培养和提高学生运用刑事诉讼知识分析问题和解决问题的能力，使其在毕业后从事法律相关工作时不留知识空白，能够迅速上手。

（二）刑事诉讼法和其他课程的关系

在教学内容上，刑事诉讼法和法学专业的其他几门核心课程有着重要的内在联系，理顺它们之间的关系，可以在教学效果上起到事半功倍的作用。

1. 刑事诉讼法与宪法的关系

宪法是一国的"母法"，在理论上，宪法和法学专业的几乎所有部门法课程都有着指导与被指导的关系。但和其他法律相比，刑事诉讼法与宪法的关系更加紧密，早已有"小宪法"之称。宪法被称为各国人权保障的基本法，但由于篇幅和法律功能界定的局限性，宪法对人权的保障必然要通过各个部门法体现出来。实际上，对一个人来说，自由和生命无疑是最重要、最基本的人权，因此，刑事诉讼法对于实现宪法的人权保障功能有着极其重要的地位。在早期的刑事诉讼理论中，刑事司法是国家控制力的体现，是国家职能发挥的场所，个人意志不太得到尊重，特别是在大陆法系国家，刑事诉讼的目的基本以追诉犯罪为唯一要素。但在资产阶级大革命之后，人权得到充分重视，各国的刑事诉讼法对宪法做出了积极的响应，人权保障成为刑事诉讼的一项基本目的和任务，很多专属于人权保障的刑事诉讼制度不断出现。

在当前，世界各国的刑事诉讼法学和宪法学之间的内在联系已经被研究得非常成熟。在德国，刑事诉讼法被罗克信教授直接称为"宪法的测震器"，任何一国宪法对人权保障的细微变化都会通过刑事诉讼法的调整体现出来。在美国，刑事诉讼法在很大程度上已经被宪法化，以至于法学院中开设的刑事诉讼法课程往往被称为 "Constitutional Criminal Procedure"，即宪法性刑事诉讼，条件好一点的法学院甚至专门就刑事诉讼某一方面的宪法性课程问题单独开课，如 Constitutional Restraints on Criminal Law Enforcement（刑事执法的宪法规制）。在我国，刑事诉讼中已经直接表明刑事诉讼的基本任务之一是保障人权，刑事诉讼法的定位不仅是打击犯罪，而且还需要保障人权。我国宪法对人权思想的解释非常直接地表现在刑事诉讼立法和司法实践中。在学习顺序上，宪法毫无疑问是刑事诉讼法的先修课程。而且在刑事诉讼教学时，特别是在刑事诉讼理论部分的目的和任务等章节，教师应当注意对宪法所列原则的呼应。

2. 刑事诉讼法与刑法的关系

刑事诉讼法和刑法之间的关系是程序法和实体法之间的关系，两者宛如鸟之双翼，车之两轮，不可偏废。二者的联系和区别是诸多刑事诉讼法教材开篇必然论述的内容，本书不再赘言。在教学上，刑法应当是刑事诉讼法的先修课程。如果没有刑法课程作为铺垫，学生对某些内容可能无法理解。

3. 刑事诉讼法与民事诉讼法的关系

刑事诉讼法和民事诉讼法均为程序法，也均为核心课程，在司法考试中同样占有重要地位，因此各法学院对这两门课都非常重视。两大诉讼法的教学内容有很多相似之处，如同样有管辖、回避、代理等基本制度，同样有一审、二审和审判监督程序等基本程序。当然，两大诉讼法在具体制度的设计方面有很多不同。在课程讲授时，教师应当适当提醒学生进行对比记忆，以免出现刑事诉讼和民事诉讼内容混淆的情况。例如，刑事诉讼的审限和民事诉讼的审限在司法考试和司法实务中都是重要内容。教师在讲到这一部分的时候应当适当提醒学生两大诉讼的审限规定差异较大。教师还可以在课堂上利用学生自我总结、相互补充等方式，鼓励学生主动记忆。此外，值得特别注意的是，两大诉讼的内容各有侧重：刑事诉讼由于涉及国家机关较多，诉讼利益复杂，因此国家机关和当事人之间的关系属于理论学习的难点；民事诉讼则在诉与诉权、第三人和举证责任等领域对理论要求较高。也正是因为如此，各个学校对刑事诉讼法和民事诉讼法的开课先后顺序没有固定的做法，如中南财经政法大学先开设刑事诉讼法，再开民事诉讼法，而湖北经济学院则先开设民事诉讼法再开设刑事诉讼法，这一顺序的差别对两个诉讼法教学的效果影响不大。

4. 刑事诉讼法和证据法、模拟法庭和侦查学等课程的关系

刑事诉讼法是一个内容较广的二级学科（方向），其涵盖的课程内容较多，如证据法、侦查学原理、公诉学、刑事执行法、律师法等。在硕士和博士学位攻读阶段，很多学校在刑事诉讼领域都开辟了很多新的方向，如2010年，湖北省人民检察院和华中科技大学联合开办检察专业法学硕士班，2012年，又与武汉大学合作开办检察专业法学博士研究生班，该院还打算在今后进一步加强高层次人才培养，拟开设博士后流动站。虽然刑事诉讼法所属课程的内容非常丰富，但由于学分和课时的限制，本科院校一般只能采用"一加一"模式，即将刑事诉讼法开设为法学专业学生的专业必修课，同时将证据法等某一下属课程开设成为法学专业学生的专业选修课。某些有条件的高校，还会采用公众选修课或专业选修课的形式，开设侦查学等其他较为次要的刑事诉讼课程。我们认为，刑事诉讼法学是一门非常注重理论和实践相结合的核心课程，仅仅一门刑事诉讼法课程的教学不足以承担对学生刑事司法理论和实践知识培养的全部要求，因此，确有必要充分利用选修课的形式提高学生的相关能力。在本科阶段，除了进一步探索增设律师法等课程之外，进一步提升刑事模拟法庭等实践教学课程的教学质量，也是深化和拓展刑事诉讼法课程内容的有效途径。

二 现有刑事诉讼法的主要教学方法评价

正如前文所述，对于绝大部分省属高校而言，在进行法学人才培养时，既要提高学生的法学理论水平，又要考虑学生通过司法考试的客观需要。要想在有限的学时内完成众多的教学任务，教学的方式方法选择就显得非常重要。一般而言，常见的有以下若干教学方法。

（一）师生互动教学法

以某一课程内容为学习目的，用研讨互动的形式进行师生互动性教学是现在大学教学中的常见方式。这种教学方式可以让学生通过主动学习的方式，将习得的知识表述出来，不仅可以通过相互之间的交流、启发和争论，促使学生牢固掌握相关知识，此外，教师可以通过观察，更好地了解学生知识掌握的薄弱之处，有针对性地调整教学内容。

笔者在教学过程中曾经做出此类尝试，如在讲授刑事和解内容时，提前布置讨论作业，让学生结合国情思考刑事和解在我国立法的可行性。在课堂上，学生发言非常积极，因为刑事和解在表现形式上和"花钱买刑"较为接近，与中国传统的有罪必罚观念相差较大，因此学生讨论时很明显分为两派阵营，辩论较为激烈，课堂教学的效果较好。

但师生互动型教学也有较为明显的缺点，即要求学生对所要互动的问题准备充分，因此最好是提前布置，提前准备，但经常如此会占用学生较多的课余时间，加重学生的学习负担。例如，笔者在讲授刑事附带民事诉讼问题时，临时问及我国立法是否应当支持提起精神损害赔偿的申请，对这一问题，学生没有准备很难回答出立法背景等原因。刑事诉讼中类似于此问题的知识点有数十甚至上百个，如果均让学生进行准备，则学生根本无法全部认真完成。

（二）案例教学法

由于和司法实践极为贴近，案例教学已经成为刑事诉讼教学中的常用手段。鲜活的刑事案例不仅可以调动学生发言的积极性，也可以提高学生独立思考问题的能力和水平。由于刑事案例本身源自社会实践，因此，经常锻炼学生的案例分析能力有利于他们毕业后迅速进入工作状态，适应法律实务工作。

在以往的教学工作中，案例教学也表现出一定的不足。案例教学的信息量往往较大，但涵盖的知识点一般比较狭窄，也就是案例教学的单位时间教学内容较少。一旦在教学中大量采用案例教学，学时将会严重不足。另外，选择适合教学使用的案例也是对教师个人能力和敬业精神的一种挑战，各种教学参考书上的教学案例往往比较陈旧，无法引发学生的讨论热情。最新发生的社会事件要成为能够在课堂上讨论的案例，必须要教师花费一定的时间进行整理，这对教师的备课工作提出了较高的要求，加大了教学工作量。

（三）模拟法庭教学法

模拟法庭教学法的积极作用越来越被高校认可，几乎所有开设法律专业的本科院校都用各种形式开设了模拟法庭类课程。模拟法庭类课程可以直接让学生进入审判员、公诉人、辩护人、证人和当事人等角色，极大地锻炼了学生分析案情、解决问题的能力。可以说，模拟法庭是最贴近司法实践的教学方式。

但模拟法庭对学校、教师和学生都有比较高的要求。首先，它要求学校重视课程建设，单独赋予模拟法庭一定的学分和学时，为了达成最好的教学效果，还应该为学生准备一定的场地、设备、服装和道具等物质条件，这对很多综合类院校来说是一个比较高的要求。但如果不这样做，单凭刑事诉讼法的课堂教学无法完成模拟法庭的教学内容。其次，模拟法庭对指导老师的个人能力要求较高，模拟法庭是最贴近司法实践的，因此教师必须熟悉刑事司法实践而不仅仅作为一个理论研究者。并且，学生在准备模拟法庭的过程中，需要老师不间断地进行文书写作、程序编排等方面的指导，对老师的敬业精神要求较高。最后，模拟法庭对学生的案例选择、文书编写、程序演练等各方面是一个综合性的挑战，对学生能力要求较高，也需要学生投入较多的时间和精力。

应当特别注意的是，即便是认真准备、认真指导和认真演练，刑事模拟法庭能够解决的也只是刑事诉讼当中庭审环节的实践问题。而在我国，刑事案件共有五个基本环节，除了审判程序之外，还有立案、侦查、起诉和执行程序，这几个程序的内容操作模拟法庭无法涵盖。同时，由于学生能力等局限，各个学校在开展刑事模拟法庭时，学生往往演练的是一审程序，对二审程序、再审程序或特别程序基本不会涉及，这也是一种遗憾。

三 刑事诉讼法教学方式方法的改革

刑事诉讼法是解决纠纷的法律，最好的案件处理结果必然是法律效果和社会效果的双统一，这对司法人员的个人素质提出了较高的要求。刑事诉讼课程教学中不可避免地要加入促进公众认同的能力训练内容，这对绝大部分高校而言并非不可完成的任务。以省属普通高校为例，可以在培养具有实践能力人才的同时加入这一工作内容。一般情况下，大部分学生应当成为"熟练掌握法学基本理论和法律实务，能在司法部门从事司法工作和在其他部门从事法律宣传教育、组织管理等工作的应用型、复合型高级专门人才"。据此，我们拟对目前的刑事诉讼法的教学方式方法提出以下改革建议。

（一）丰富诉讼法课程体系，扩展配套教学课程

诉讼法教学本身可以提升学生的实践能力，在大多数高校中，诉讼法课程并不只有刑事诉讼法、民事诉讼法以及行政诉讼法这三门核心课程，

我们应当注意整合所有的相关课程，形成递进式的诉讼法课程体系。所有的法学专业都已经开设三大诉讼法，这三门核心课程是属于诉讼法课程体系的第一梯队。此外，大部分高校开设了模拟法庭课程以及证据法课程，这两类课程属于三大诉讼法的重要配套课程，是诉讼法教学体系中的第二梯队。我们必须充分认识到证据法课程的重要性。在司法实践中，法律问题历来不是争议的重点和难点，事实认定才是案件处理的核心环节，这早已成为一种法律实务中的常识。如果学校具备教学条件，还可以进一步开设诉讼法课程体系中的第三梯队作为选修课，让学生有更多的机会锻炼实践能力。此类课程可以是诉讼环节的具体化，如侦查学原理、公诉学，也可以是法律职业教育的内容，如司法文书、律师法等。我们相信，通过多层次的诉讼法课程体系的构建，应当可以全面提升学生的实践能力，拉近"法学院"和"法院"之间的距离。

（二）课程教学区分主次，引导学生课外学习

刑事诉讼在法学人才培养中的地位非常重要，但各个学校现在一般只能给予本课程一周三个学时的教学时间，为了达到更好的教学效果，必须增加刑事诉讼的教学时间，但在客观条件的局限下，课堂内的学时在短时间内无法增加，我们可以通过调整课程教学内容安排和加强对学生课外学习的指导两个方面的工作来优化课程教学效果。

课堂讲授中，将授课重点放置于书本后半部分的程序运行篇。我国三大诉讼法的教科书的编写基本上分为理论篇和程序篇两大部分。教师基本上先讲授诉讼模式、国家机关、当事人、管辖、回避、证据和证明等基本制度，然后按照诉讼流程讲授立案、侦查、起诉、审判和执行（民事诉讼和行政诉讼的重点为审判和执行两大环节）。这种教学顺序遵循我国相关立法的顺序，符合诉讼规律。但是按照前文的论证，为了提高学生的实践能力，教师在教学中应当将重点放置于教材的后半部分，教学时间可以按照2∶8的比例进行安排，用程序篇的教学来带动理论篇知识的掌握。例如，教师在讲授刑事诉讼立案程序的时候，必然会提及我国刑事诉讼中能够立案的国家机关主要有

公安机关、检察院和法院，此时，教师可以将教材理论篇中三大机关在刑事诉讼中的作用等相关章节的内容对学生进行引导式教学。再如，教师可以模拟一次报案，让学生讨论由三大机关中哪一个机关负责立案更为合适，这样可以让学生非常容易地记住刑事案件中三个国家机关的立案管辖权。这样的教学方式也许相对来说较少涉及理论，但是可以让学生主动思考问题、解决问题，让他们能够熟记诉讼流程，有能力应对今后工作时必然会碰到的同类问题。

引导学生重视课外自学。不少高校将刑事诉讼法课程开设在大三上学期（第五学期），在该学期学习的几门专业课中，刑事诉讼法在司法考试中的权重最大，也是为数不多的法学核心主干课，学生有必要克服各种困难，在刑事诉讼法的学习上投入更多时间。笔者认为，对决意提升法律素养的同学，可以在刑事诉讼原理、强制措施、辩护制度、证据原则和特别程序五个部分分别以课外小论文、案例分组讨论、评价制度方案等各种方式进行课外研习。

（三）尝试分类分组教学

省属院校的学生对刑事诉讼的教学内容要求比较多元化，有一定数量的同学希望考研，他们希望老师上课多讲授刑事诉讼原理内容，还有一些学生希望通过司法考试，他们想要教师在授课时多进行司法考试相关内容的辅导。在有限的教学时间内，两者不可能同时得到满足，因此，笔者认为，在进行授课之前有必要对学生的需求进行摸底，将学生进行分类分组。这一工作完成之后，在进行案例教学、师生活动等教学活动时，可以更加有针对性，教学效果也更佳。

例如，在讲授刑事诉讼一审程序时，教师应该提醒学生注意，审判程序的开庭、法庭调查、法庭辩论、评议和宣判五个基本程序是所有学生都必须牢固掌握的内容。同时告知学生，刑事一审程序在法理上有若干重要理论问题，如我国的庭审对抗性存在不足、"先定后审"情况仍然比较严重等，教师可以列举 4~5 个此类问题，并对应附上可供参考阅读的权威性文章或者著作。与此同时，也可以告诉学生，在司法考试上此处也存在一些重要的命题点，如庭审突发事件引起的程序变更处理、法庭发言顺序等，可用 PPT 等形式将这样的重要问题列举出来。除了在课堂教学时注意分类指导，还可以在布置作业、课后辅导等方面对学生进行区别对待，让学生根据自己的需要进行选择。这种做法可以尽量兼顾学生的多方面要求，虽然增加了教师的工作量，但是并没有增加学生的学习负担，没有混淆学生的学习重点，应当能够取得较好的教学效果。

（四）将课程学习带入专业实习、实践

一般而言，各个学校都会用各种方式提倡法学专业的学生接触司法实践，模拟法庭课程作为法学实验课程的重要性已经得到公认，在模拟法庭的教学内容上，教师必须高度重视，避免出现"放羊"的局面。根据以往的教学经验，笔者认为，教师在指导模拟法庭的时候至少要注意两个问题：一是教师对模拟法庭的案例选择一定要认真把关，通过模拟法庭的教学，让学生掌握所有文书材料的写作和归档，教师应当学会给学生"制造"难度，让学生从无到有地建立完整的诉讼档案，不能让学生使用通过实习等途径获取的、内容非常齐全的案件卷宗材料；二是在进行模拟法庭的安排时，一定要合理安排各个角色的工作任务，一般情况下，除审判长之外的两个审判员、书记员、证人、第二公诉人、第二辩护人是模拟法庭中工作较少的角色，教师应当注意某些学生会利用各个角色之间工作量的不同浑水摸鱼，开庭时工作量较少的同学应当额外承担一些其他工作。

此外，刑事诉讼法的授课教师应当提前介入学生各个暑假期间的实习，提醒学生实习时应当注意的专业问题。根据以往的经验，2/3 的同学会在法院的刑事审判庭或者检察院实习，学生对这些部门的工作程序相当不熟悉，影响了实习效果。专业教师的提前介入，可以让学生的实习更加有目的性和针对性。另外，虽然现在几乎所有学校都规定学生必须完成一定时间的专业实习，但是不少时候，学生惰性较大，实习沦为托关系盖章的形式主义。我们建议，学校应当加强监督和指导，有条件的高校可以组织学生到实习基地进行集中实习，对于分散实习的同学应当通过让他们提交实习日记、进行口头实习经验交流等方式，督促其将实习落到实处。

任课教师对学生的一般科研和文化活动也应当适度介入。就本科学生而言，纯理论研究不是他们的强项，科研活动要想取得较好的效果，必然要和社会实践密切关联。刑事诉讼法属于程序性法律，和社会热点问题密切相关，几乎每个星期都有包含刑事诉讼内容的热点社会事件出现，任课教师应当积极参与学生活动，对低年级学生的刑事程序观念进行引导，为今后学习刑事诉讼法打下良好的基础。最后，教师在进行刑事模拟法庭等实验课程教学时，不能仅停留在庭审和文书的教学上，还应当通过学生对整个案件的准备过程及时发现学生在案件诉讼程序上的某些不足，对学生遗忘或者遗漏的刑事诉讼知识点进行补充。"模拟法庭大赛""法学知识辩论赛""法律文化月"等相关学生活动就起到了引导学生接触司法实践的积极作用。

第三节　承认司法考试对教学的冲击

对当前的法学本科教育而言，司法考试已经成为不可忽视的重要因素。我们论及培养学生的实践能力，无法回避其与司法考试之间的关系。从内容上分析，笔者认为司法考试本身较为重视学生处理问题的实践能力，并不只是对法律知识点的简单重复，学生准备司法考试并不必然影响个人解决纠纷能力的提升。当然，我们不是唯司法考试论，而是需要在承认司法考试对本科教学冲击的基础上努力将应试能力培养和法学理论素质提高两者相结合。具体做法是教学对司法考试的重视和投入不在于强调时间的多少，而在于学习方法的指导和疑难问题的点拨。下文将以诉讼法教学的改革为突破点进行分析，以求在满足学生实际利益以及维护法学教育质量之间寻求一种合理平衡。

一　司法考试及诉讼法分值影响分析

（一）司法考试对本科教学的重要性

2008 年颁布的《国家司法考试实施办法》第二条规定："国家司法考试是国家统一组织的从事特定法律职业的资格考试。初任法官、初任检察官，申请律师执业和担任公证员必须通过国家司法考试，取得法律职业资格。法律、行政法规另有规定的除外。"自此，司法考试成为法学专业学生从事法律职业的"敲门砖"。实行司法考试之初，规定了只有持有学位，即本科生毕业后方能参加司法考试，这造成一种尴尬的局面，即本科学生在毕业前不能参加司法考试，毕业后无法获得《法律执业资格证书》。因此，法律职业部门特别是司法机关无法从应届本科毕业生中选拔高素质的法律人才。对高校而言，也无法客观地检验学生的教学培养质量，无法有针对性地对自己的课程进行合理设计。

这一情况在 2008 年有了变化，当年司法部公布的司法考试说明规定："普通高等学校 2009 年应届本科毕业生可以报名参加国家司法考试。"自此，第二年才毕业的普通高等学校本科生也可以报考国家司法考试。因为司法考试所具有的权威性和高难度，这一规定给政法机关和急需法律人才的企事业单位挑选合格的应届毕业生提供了可靠的评判标准，受到了用人单位的一致赞同。由于可以直观量化，司法考试通过率成为检验各个高校学生专业培养质量的重要指标之一。根据国家的统一安排，2017 年司法考试将会进行较大幅度的调整，当前具体方案仍未出台，不过基本可以认为并不会对当前方式进行颠覆式变更。

（二）诉讼法课程对司法考试的重要性

司法考试总分值为 600 分，考察内容涵盖了法学各二级学科的主要内容，包括社会主义法治理念、法理学、法制史、宪法、经济法、国际法、国际私法、国际经济法、法律职业道德与职业责任、社会主义法治理念、刑法、刑事诉讼法、行政法与行政诉讼法、民商事法律制度。2010～2016年司法考试各部门法分值统计见表 5-1（个别分值归属可能有争议，但不影响研究结论）。

表 5-1　2010～2016 年司法考试各部门法分值统计

单位：分

项目	2010 年	2011 年	2012 年	2013 年	2014 年	2015 年	2016 年
民法	90	89	97	92	97	91	92
刑法	80	81	80	81	80	82	81
刑诉	73	71	72	77	72	81	77
民诉	66	65	68	71	68	68	68
行政法	65	62	40	57	59	56	60
商法	56	34	48	52	48	52	52
经济法	35	33	40	36	40	27	26
法理学	23	51	43	23	23	23	25
法治理念	25	30	27	28	28	42	39
宪法学	23	23	19	23	19	27	27
法制史	10	10	10	10	10	4	6
职业道德	10	12	13	12	13	18	18
三国法	44	39	43	38	43	29	29
总　分	600	600	600	600	600	600	600

从分值可以看出，司法考试各科中民法、刑法、刑诉和民诉处于第一梯队，分值权重完全可以承担起"四大天王"的称谓。四门课程的分值稳超司法考试总分值的一半，约占总分值的 55%。其中，刑事诉讼法和民事诉讼法的分值每年均在 140 分左右，加上行政法中还有 30% 左右的分值为行政诉讼法，因此三大诉讼法在司法考试中占据了 1/4 的分值。同时值得注意的是，从内容上看，民法和刑法等学科的研究对象差异巨大，课程内容基本上没有相通之处。由于三大诉讼法在原理层面存在很多共同之处，在诉讼程序上也存在许多相同的操作环节。从学习时间上来看，三大诉讼法的学习完全可以达成 "1+1+1＞3" 的实际效果，也就是说三大诉讼法

是投入产出效率比较高的科目。

二　湖北省省属高校诉讼法教学的现状

刑事诉讼法、民事诉讼法及行政诉讼法均为教育部规定的法学专业核心主干课程，因此，湖北省开设法学专业课程的各个学校在学生培养方案中都开设诉讼法课程。由于诉讼法课程实践性较强，湖北省一些高校选择开设证据法等相关选修课程。为了较为全面地研究湖北省省属高校诉讼法课程的实际情况，笔者选择了三所不同办学水平、办学层次的省属大学作为评价对象。

（一）诉讼法课程基本情况介绍

1. 湖北大学

湖北大学法学专业在省属高校中较为出色，拥有法学一级硕士点。在该校的法学专业培养方案中，行政法与行政诉讼法开设于大二上学期，90个课时，属于学科专业基础课程。民事诉讼法开设于大一下学期，54个课时，刑事诉讼法开设于大二下学期，54个课时，两者均属于专业核心课程。法律文书、律师与公证、仲裁法学、证据法学属于专业核心课程中的选修内容。此外，实践环节开设有模拟法庭、刑事侦查实验。该校在法学辅修专业培训计划中，仅保留了行政法和行政诉讼法，培养方案没有写入其他两个诉讼法，但是保留了经济法、商法、三国法等。

2. 湖北经济学院

湖北经济学院法学专业为省级重点（培育）学科。民事诉讼法开设于大二上学期，72课时，为专业基础课程。刑事诉讼法开设于大三上学期，54课时。行政法与行政诉讼法开设于大二下学期，为54课时，两者均为专业必修课程。开设证据法学、律师实务作为专业选修课程，实践课程有民事模拟法庭、刑事模拟法庭和行政模拟法庭等。

3. 华中科技大学武昌分校

该校于 2001 年设置法学专业，同年开始招收本科学生，属于三本院校中较早开展法学本科教育的学校。该校 2011 版的培养方案中，三大诉讼法均为学科基础与核心专业课程。民事诉讼法开设于大二上学期，刑事诉讼法开设于大二下学期，均为 64 课时。值得注意的是，该校将行政诉讼法单独设课，开设于大二下学期，为 32 课时。该校在专业选修课中开设证据法、物证技术、法律文书、中国司法制度、国际民商事诉讼理论与实务等课程，实践课程有法律诊所实务。

（二）课程比较分析

首先，三所学校均较为重视诉讼法课程。在学科培养方案中，三所高校均将"应用型"作为学生培养的重要目标，湖北大学甚至在课程模块中设置"应用型"这一独立模块。除了三大诉讼法课程之外，三所高校均比较重视学生实践能力的培养，模拟法庭类课程作为诉讼法课程的重要辅助已经成为各个学校培养方案的标准配置。

其次，法学人才培养方案留给诉讼法课程调整的空间有限。近年来，法学专业到底要培养什么样的人才已经成为各学校考虑的头号问题，面对所有专业中靠后的学生就业率，很多学校试图在法学人才培养方案中做出修订，以增加学生的竞争力。但在笔者看来，在当前，法学人才培养方案的调整空间并不大。首先，法学专业类课程课时总量有限。英语、政治、体育等公共课程占据了相当大的学分，这一部分内容学校没有自主调整的权限。其次，为了体现特色，大多数学校会在课程中加入其他一级学科的课程，往往会占用较多的课时。最后，随着法学理论的发展，法学课程本身的内容不断发展，一些原本并不十分重要的课程在法学课程体系中的地位越发重要，也会占用课时，如环境法、劳动法等。

最后，诉讼法配套课程的开设效果有待提升。基于对课程教学规律的尊重，大部分学校都对诉讼法课程开设了实践类配套课程。但是这些课程能否达到良好的效果存在很大疑问。一方面，师资力量和受重视程度有限。出于自身能力的限制，很多高校从事实践类课程的教师没有能力真正从司法实践角度讲授诉讼法配套课程，大多数时候仍然是照本宣科，没有体现实践课的特点，学校也基本不会为法学专业配备专门的实践类教师。另一方面，学生重视程度有限。大部分实践类课程属于选修课程，开设时间基本在大三下学期甚至更晚，且对学生综合素质要求较高，往往努力学习后在短时间内也很难体现出学习效果。而省属院校学生的学习目标性较强，进入大三之后，面临司法考试、研究生考试、公务员考试及找工作等压力，让他们花费很多时间认真准备这些原本就属于选修课的诉讼法配套课程很可能是教方的一相情愿。

三　诉讼法课程的改进方案

（一）正视司法考试对诉讼法教学的影响

对法学教学实力雄厚的部属重点院校来说，其承担着较多培养理论人才的职责，因此司法考试辅导类课程在本科教学计划中可以并不进行专门设计。加之部属重点院校的学生素质相对较高，自学能力较强，能够相对容易地用自学的方式来通过司法考试。我们应当看到，省属院校学生的竞争力相对较弱，能够在校通过司法考试对其顺利高质量就业有着非常重要的意义。

在具体教学中可以采取以下办法。首先，诉讼法教师在课堂上应当及时提示学生诉讼法课程的重要性，引导学生在大二和大三的诉讼法课程学习中，对司法考试重点章节内容重点掌握。其次，诉讼法课程自成体系，但内容有共通之处，排课靠后的教师应当在讲授相关章节时，有意识地提醒学生与其他诉讼法类似内容进行对比学习、加深记忆。最后，在授课时，可以适当引入司法考试真题作为例题，有能力的教师还应当熟悉司法考试的历年试题，以便于进行课后辅导。

（二）不能以彻底的司考教育代替正常的教学

在课题调研中我们发现，省内有个别高校将诉讼法课程完全转变成司法考试培训班性质的职业教育培训，甚至通过引入校外专门的培训机构的方式来加强教学效果，这种做法笔者认为存在原则性偏差。这种做法违背了教学规律，忽略了法学专业学生理论和实践的全方位发展，不利于法律精神的培养，对部分选择考研的同学也不公平。我们认为，省属院校的诉讼法课程教学应当重视司法考试内容，但一定要控制限度。教师可以传授司法考试应试的方式方法，但不适宜将大量的时间用于具体内容的传授或者例题的讲解。例如，每个知识点配置的司法考试例题一般不适宜超过两题。

（三）充分发挥诉讼法配套课程的实效

几乎所有的学校都设置了各种类型的诉讼法配套课程，在学分有限、整体课题设置方案无法进行大改的情况下，调整课程内部的讲授重点是改革的重要思路之一。相比于诉讼法主干课程内容的相对固化，诉讼法配套课程的内容可以设置得比较灵活，而当前，不少高校诉讼法配套课程并没有得到充分的重视，课程内容也并不充实。譬如，模拟法庭的形式意义大于实质作用，只是选拔部分学生开一个示范庭，其他大部分学生都是"放羊"。很多配套的理论课程开设时间较晚，老师讲授的针对性不强，学生没有选修这些课的诉求，或者即便是选修了，也是抱着混学分的态度。因此，我们认为，应当认真整合诉讼法配套课程，证据法、法律文书等课程可以按照司法考试的要求突出讲授重点。由于这些课程开设时间基本处于学生备考阶段，可以激发学生的学习积极性，取得更好的教学效果。

附　录

亲爱的朋友：

　　您好！我们是"湖北省涉法涉诉信访改革实证研究"课题组的成员，这份问卷主要是为了解一些实际情况，只作学术研究之用，不记名，不外泄，恳请您的协助与支持。十分感谢！

"湖北省涉法涉诉信访改革实证研究" 课题组

2013 年 10 月

一、请在_____处填上相应内容，在您认为对的选项前打"√"。

1. 您的性别_____。

2. 您出生在_____年。

3. 您读过_____年书。

4. 您的婚姻状况是_____？

A. 已婚　　　 B. 未婚　　　 C. 离婚　　　 D. 丧偶

5. 您是从_____年开始信访的？

6. 您最远到过_____？

7. 您的职业：

A. 大中专在校学生　　　 B. 农民　　 C. 国家干部

D. 商人（企业主和个体户）　　　 E. 工人

F. 知识分子（教师、医生、研究人员、技术人员、公司白领等）

G. 退休人员　H. 待业或无工作　I. 其他＿＿＿＿＿。

8. 您现在住在＿＿＿＿？

A. 自然村　　B. 乡镇　　C. 郊县　　D. 中小城市　　E. 大城市

9. 您家的人均年收入是＿＿＿＿？

A. 5000 元以下　　　B. 5000～1 万元　　　C. 1 万～2 万元

D. 2 万～3 万元　　　E. 3 万～5 万元　　　F. 5 万元以上

10. 您信访的案件属于哪一类型的案件？

A. 民事案件　　B. 刑事案件　　C. 行政案件　　D. 执行案件

如果您选择了 A 的话，具体属于下面哪一种民事案件？

A. 劳动争议　B. 拆迁安置　C. 婚姻家庭　　D. 合同纠纷

E. 股权纠纷　F. 房地产　　G. 交通事故纠纷 H. 其他＿＿＿＿

11. 您进行信访的案件现在怎么样了？

A. 还没有立案　B. 还在法院审理中　C. 已经判了　D. 在执行中

12. 您来信访的主要原因是什么？

A. 裁判不公　　B. 执行不到位　　　C. 其他

如果您选择了 A 的话，具体属于下面哪一种情况？

A. 法官腐败　　B. 程序有问题　　　C. 法律漏洞

D. 其他＿＿＿＿

13. 用法律途径和信访都能解决您的问题，您为什么更愿意选择信访？

A. 信访方便简单　　　B. 法律途径太慢

C. 信访花钱少些　　　D. 习惯信访　　　E. 其他＿＿＿＿

14. 您曾经到哪些单位进行过信访（多选）？

A. 人大　B. 党政机关　C. 检察院和法院　D. 其他＿＿＿＿

15. 您信访过的最高单位是＿＿＿＿？

A. 县区级　B. 地级市　C. 省级　D. 中央　E. 说不清

16. 您觉得信访的结果会怎样？

A. 问题能圆满解决　B. 问题能部分解决　C. 解决不了　D. 没想过

17. 您了解信访程序吗？

A. 了解　　　B. 了解一点　　　C. 不了解

18. 您认识的人中有多少人信访过？

A. 2 个以内　　　B. 3～5 个　　　C. 5 个以上　　　D. 没有

如果选择了 A、B、C 三个选项，他们信访的结果是怎么样的？

A. 大多数达到了目的　B. 部分达到了目的　C. 都没有达到目的

19. 您对法院的工作态度满意吗？

A. 非常满意　B. 比较满意　C. 一般　D. 不太满意　E. 不满意

20. 如果您的要求没有实现，您会一直信访下去吗？

A. 会　　　B. 不会　　　C. 看情况再说

21. 您信访之前还尝试过哪种法律方式？

A. 上诉　B. 申诉　C. 申请再审　D. 其他_____

二、请仔细阅读每一条，然后根据最近一星期以内下述情况影响您的实际感觉，在数字选择最合适的一栏下，划一个"√"。请不要漏掉问题。各个数字代表的意思为：1. 表示"无"；2 表示"轻度"；3 表示"中度"；4 表示"相当重"；5 表示"严重"。

1. 神经过敏，心里不踏实。　　　　　　　　1　2　3　4　5

2. 头脑中有不必要的想法或字句盘旋。　　　1　2　3　4　5

3. 对异性的兴趣减退。　　　　　　　　　　1　2　3　4　5

4. 对旁人求全责备。　　　　　　　　　　　1　2　3　4　5

5. 责怪别人制造麻烦。　　　　　　　　　　1　2　3　4　5

6. 忘性大。　　　　　　　　　　　　　　　1　2　3　4　5

7. 担心自己的衣饰不整齐或仪态不端正。　　1　2　3　4　5

8. 容易烦恼和激动。　　　　　　　　　　　1　2　3　4　5

9. 感到自己的精力下降，活动减慢。　　　　1　2　3　4　5

10. 想结束自己的生命。　　　　　　　　　　1　2　3　4　5

11. 发抖。　　　　　　　　　　　　　　　　1　2　3　4　5

12. 感到大多数人都不可信任。　　　　　　　1　2　3　4　5

13. 容易哭泣。　　　　　　　　　　　　　　　1 2 3 4 5

14. 同异性相处时感到害羞、不自在。　　　　　1 2 3 4 5

15. 感到受骗、中了圈套或有人想抓住您。　　　1 2 3 4 5

16. 无缘无故地突然感到害怕。　　　　　　　　1 2 3 4 5

17. 自己不能控制地发脾气。　　　　　　　　　1 2 3 4 5

18. 经常责怪自己。　　　　　　　　　　　　　1 2 3 4 5

19. 感到难以完成任务。　　　　　　　　　　　1 2 3 4 5

20. 感到孤独。　　　　　　　　　　　　　　　1 2 3 4 5

21. 感到苦闷。　　　　　　　　　　　　　　　1 2 3 4 5

22. 过分担忧。　　　　　　　　　　　　　　　1 2 3 4 5

23. 对事物不感兴趣。　　　　　　　　　　　　1 2 3 4 5

24. 感到害怕。　　　　　　　　　　　　　　　1 2 3 4 5

25. 您的感情容易受到伤害。　　　　　　　　　1 2 3 4 5

26. 感到别人不理解您、不同情您。　　　　　　1 2 3 4 5

27. 感到人们对您不友好，不喜欢您。　　　　　1 2 3 4 5

28. 做事必须做得很慢以保证做得正确。　　　　1 2 3 4 5

29. 心跳得很厉害。　　　　　　　　　　　　　1 2 3 4 5

30. 感到比不上他人。　　　　　　　　　　　　1 2 3 4 5

31. 感到有人在监视您、谈论您。　　　　　　　1 2 3 4 5

32. 做事必须反复检查。　　　　　　　　　　　1 2 3 4 5

33. 难以做出决定。　　　　　　　　　　　　　1 2 3 4 5

34. 脑子变空了。　　　　　　　　　　　　　　1 2 3 4 5

35. 感到没有前途、没有希望。　　　　　　　　1 2 3 4 5

36. 不能集中注意力。　　　　　　　　　　　　1 2 3 4 5

37. 感到紧张或容易紧张。　　　　　　　　　　1 2 3 4 5

38. 当别人看着您或谈论您时感到不自在。　　　1 2 3 4 5

39. 有想打人或伤害他人的冲动。　　　　　　　1 2 3 4 5

40. 必须反复洗手、点数目或触摸某些东西。　　1 2 3 4 5

41. 有想摔坏或破坏东西的冲动。　　　　　　1　2　3　4　5

42. 感到对别人神经过敏。　　　　　　　　　1　2　3　4　5

43. 感到任何事情都很困难。　　　　　　　　1　2　3　4　5

44. 一阵阵恐惧或惊恐。　　　　　　　　　　1　2　3　4　5

45. 感到在公共场合吃东西很不舒服。　　　　1　2　3　4　5

46. 经常与人争论。　　　　　　　　　　　　1　2　3　4　5

47. 别人对您的成绩没有做出恰当的评价。　　1　2　3　4　5

48. 感到坐立不安心神不定。　　　　　　　　1　2　3　4　5

49. 感到自己没有什么价值。　　　　　　　　1　2　3　4　5

50. 感到熟悉的东西变得陌生或不像是真的。　1　2　3　4　5

51. 大叫或摔东西。　　　　　　　　　　　　1　2　3　4　5

52. 感到别人想占您的便宜。　　　　　　　　1　2　3　4　5

53. 感到要赶快把事情做完。　　　　　　　　1　2　3　4　5

调查时间_____　　调查地点_____　　调查员_____

附录二　"湖北省涉法涉诉信访改革实证研究"调查问卷（B卷）（针对信访工作人员的问卷）

亲爱的朋友：

您好！我们是"湖北省涉法涉诉信访改革实证研究"课题组的成员，这份问卷主要是为了了解一些实际情况，只作学术研究之用，不记名，不外泄，恳请您的协助与支持。十分感谢！

"湖北省涉法涉诉信访改革实证研究"课题组

2013年10月20日

一、请在_____处填上相应内容，在您认为对的选项前打"√"。

1. 您的性别_____。

2. 您出生在_____年。

3. 您读过_____年书。

4. 您的婚姻状况是_____？

A. 已婚　　　B. 未婚　　　C. 离婚　　　D. 丧偶

5. 您是从_____年开始从事信访工作的？

6. 您认为涉诉信访问题对您的工作影响大吗？

A. 很大　　　B. 比较大　　　C. 不太大　　　D. 不大

7. 您经手的信访案件中，您认为下列比例各占多少？

A. 无理取闹的占_____%

B. 对判决结果不满意的占_____%

C. 对审理过程不满意的占_____%

D. 对结果和过程都不满意的占_____%

8. 您认为因为司法腐败而造成的涉诉信访占多大比重？

A. 没有　　B. 很小　　C. 很大　　D. 不清楚

9. 您认为当事人最喜欢用哪一种方法来获得胜诉？

A. 正常法律途径　　B. 找关系　　C. 信访　　D. 其他_____

10. 您认为 10 个信访人中有_____个人的信访理由是充分的？

11. 贵单位当前采用了哪些措施来缓解信访压力？

A. 风险评估　B. 信访终结　　C. 法律援助　D. 其他_____

12. 您对信访工作的建议是_____

_____

_____

　　二、请仔细阅读每一条，然后根据最近一星期以内下述情况影响您的实际感觉，在数字选择最合适的一栏下，划一个"√"。请不要漏掉问题。各个数字代表的意思为：1. 表示"无"；2 表示"轻度"；3 表示"中度"；4 表示"相当重"；5 表示"严重"。

| | 1. 神经过敏，心中不踏实。 | 1　2　3　4　5 |
| 2. 头脑中有不必要的想法或字句盘旋。 | | 1　2　3　4　5 |

1. 神经过敏，心中不踏实。　　　　　　　1　2　3　4　5

2. 头脑中有不必要的想法或字句盘旋。　　1　2　3　4　5

3. 对异性的兴趣减退。　　　　　　　　　1　2　3　4　5

4. 对旁人求全责备。　　　　　　　　　　1　2　3　4　5

5. 责怪别人制造麻烦。　　　　　　　　　1　2　3　4　5

6. 忘性大。　　　　　　　　　　　　　　1　2　3　4　5

7. 担心自己的衣饰不整齐或仪态不端正。　1　2　3　4　5

8. 容易烦恼和激动。　　　　　　　　　　1　2　3　4　5

9. 感到自己的精力下降，活动减慢。　　　1　2　3　4　5

10. 想结束自己的生命。　　　　　　　　　1　2　3　4　5

11. 发抖。　　　　　　　　　　　　　　　1　2　3　4　5

12. 感到大多数人都不可信任。　　　　　　1　2　3　4　5

13. 容易哭泣。　　　　　　　　　　　　　1　2　3　4　5

14. 同异性相处时感到害羞、不自在。　　　1　2　3　4　5

15. 感到受骗、中了圈套或有人想抓住您。　1　2　3　4　5

16. 无缘无故地突然感到害怕。　　　　　　1　2　3　4　5

17. 自己不能控制地发脾气。　　　　　　　1　2　3　4　5

18. 经常责怪自己。　　　　　　　　　　　1　2　3　4　5

19. 感到难以完成任务。	1	2	3	4	5
20. 感到孤独。	1	2	3	4	5
21. 感到苦闷。	1	2	3	4	5
22. 过分担忧。	1	2	3	4	5
23. 对事物不感兴趣。	1	2	3	4	5
24. 感到害怕。	1	2	3	4	5
25. 您的感情容易受到伤害。	1	2	3	4	5
26. 感到别人不理解您、不同情您。	1	2	3	4	5
27. 感到人们对您不友好，不喜欢您。	1	2	3	4	5
28. 做事必须做得很慢以保证做得正确。	1	2	3	4	5
29. 心跳得很厉害。	1	2	3	4	5
30. 感到比不上他人。	1	2	3	4	5
31. 感到有人在监视您、谈论您。	1	2	3	4	5
32. 做事必须反复检查。	1	2	3	4	5
33. 难以做出决定。	1	2	3	4	5
34. 脑子变空了。	1	2	3	4	5
35. 感到没有前途、没有希望。	1	2	3	4	5
36. 不能集中注意力。	1	2	3	4	5
37. 感到紧张或容易紧张。	1	2	3	4	5
38. 当别人看着您或谈论您时感到不自在。	1	2	3	4	5
39. 有想打人或伤害他人的冲动。	1	2	3	4	5
40. 必须反复洗手、点数目或触摸某些东西。	1	2	3	4	5
41. 有想摔坏或破坏东西的冲动。	1	2	3	4	5
42. 感到对别人神经过敏。	1	2	3	4	5
43. 感做到任何事情都很困难。	1	2	3	4	5
44. 一阵阵恐惧或惊恐。	1	2	3	4	5
45. 感到在公共场合吃东西很不舒服。	1	2	3	4	5
46. 经常与人争论。	1	2	3	4	5

47. 别人对您的成绩没有做出恰当的评价。　　1　2　3　4　5

48. 感到坐立不安心神不定。　　1　2　3　4　5

49. 感到自己没有什么价值。　　1　2　3　4　5

50. 感到熟悉的东西变得陌生或不像是真的。　　1　2　3　4　5

51. 大叫或摔东西。　　1　2　3　4　5

52. 感到别人想占您的便宜。　　1　2　3　4　5

53. 感到要赶快把事情做完。　　1　2　3　4　5

调查时间_____　　调查地点_____　　调查员_____

附录三　2013 年暑期 "湖北省涉法涉诉信访改革实证研究" 调研提纲

一、贵地信访的整体态势如何，其中涉诉信访的整体情况如何？

二、您对我省涉诉信访案件的具体类型和主要成因有何看法？

三、涉诉信访当前有哪些主管单位，各自发挥的职能如何？

四、您认为涉诉信访所涉的各单位之间在管理上哪些存在交叉，如何解决因为交叉管理带来的管理难题？

五、贵单位在解决涉诉信访问题上有何优势，有何困难？

六、贵地区在解决涉诉信访上，有何种较好的经验或做法？

七、在解决涉诉信访问题上，您认为还存在着哪些亟待解决的宏观管理机制问题？

八、根据您的工作经验，涉诉信访最终的处理方案一般有哪几种？

九、您对涉诉信访和其他诸如维稳等相关工作之间关系的看法。

附录四　2013 年暑期"湖北省涉法涉诉信访改革实证研究"
访谈基本提纲（针对法院系统）

课题组拟调研的主要内容如下：

1. 基层人民法院涉法涉诉信访最近几年的趋势如何，特别是新增案件数量如何？

2. 民事案件中，调解结案的案件后来引发信访的情况如何？

3. 刑事案件中，新设的刑事和解制度是否有利于减少刑事案件信访数量？

4. 您认为，群众对判决不能接受的主要原因有哪些（按重要程度排序）？

5. 贵单位在加强群众对判决可接受性上有何好的做法？

6. 您认为，因程序处理的瑕疵、法官沟通不够等案件实体之外的原因而造成的案件上访的情况如何？

7. 您认为，在民事案件、刑事案件中，当前的民事程序和刑事程序分别如何改善，能够较大幅度地减少基层案件信访数量？

8. 贵单位认为，涉法涉诉信访从普通信访剥离出来，对贵单位信访工作的最大挑战是什么？

9. 贵单位认为，涉法涉诉信访从普通信访剥离出来，会对贵单位信访工作带来什么好的影响？

10. 贵单位认为，是否能够独立处理好涉法涉诉信访问题，如果不能，则需要哪些外来的协助？

参考文献

1. 卞建林主编《刑事证明理论》，中国人民公安大学出版社，2004。

2. 陈光中主编《刑事诉讼法》，北京大学出版社、高等教育出版社，2016。

3. 陈光中主编《21世纪域外刑事诉讼立法最新发展》，中国政法大学出版社，2004。

4. 陈卫东、张弢：《刑事特别程序的实践与探讨》，人民法院出版社，1992。

5. 陈卫东主编《刑事诉讼法模范法典》，中国人民大学出版社，2005。

6. 陈朴生：《刑事证据法》，台湾：三民书局，1983。

7. 陈朴生：《刑事诉讼法实务》，1980年自印第四版。

8. 陈朴生：《刑事诉讼法》，台湾：三民书局，1979。

9. 程荣斌、王新清主编《刑事诉讼法》，中国人民大学出版社，2016。

10. 蔡墩铭：《刑事诉讼法概要》，台湾：三民书局，2005。

11. 蔡墩铭：《刑事证据法》，台湾：五南图书出版公司，1997。

12. 刁杰成：《人民信访史略》，北京经济学院出版社，1996。

13. 邓小平：《邓小平文选》（第3卷），人民出版社，1993。

14. 樊崇义主编《刑事诉讼法实施问题与对策研究》，中国人民公安大学出版社，2001。

15. 郭卫华主编《"找法"与"造法"——法官适用法律的方法》，法律出版社，2005。

16. 何家弘主编《外国证据法》，法律出版社，2003。

17. 怀效锋主编《法院与法官》，法律出版社，2006。

18. 胡中才：《古代"信访"史话》，湖北人民出版社，2000。

19. 靳江好、王郅强主编《和谐社会建设与社会矛盾调解机制研究》，人民出版社，2008。

20. 江必新主编《〈最高人民法院关于适用《中华人民共和国刑事诉讼法》的解释〉理解与适用》，中国法制出版社，2013。

21. 江伟主编《民事诉讼法学》，复旦大学出版社，2010。

22. 季卫东：《法治秩序的建构》，中国政法大学出版社，1999。

23. 林燦璋、林信雄：《侦查管理——以重大刑案为例》，台湾：五南图书出版公司，2009。

24. 林端：《韦伯论中国传统法律——韦伯比较社会学的批判》，台湾：三民书局，2003。

25. 林辉煌：《论证据排除——美国法之理论与实务》，北京大学出版社，2006。

26. 林钰雄：《严格证明与刑事证据》，法律出版社，2008。

27. 林钰雄：《刑事诉讼法（下册）各论篇》，林钰雄自版，2013。

28. 李学灯：《证据法比较研究》，台湾：五南图书出版公司，1992年。

29. 李学军主编《美国刑事诉讼规则》，中国检察出版社，2003。

30. 李宏勃：《法制现代化进程中的人民信访》，清华大学出版社，2007。

31. 李微：《涉诉信访：成因及解决》，中国法制出版社，2009。

32. 吕忠梅主编《湖北省水资源可持续性发展报告2014》，北京大学出版社，2015。

33. 锁正杰：《刑事程序的法哲学原理》，中国人民公安大学出版社，2002。

34. 苏力：《法治及其本土资源》，中国政法大学出版社，2004。

35. 全国人大常委会法制工作委员会刑法室编著《中华人民共和国刑事诉讼法解读》，中国法制出版社，2012。

36. 全国人大常委会法制工作委员会刑法室编著《〈关于修订《中华人民共和国刑事诉讼法》的决定〉立法说明、立法理由及相关规定》，北京大学出版社，2012。

37. 全国人大常委会法制工作委员会刑法室编著《〈中华人民共和国禁毒法〉释义及实用指南》，中国民主法制出版社，2008。

38. 孙泊生、纪敏：《告诉申诉审判实务》，人民法院出版社，1999。

39. 宋英辉：《刑事诉讼原理》，法律出版社，2003。

40. 宋英辉、罗海敏主编《刑事诉讼法》，清华大学出版社，2012。

41. 吴忠民主编《中国改革进程中的重大社会矛盾问题》，中共中央党校出版社，2011。

42. 王亚新：《社会变革中的民事诉讼》，中国法制出版社，2001。

43. 汪建成：《理想与现实——刑事证据理论的新探索》，北京大学出版社，2006。

44. 孙长永等译《英国 2003 年〈刑事审判法〉及其释义》，法律出版社，2005。

45. 叶自强：《民事证据研究》，法律出版社，1999。

46. 余致力：《民意与公共政策——理论探讨与实证研究》，台湾：五南图书出版公司，2002。

47. 最高人民检察院法律政策研究室组织编译《支撑 21 世纪日本的司法制度——日本司法制度改革审议会意见书》，中国检察出版社，2004。

48. 最高人民法院刑一庭主编《现行刑事法律司法解释及其理解与适用》，中国民主法制出版社，2007。

49. 最高人民法院刑一庭等主编《中国刑事审判指导案例：妨害社会管理秩序罪》，法律出版社，2009。

50. 张丽卿：《司法精神医学——刑事法学与精神医学之整合》，中国政法大学出版社，2003。

51. 张丽云主编《刑事证据与七种错案》，中国法制出版社，2009。

52. 中共中央办公厅信访局、国务院办公厅信访局：《信访学概论》，华夏出版社，1991。

53. 〔德〕伯恩·魏德士：《法理学》，丁小春、吴丽琪译，法律出版社，2003。

54. 〔德〕托马斯·魏根特：《德国刑事诉讼程序》，岳礼玲、温小洁译，中国政法大学出版社，2004。

55. 〔德〕克劳斯·罗克信：《德国刑事诉讼法》，吴丽琪译，台湾：三民书局，1998。

56. 〔法〕托克维尔：《论美国的民主（上）》，董果良译，商务印书馆，1988。

57. 〔美〕布莱恩·福斯特：《司法错误论——性质、来源和救济》，刘静坤译，中国人民公安大学出版社，2007。

58. 〔美〕弗洛伊德·菲尼、〔德〕约阿希姆·赫尔曼、岳礼玲：《一个案例 两种制度——美德刑事司法比较》，中国法制出版社，2006。

59. 〔美〕亨利·J. 亚伯拉罕：《司法的过程：美国、英国和法国法院评介》，泮伟江等译，北京大学出版社，2009。

60. 〔法〕卡斯东·斯特法尼：《法国刑事诉讼法精义》，罗结珍译，中国政法大学出版社，1999 年。

61. 〔美〕理查德·A. 波斯纳：《证据法的经济分析》，徐昕、徐均译，中国法制出版社，2004。

62. 〔美〕米尔建·R. 达马斯卡：《比较法视野中的证据制度》，吴宏耀、魏晓娜等译，中国人民公安大学出版社，2006。

63. 〔美〕米尔建·R. 达马斯卡：《漂移的证据法》，李学军等译，中国政法大学出版社，2003。

64. 〔美〕迈克尔·D. 贝勒斯：《法律的原则——一个规范的分析》，张文显等译，中国大百科全书出版社，1996。

65. 〔美〕约翰·罗尔斯：《正义论》，何怀宏等译，中国社会科学出版社，1988。

66. 〔美〕约书亚·德雷斯勒、艾伦·C. 迈克尔斯：《美国刑事诉讼法精解》（第二卷），魏晓娜译，北京大学出版社，2009。

67. 〔日〕谷口安平：《程序的正义与诉讼》，王亚新等译，中国政法大学出版社，2002。

68. 〔日〕土本武司：《日本刑事诉讼法要义》，董璠舆、宋英辉译，台湾：
    五南图书出版公司，1997。

69. 〔日〕西原春夫编《日本刑事法的重要问题》（第 2 卷），中国法律出
    版社、日本成文堂，2000。

70. 〔英〕边沁：《立法理论——刑法典原理》，孙力译，中国人民公安大
    学出版社，1993。

71. 〔英〕朱利安·罗伯茨、麦克·豪夫：《解读社会公众对刑事司法的态
    度》，李明琪等译，中国人民公安大学出版社，2009。

72. 〔英〕戈登·休斯：《解读犯罪预防：社会控制、风险与后现代》，刘
    晓梅、刘志松译，中国人民公安大学出版社，2009。

73. 卞建林：《以审判为中心为视角谈谈对侦查权的共识》，《国家检察官
    学院学报》2016 年第 1 期。

74. 〔瑞典〕布瑞·文斯林：《比较刑事司法视野中的检警关系》，侯晓焱
    译，《人民检察》2006 年第 22 期。

75. 蔡碧玉：《检警关系实务研究》，《法令月刊》1997 年第 1 期。

76. 蔡金芳：《死刑裁判考虑社情民意不仅必要而且必须》，《光明日报》
    2009 年 2 月 5 日。

77. 蔡佩芬：《论刑事诉讼法第六条及合并审判之立法缺失与建议（一）》，
    《法务通讯》2001 年第 2031 期。

78. 陈光中等：《以审判为中心与检察工作改革》，《国家检察官学院学报》
    2016 年第 1 期。

79. 陈桂明、赵蕾：《中国特别程序论纲》，《法学家》2010 年第 6 期。

80. 陈瑞华：《美国辩诉交易程序与意大利刑事特别程序之比较（上）》，
    《政法论坛》1995 年第 3 期。

81. 陈卫东：《构建中国特色刑事特别程序》，《中国法学》2011 年第 6 期。

82. 陈卫东、郝银钟：《侦、检一体化模式研究——简论我国刑事司法体制
    改革的必要性》，《法学研究》1999 年第 1 期。

83. 陈卫东：《诉讼法学研究之评价与展望》，《法学研究》2012 年第 5 期。

84. 陈兴良：《检警一体：诉讼结构的重塑与司法体制的改革》，《中国律师》1998 年第 11 期。

85. 陈娴灵：《涉诉信访正当性之缺失及异化分析》，《长白学刊》2013 年第 4 期。

86. 陈永生：《论侦查权的性质与特征》，《法制与社会发展》2003 年第 2 期。

87. 陈运财：《大法官释字第 665 号宪法解释评析》，《月旦法学》2010 年第 176 期。

88. 陈振凯：《代表委员呼吁加快制定违法行为教育矫治法》，《人民日报·海外版》2010 年 3 月 12 日。

89. 崔凯：《论我国案例指导制度的建立——兼与西方判例制度的比较》，《中南财经政法大学研究生学报》2006 年第 4 期。

90. 崔凯、陈娴灵：《涉法涉诉信访改革的重点、难点和对策》，《河南财经政法大学学报》2014 年第 1 期。

91. 段芳宇、经淼：《违法行为矫治法将取代劳教制度》，《华商晨报》2005 年 3 月 14 日。

92. 傅剑锋：《武汉杀妻骗保 嫌犯从死刑到无罪》，《南方周末》2006 年 3 月 23 日。

93. 顾培东：《公众判意的法理解析——对许霆案的延伸思考》，《中国法学》2008 年第 4 期。

94. 国家森等：《中国控辩协商制度研究——刑事诉讼特别程序之探讨》，《法学论坛》2004 年第 6 期。

95. 韩丹：《多元整合视野下的社区戒毒模式——一项基于江苏南京的实证研究》，《青少年犯罪研究》2011 年第 4 期。

96. 洪浩、王莉：《论羁押必要性审查的主体——评〈人民检察院刑事诉讼规则（试行）〉第六百一十七条》，《河南财经政法大学学报》2015 年第 2 期。

97. 黄龙：《关于"检察引导侦查"的冷思考》，《广西公安管理干部学院学报》2003 年第 2 期。

98. 何家弘、姚永吉：《两大法系证据制度比较论》，《比较法研究》2003 年第 4 期。

99. 何之慧：《我国刑事特别程序之取舍——从诉讼效率的角度》，《国家检察官学院学报》2001 年第 3 期。

100. 江小鱼：《凶手强奸五岁女童后将其踩死获轻判》，《民主与法制时报》2007 年 2 月 11 日。

101. 姬亚平：《我国信访制度的法治走向》，《法学杂志》2012 年第 11 期。

102. 李浩：《英国证据法中的证明责任》，《比较法研究》1992 年第 4 期。

103. 李兰英、陆而启：《从技术到情感：刑民交叉案件管辖》，《法律科学（西北政法大学学报）》2008 年第 4 期。

104. 刘美萍：《论信访制度的异化及其克服》，《理论与改革》2010 年第 5 期。

105. 李玉华、姜阀、张贵军：《关于刑事证明标准的调查与分析》，载陈光中主编《刑事司法论坛（第一辑）》，中国人民公安大学出版社，2007。

106. 李娜：《监所检察审查羁押必要性可解"一押到底"》，《法制日报》2012 年 7 月 19 日。

107. 刘金林：《刑事诉讼法有必要再作修改》，《检察日报》2015 年 11 月 30 日。

108. 李建明：《检察机关提前介入刑事诉讼问题》，《政治与法律》1991 年第 2 期。

109. 刘计划：《检警一体化模式再解读》，《法学研究》2013 年第 6 期。

110. 刘建强：《我省社区戒毒和社区康复工作研究》，《四川警察学院学报》2011 年第 4 期。

111. 李千帆：《深圳严惩"非正常上访"的非正常逻辑》，《羊城晚报》2009 年 11 月 16 日。

112. 卢少锋：《惯习、策略与规则：司法场域视野中的涉诉上访》，《中州学刊》2011 年第 5 期。

113. 刘文军：《当代中国社会工作面临的十大挑战》，《社会工作》2009 年第 7 期。

114. 廖卫华：《我国劳教制度将面临重大改革——管理所将不再设铁窗》，《新京报》2005 年 3 月 2 日。

115. 刘珍妮：《南京检方：不批捕虐童养母》，《新京报》2015 年 4 月 20 日。

116. 李志华：《人民检察院的"提前介入"应在法律中明确规定》，《法学评论》1988 年第 3 期。

117. 骆中业：《市强制戒毒所更名》，《浙中新报》2008 年 10 月 8 日。

118. 刘志月、戴小巍：《因无社会危险性不捕4952 人》，《法制日报》2014 年 9 月 26 日。

119. 林智忠、陈建全：《检察机关"提前介入"初探》，《中外法学》1991 年第 1 期。

120. 龙宗智：《评检警一体化兼论我国的检警关系》，《法学研究》2000 年第 2 期。

121. 马怀德：《"信访不信法"的现象值得高度警惕》，《学习时报》2010 年第 1 期。

122. 于呐洋：《创新之处在于监管——访司法部副部长范方平》，《法制日报》2005 年 9 月 30 日。

123. 〔日〕平野龙一：《现行刑事诉讼的诊断》，载《团藤重光博士古稀祝贺论文集第4 卷》，有斐阁，1985。

124. 齐文远、刘代华：《关于〈中华人民共和国刑法修正案〉第1 条的研讨》，《法商研究》2001 年第 2 期。

125. 〔英〕乔纳森·科恩：《证明的自由》，何家弘译，《外国法译评》1997 年第 3 期。

126. 秦千桥、李红：《武汉：建立社区戒毒康复机制》，《人民公安报》

2011 年 6 月 24 日。

127. 苏力：《法条主义、民意与难办案件》，《中外法学》2009 年第 1 期。

128. 宋宁华：《禁毒社工为何每年流失 5%》，《新民晚报》2008 年 6 月 29 日。

129. 施鹏鹏：《法国审前程序的改革及评价》，《中国刑事法杂志》2008 年第 3 期。

130. 时延安：《刑事诉讼法修改的实体法之维》，《中国刑事法杂志》2012 年第 1 期。

131. 宋英辉、茹艳红：《刑事诉讼特别程序立法释评》，《苏州大学学报》2012 年第 2 期。

132. 唐颖、庆新：《公诉与侦查缘何"亲密接触"》，《检察日报》2015 年 9 月 6 日。

133. 王骏：《舟山强制隔离戒毒所今揭牌，职能从公安移至司法机关》，《舟山日报》2009 年 9 月 28 日。

134. 王克础：《广西上思县戒毒人员因逃跑被殴打虐待致死》，《南国早报》2008 年 7 月 14 日。

135. 王光辉：《推进司法改革和检察改革，在关键之年取得新的更大进展》，《人民检察》2015 年第 3 期。

136. 汪文汉：《武汉一小区将建戒毒康复 社区：只想征地建楼》，《武汉晨报》2011 年 1 月 12 日。

137. 王晓钦：《强制隔离戒毒工作亟待解决的问题及对策》，《中国司法》2011 年第 6 期。

138. 武延平、张凤阁：《试论检察机关的提前介入》，《政法论坛》1991 年第 2 期。

139. 王治国、戴佳：《积极适应以审判为中心诉讼制度改革要求，提升司法能力强化检察监督保证公正司法》，《检察日报》2014 年 12 月 26 日。

140. 谢佑平、万毅：《刑事诉讼牵连管辖制度探讨》，《政法学刊》2001 年第 1 期。

141. 许晓梅等：《武汉王氏兄弟杀妻骗保案续：建议提请最高检抗诉》，《法制日报》2005 年 7 月 15 日。

142. 姚建龙：《禁毒法与我国戒毒体系之重构》，《中国人民公安大学学报》（社会科学版）2008 年第 2 期。

143. 佚名：《日本实施陪审制度系战后最大司法改革》，《南方日报》2009 年 5 月 22 日。

144. 佚名：《武汉"杀妻骗保"案一波三折 王氏兄弟死缓改无罪》，《南国都市报》2005 年 6 月 10 日。

145. 应星：《作为特殊行政救济的信访救济》，《法学研究》2004 年第 3 期。

146. 虞伟：《禁毒法率先取消劳动教养——以强制隔离戒毒取代劳教措施，是立法突破还是文字游戏惹争议》，《南方都市报》2007 年 12 月 30 日。

147. 游伟：《司法裁决与公众民意之互动》，《人民法院报》2009 年 3 月 16 日。

148. 杨远波、李东军：《强制隔离戒毒检察监督必要性研究》，《中国刑事法杂志》2009 年第 12 期。

149. 于一夫：《佘祥林冤案检讨》，《南方周末》2005 年 4 月 14 日。

150. 周彬、於乾雄、李怡文：《有无必要关键看"社会危险性"》，《检察日报》2014 年 4 月 13 日。

151. 张从容：《疑案·存案·结案——从春阿氏看清代疑案了结技术》，《法制与社会发展》2006 年第 4 期。

152. 赵贵龙：《司法与信访：从冲突走向融合》，《人民司法》2009 年第 7 期。

153. 张慧、杨瑞：《刑事特别程序探析》，《兰州学刊》2004 年第 3 期。

154. 张鸿巍：《美国检察机关立案侦查阶段之职权探析》，《中国刑事法杂志》2012 年第 4 期。

155. 张立刚：《宪政视野中的涉诉信访治理》，《长白学刊》2011 年第 3 期。

156. 张继成：《从案件事实之"是"到当事人之"应当"——法律推理机制及正当理由的逻辑研究》，《法学研究》2003 年第 1 期。

157. 张泽涛：《刑事案件分案审理程序研究——以关联性为主线》，《中国法学》2010 年第 5 期。

158. 张泽涛：《美国法院之友制度研究》，《中国法学》2004 年第 1 期。

159. 张泽涛：《"议行合一"对司法权的负面影响》，《法学》2003 年第 10 期。

160. 张泽涛：《论陪审制度的功能》，《河南大学学报》（社会科学版）2002 年第 5 期。

161. 张泽涛、崔凯：《刑事案件合并与分离审理立法梳理及法理评析》，《政法论坛》2013 年第 5 期。

162. 张泽涛、崔凯：《强制性戒毒措施的实施现状及改革》，《法律科学》（西北政法大学学报）2012 年第 4 期。

163. 周口市人民检察院：《"检察指导侦查"研讨会观点摘编》，《国家检察官学院学报》2002 年第 5 期。

164. 张明楷：《论修改刑法应妥善处理的几个关系》，《中外法学》1997 年第 1 期。

165. 张文国：《试论涉诉信访的制度困境及其出路》，《华东师范大学学报》（哲学社会科学版）2007 年第 2 期。

166. 张卫平：《证明标准构建的乌托邦》，《法学研究》2003 年第 4 期。

167. 张修成：《信访制度与诉讼等纠纷解决途径之比较研究》，《理论学刊》2007 年第 4 期。

168. 朱亚滨：《发挥在审前程序的主导作用》，《检察日报》2009 年 9 月 7 日。

169. 赵阳、曾敏：《我国司法鉴定统一管理体制已经形成》，《法制日报》2012 年 11 月 22 日。

170. 朱最新、朱孔武：《权利的迷思：法秩序中的信访制度》，《法商研究》2006 年第 2 期。

171. Gorsky, Martin, "The British National Health Service 1948 - 2008: A

Review of the Historiography," *Social History of Medicine*,, Vol. 21, Issue3, Dec. 2008.

172. Marijke Malsch, Ian Freckelton, "Expert Bias and Partisanship: A Comparison Between Australia and the Netherlands," *Psychology*, *Public Policy and Law*, Vol. 11, No. 1, 2005.

173. Robert O. Dawson, "Joint Trials of Defendants in Criminal Cases: An Analysis of Efficiencies and Prejudices," *Michigan Law Review*, 77 (6), 1979.

174. Jerome Frank, *Courts on Trial Myth and Reality in American Justice* (Princeton Univ Pr. 1970).

175. Michael. Zander, *Cases and Materials on the English Legal System*, Lexis Nexis UK, 2003.

176. Samuel R. Gross, Kristen. Jacoby, Daniel J Matheson, Nicholas Montgomery, Sujata Patil, "Exonerations In the United States 1989 through 2003," *Criminal Law and Criminology*, 95, No. 2, 2005.

177. Steven H. Chaffee, *Explication*, Newbury Park, Ca: Sage, 1991.

178. Vernon J. Geberth, *Practical Homicide Investigation* (CRC press, 1996).

179. Zafiro v. United States, 506 U. S. 534, 113 S. Ct. 933, 122 L. Ed. 2d 317 (1993).

180. 336U. S. 440, 69S. Ct. 716, 93L. Ed. 790 (1949).

181. 《德国刑事诉讼法典》,李昌珂译,中国政法大学出版社,1995。

182. 《俄罗斯联邦刑事诉讼法典》(新版),黄道秀译,中国人民公安大学出版社,2005。

183. 《法国刑事诉讼法典》,罗结珍译,中国法制出版社,2006。

184. 《法国刑事诉讼法典》,余叔通、谢朝华译,中国政法大学出版社,1997。

185. 《美国联邦刑事诉讼规则和证据规则》,卞建林译,中国政法大学出版社,1996。

后 记

这是我的另一本学术专著，也是我获得的第一个省部级以上课题的研究成果。首先要感谢教育部课题的评审专家，2013 年获得青年项目的立项给了我这个学术新手以莫大的鼓励，让我有力量和信心在学术道路上走得更远。

党的十八届四中全会带来了法治发展的又一个春天，也让诉讼法学者有了更多的研究对象，使得经历 2012 年修法后的学术圈并没有进入原本预料中的沉寂期，依然保持着繁荣。由于程序正义有着太多的价值，我国也背负着太多忽视程序的历史欠账，因此我一直坚信，在今后的若干年间，刑事诉讼法学研究都将在依法治国的整体战略中发挥极为特殊的重要作用。我将继续带着一颗敏感和有激情的心，默默关注国家法治的改变并尝试为之尽些绵薄之力，借以满足读书人一点小小的荣誉感。

大多数时候，坚持走学术之路意味着放弃很多生活中原本非常重要的东西，本书的形成同样不容易，除了自己几近偏执的坚持之外，当然还得到了太多的外来支持和帮助。本书主要形成于在武汉大学从事博士后研究工作期间，可以算是以武汉大学为冠名单位取得的一点小小的成果。在走过的学术道路上，武汉大学、厦门大学的导师和学友们不仅给了我知识，也给了我很多关怀。湖北经济学院的同人和学生非常优秀，用行动对我的科研活动给予很多实质的支持。在历次访学期间，中南财经政法大学、台湾铭传大学等研究单位的师友们对我帮助良多，让我见识到了更多的精彩。在公、检、法等机关和律所等单位工作的好友们是我灵感和知识的源泉，也让我深深体会到，在生活不如意的时候有好朋友是多么的重要。亲人让我感受到温暖，虽然尽量以家庭为重，但对于大儿子乐乐和小女儿圆圆，我的投入还远远不够，你们给了我最大的动力和慰藉，我将努力更多地陪同你们一起成长。

新北·淡水河畔

2016 年 8 月 23 日

图书在版编目（CIP）数据

刑事案件促进公众认同的程序选择 / 崔凯著. -- 北京：社会科学文献出版社，2017.5
ISBN 978 - 7 - 5201 - 0745 - 7

Ⅰ.①刑… Ⅱ.①崔… Ⅲ.①刑法 - 研究 - 中国
Ⅳ.①D924.04

中国版本图书馆 CIP 数据核字（2017）第 088093 号

刑事案件促进公众认同的程序选择

著　　者 / 崔　凯

出 版 人 / 谢寿光
项目统筹 / 恽　薇　高　雁
责任编辑 / 颜林柯　王蓓遥

出　　版 / 社会科学文献出版社·经济与管理分社（010）59367226
　　　　　　地址：北京市北三环中路甲 29 号院华龙大厦　邮编：100029
　　　　　　网址：www.ssap.com.cn
发　　行 / 市场营销中心（010）59367081　59367018
印　　装 / 三河市东方印刷有限公司

规　　格 / 开　本：787mm×1092mm　1/16
　　　　　　印　张：14.25　字　数：213 千字
版　　次 / 2017 年 5 月第 1 版　2017 年 5 月第 1 次印刷
书　　号 / ISBN 978 - 7 - 5201 - 0745 - 7
定　　价 / 75.00 元

本书如有印装质量问题，请与读者服务中心（010 - 59367028）联系